평화개념 연구

평화개념 연구

서보혁·강혁민 엮음

도서출판 모시는사람들

발간사

    2018년경 1년여의 한반도 평화 무드는 한국인은 물론 세계의 기대를 한껏 받았다. 문재인 정부가 전개한 한반도 평화 프로세스는 비핵화-평화체제-남북관계의 선순환이라는 정책 방향을 제시하고 그동안 척박했던 평화 논의를 활성화하는 데 기여하였다. 그런데 해가 바뀌면서 높아진 기대는 깊은 실망으로 떨어져 갔다. 이후 코로나19 팬데믹도 큰 영향을 미쳤지만 그것이 아니더라도 2018년 판문점, 싱가포르, 평양 등지에서 정상들이 합의한 바는 거의 잠자고 있고, 서로 대화 없이 불신이 더 커진 것 같다.

    평화가 절실한 곳에 평화 논의가 아직도 제자리걸음이고, 세계 냉전이 해체되고 민주화가 된 지 30년이 훌쩍 지났는데도 평화연구 혹은 평화담론은 아직 온전하게 개화하지 못하고 있다. 국내에서 평화학이 활성화되지 못한 데는 학계 안팎의 사정들이 같이 작용한 탓이다. 융복합연구 분야인 평화학에 비해 국내 대부분의 학계는 여전히 분과학문의 틀을 유지하고 있다. 또 새천년 들어 평화연구가 기지개를 켜는 듯 보였지만 많은 논의는 정부의 재정 지원을 받거나 한반도 안보 정세의 영향을 받아 자유롭고 폭넓은 논의에 한계가 있다. 이는 지식인 사회의 자발적이고 독립적인 평화연구가 부족한 사정과 동전의 양면을 이룬다. 평화학의 세례를 받은 세대가 뚜렷하지 않은 가운데 지금까지 평화연구=안보연구로 이해되고 그것은 곧 북한·통일 문제와 관련지어 논의되어 온 관성이 지속되고 있다. 한반도 평화의 길을 찾아야 하는데 바로 그 한반도 상황만 붙잡고 궁리하는 답답함이 이루 말할 수 없는데도 말이다.

최근 들어 한반도 문제를 평화학의 시각에서 논의하는 결과물이 나오기 시작한 것은 반가운 일이다. 그럼에도 평화학이 국내에 체계적으로 전개되기에는 아직 적지 않은 시간이 필요하다. 위와 같은 연구자 집단의 관성 외에도 연구자들의 규모 및 기반이 아직 절대 부족 상태이다. 모든 학문 분야와 마찬가지로 평화학도 자체의 연구 시각과 이론, 연구 방법, 그리고 연구 공동체의 형성 등 일련의 체계를 가진 하나의 패러다임이 있다. 평화학 일반에 관한 이해가 있을 때 한반도를 포함해 다양한 분쟁 및 평화 사례를 분석하고 설명할 능력을 갖출 수 있다.

이런 문제의식을 공감한 연구자들이 평화학의 기본을 구성하는 분야이자 본격적인 평화연구의 출발이 되는 '평화 개념'에 관한 학술서를 출간하기로 뜻을 모았다. 필자를 제외하고 이 작업에 참여한 분들은 모두 해외에서 평화학을 깊이 섭렵하고 연구를 계속하고 있는 분들이다. 이들은 국내에 평화학을 소개할 뿐만 아니라 이론과 정책, 양 측면에서 본격적인 평화연구를 이끌어갈 새 그룹이라 말할 수 있다. 필자는 북한·통일연구에서 평화연구로 나아간 경우이다.

평화개념은 평화학의 알파에 해당하지만 국내에 아직까지 제대로 된 개론서 하나 없는 것이 현실이다. 분단정전체제의 영향을 지목하지 않을 수 없지만 연구자 집단의 무관심도 자성할 바이다. 물론 평화개념 연구를 이론 차원에서만 전개하기에는 한반도의 현실이 녹록지 않다. 필자들은 이런 점들을 고려하였고 이 책의 기획에 반영하였다.

연구자들은 1년여 동안 코로나19 팬데믹 상황에서도 수차례 비대면 화상회의를 진행하며 연구 계획을 함께 세우고 몇 차례 원고를 검토하는 세미나도 가졌다. 각자의 여건이 다르지만 해외에 계시는 분까지 일정을 조정하고 서로 배려하며 연구를 진척시켜 나갔다. 필자 여러분의 협조와 열성에 감사드린다. 그 과정에서 '생태평화' 연구는 더 완성도 높은 글을 기약하며 이번 출간에서 빠졌다. 개정판에 꼭 싣기로 약속하였다.

이 연구를 진행하면서 두 차례 공개 학술회의에서 초고를 발표하였다. 그때 유익한 토론을 해 주신 선생님들을 기억하며 감사드린다. 통일부 주최 '2021 한반도 평화 세계포럼(KGFP)' (대한상공회의소, 2021년 8월 31일)에서 박명규, 소에야 요시히데 교수님이, 2021년도 북한연구학회 동계학술회의(동국대, 12월 16일)에서 조원빈, 김학재, 문인철 선생님이 훌륭한 토론을 해 주셨다. 이들 발표에 지원을 해 주신 통일연구원에도 감사를 표한다.

아쉬움 이상으로 빛났던 2018년 평화 무드가 다시 전개되길 기원한다. 아무튼 그것을 계기로 평화담론이 운위되기 시작하였고, 그 과정에서 필진들이 만났고 이 책이 준비되었다. 그동안의 연구 결과를 평화(학)에 관심 있는 분들과 공유하고 필자들이 그분들과 연결되는 계기가 되길 기대하며 이 책을 내놓는다.

2022년 6월

필진을 대표하여 서보혁

차례

평화개념 연구

서문

평화 개념 연구의 의의와 범위

서보혁 · 강혁민

연구의 의의

일상생활에서 어떤 사람의 발언을 두고 "저분 말씀은 개념이 있어서 참 설득력이 있어" 혹은 그 반대로 "저 사람 말은 개념이 없는 것 같다"고 말하는 경우를 보게 된다. 개인의 의사 표현에까지 '개념'이 잣대 역할을 하는 것이다. 사회 현상을 논함에 있어서 개념은 어떤 역할을 하는지 생각해 보게 된다. 학술적 글쓰기와 그렇지 않은 글쓰기의 큰 차이 중 하나가 개념을 적용한 논의 여부가 아닌가 싶다. 학술적 글쓰기에서 개념 설정이 왜 중요한지는 논문을 준비해 본 사람이면 누구나 알 것이다. 합의된 개념을 담은 말과 글은 논리적인 사고를 기르고 사회 현상에 대한 객관적인 분석과 합리적인 예측에 유용하지만, 그렇지 않은 경우는 화자의 논리를 주관적으로 전개하는 데 불과해 결국 설득력을 스스로 훼손하게 된다. 평화 논의도 예외일 수 없다. 평화를 너무 당연한 가치로 받아들인 나머지, 자신이 말하는 평화가 어떤 의미로 쓰는지 검토하지 않고 그 실현 방법이나 다른 가치와의 관계를 논하는 것은 허무한 일이 되고 만다.

평화는 민주주의처럼 보편가치이자 추상적인 개념이다. 개념은 개별 사물의 현상을 묘사하는 단어가 아니라, 일정한 범주 내의 개별 현상들 사이에 발견되는 공통된 성질을 종합한 관념이므로 추상적일 수밖에 없다. 우리가 민주주의를 말할 때 자유민주주의, 시민민주주의와 같이 민주주의 앞에 수식어를 붙이는 것은 그만큼 민주주의라는 개념의 추상성이 높기 때문이다. 보편가치로서 평화는 민주주의보다 한층 더 추상적인 개념이다. 인류 역사의 다양한 국면에서 그리고 모든 사회에서 평화라는 가치는 어떤 방식으로든 사유되어 왔기에 우리는 보편적 사유 대상으로서 평화가 무엇을 말하는지 짐작할 수 있다. 하지만 가치가 격렬히 충돌하고 경합하는 다원적 현대사회에서 평화라는 개념을 더 이상 인습적인 방식으로 논의할 수는 없다. 오히려 다변화된 인류 사회의 상황을 적극적으로 해석하고 그로부터 구체적인 행위를 제안하는 방식으로 평화개념에 구체성을 더하는 것이 적절할 것이다. 분쟁 이후 평화를 만들어 가는 사회에서도 그 평화 개념은 분쟁 없음을 넘어 분쟁 집단을 포함해 다양한 사회 구성원들의 이해와 역학관계 등을 반영해 구성되어 정해질 것이다. 이 책이 의도하는 바가 바로 이 지점이다. 기존의 평화 논의에서 보편적으로 사유되던 평화 관념을 인정하되 분쟁 후 사회들이 겪어 온 비평화의 역사적 맥락과 사회구조, 그리고 일상의 경험들을 구체적으로 전환시킬 수 있는 방법론으로서 '평화개념 연구'를 제안하는 것이다. 그렇게 함으로써 추상적인 관념인 평화가 더 현실적인 행위들로 이해될 수 있기를 기대한다.

 사회 현상 연구에서 개념의 역할과 평화개념의 추상성을 함께 고려할 때 평화개념 연구는 평화를 깊이 이해하고 평화구축의 길을 탐색하는 양 측면에서 유용하다. 평화개념 연구에서는 해당 개념이 등장하게 된 이론적, 현실적 배경에서부터 그 개념이 제안된 당시의 내용과 정향을 살펴보고, 그 이후 그 개념이 학계나 현장에서 어떻게 변용·진화해 갔는지를 검토한다. 그 과정에서 해당 개념의 이론적 정합성과 정책적 타당성을 평가할 수 있고 인접 평화 개념과의 관계도 토의할 수 있다. 다른 한편, 평화개념 연구는 어떤 평화를 어떻게 만들어갈 것인지에 관한 함의와 시사점도 제공해 준다. 이 점이 평화 개념 연구와 '평화개념사' 연구가 구별되는 지점이다. 평화개념사는 특정 혹은 일반적인 평화 '개념'이 진화, 변용해 온 과정에만 주목한다. 그에 비해 평화개념 연구는 개념의 정향과 내용, 그리고 그 개념의 등장 및 변천을 둘러싼 시대의 요구에 주목한다. 가령, 현실 국제정치에서 평화는 종종 분쟁의 승자가 규정하는 경우가 많은데, 그에 대해 '정의로운 평화'는 피해자의 시각 혹은 아래로부터의 접근에서 평화를 다시 생각할 기회를 제공한다. '적극적 평화'는 평화로운 가운데서도 평화롭지 못한 현실─일국 내 그리고 국제관계에서 불평등과 차별과 같은 문제─에 주목해 평화 논의를 확장시킨다. '양질의 평화'는 분쟁이 종식된 후에도 소수 기득권 집단을 제외한 대다수 대중의 삶이 평화와 거리가 먼 사회 현실에 주목하고 있다. '생태평화' 개념의 문제의식은 인간과 타 존재들 사이의 조화라는, 인간중심주의를 초월하는 사유와 지구촌의 실존적 위협의 극복이라는 긴급한 시대적 요청을 반영한다. 요컨대 평화개념 연구는 현실적이고 비판적인 평화학으로의 열린 초대다.

한반도는 세계 그 어느 지역 못지않게 평화가 절실하다. 그러나 평화 논의를 자유롭게 해 오지 못해 평화연구가 지체되어 있다. 일종의 아이러니인데 그 이유가 결코 만만치 않다. 바로 분단에 의해 학문·사상·의사표현의 자유가 억제되어 왔기 때문이다. 북한과 대치하고 있는 상황에서 오랫동안 평화는 곧 안보에 다름 아니었다. 2018년 한반도 평화 관련 당사국들 간 일련의 정상회담으로 평화 무드가 조성되었고, 그에 따라 평화 논의가 국내에서 개화하는 듯하였다. 그러나 현실이 따라가지 못하면서 평화담론이 널리 확산되는 데 한계를 보였다. 물론 그런 가운데 평화=안보라는 등식을 넘어 평화가 다양한 의미와 정향을 포용하고 인접 보편가치들과 연관되어 있는 개념임을 깨닫게 된 것은 큰 성과이다. 그럼에도 평화담론은 주로 시민사회와 그에 참여하는 일부 지식인들에 의해서 개발·전파되고 있다. 그에 비해 주류 학계에서 논의되는 평화연구는 극히 제한적이고 대학에서 평화를 독립적인 과목으로 가르치는 경우를 찾아보기 어렵다. 대부분의 학자들과 학생들이 요한 갈퉁의 적극적/소극적 평화개념에는 친숙해하는 반면, 다른 평화개념들에는 생경한 반응을 보이는 것이 그 대표적인 예다. 이에 따라 한반도 평화의 당위성만 주장될 뿐이며 사유와 실천 양 측면에서 평화의 내용과 범위, 방법 논의는 절대적으로 미흡한 실정이다.

체계적인 평화연구는 평화에 대한 사유와 정책을 풍요롭게 한다. 그 출발은 평화개념에 대한 풍부한 이해에서 출발해야 할 것이다. 이 책은 세계 평화학계에서 회자되고 있는 주요 평화개념들을 소개하는 데 그치지 않고 각 개념의 등장, 발달, 적용, 함의 등을 다각적으로 검토함으로써 국내 평화연구를 진작하는 데 일조하려는 소망을 담고 있다. 논의 과정에서 해당 평화개념이 인접 평화개념과 어떤 공통점과 차이점이 있는지도 토의함으로써 개별 평화개념의 나열이 아니라 상호 연관성에 유의해 풍부하고 종합적인 평화개념의 이해를 추구하고 있다. 또 해당 개념을 한반도 차원에서 적용할 때 기대할 수 있는 함의도 함께 검토하고 있다. 이런 방식의 연구는 위에서 말한, 이론과 정책 양 측면을 균형 있게 아우를 때 기대할 수 있는 평화개념 연구의 의의를 구체화하는 작업이다.

연구의 범위

평화연구의 범위는 실로 방대하기 이를 데 없다. 서가에서 임의로 한 권 고른 평화학 개론서는 다섯 부(part)로 대분류된 아래에 총 49개 장으로 이루 어져 있다. 다섯 부의 주제는 ① 분쟁의 원천과 변화하는 세계적 맥락, ② 개 입전략과 그 결과, ③ 협상, 중재, 그리고 다른 정치적 수단, ④ 분쟁조정 기 구와 레짐, ⑤ 평화구축: 해결에서 화해까지 등이다.[1] 좀 더 알려진 평화학 개론서는 네 파트로 나뉘어서 21개 장으로 구성되어 있는데, 네 파트의 제목 은 ① 평화의 약속, 전쟁의 문제, ② 전쟁의 원인, ③ 소극적 평화구축, ④ 적 극적 평화구축 등이다.[2] 이 두 책의 각 제목들이 보여주듯이 평화연구는 폭 력 혹은 분쟁 연구와 긴밀히 연결되어 있다. 평화연구는 개인, 사회, 국가, 지역, 세계, 우주 등의 차원과 정치, 경제, 사회, 문화, 군사, 심리 등의 영역 을 포괄한다. 또 행위자와 관련해서 정부기구와 정부 간 기구는 물론 테러 집단, 무장반군, 기업, 전문가 집단, 인도적 지원 단체, 해커 등과 같은 비정 부기구, 그리고 여성, 아동과 같은 분쟁의 피해자 등 그 양상이 다양하다. 식 민 통치, 민족의 형성과 이동, 경제 자원을 둘러싼 오랜 갈등, 그리고 보이지 않지만 오랫동안 영향을 미치는 요소(소위 '느린 폭력') 등 시간적 요소도 평화 연구의 관심사에 포함된다. 나아가 자본주의의 세계화, 과학기술·정보통 신의 발달과 인간의 이동 증가 등이 어우러져 만들어진 글로벌 기후·보건 위기는 그 자체로 혹은 분쟁과 연계되어 평화연구에 도전을 가하고 있다.

이와 같이 방대한 평화연구에서 평화개념 연구가 차지하는 위상은 앞서 말했듯이, 평화의 이해와 평화구축, 이론과 실천 양 방향에 기여하고 둘을 연결해준다. 모든 평화개념이 평화를 이해하는 데 다양한 방식과 수준으로

도움을 주겠지만, 모든 개념이 평화구축에 기여할지는 단정하기 어렵다. 가령, 노동자의 희생을 전제로 생산 현장의 고요함을 지칭하는 '산업평화'가 그 사회의 평화구축에 기여한다고 말하기는 힘들 것이다. 팍스 아메리카나(Pax-Americana), 팍스 로마나(Pax-Romana)에서 보듯이, 팍스(Pax-)는 지배집단의 물리적 힘에 의한 평화를 지칭한다. 이 역시 평화의 일종이지만 팍스가 구축하는 평화가 실제 어떤 의미인지는 깊은 논의가 필요하다. 이와 같이 평화개념 연구는 평화의 뜻과 평화구축을 연결할 뿐만 아니라 둘의 관계를 풍부하게 파악하는 데 유용한 연구 분야이다.

평화개념 연구의 범위는 평화개념의 범위와 연구 방법의 범위 두 측면에서 생각해볼 수 있다. 가장 일반적인 평화개념은 이 책의 목차가 예시하듯이, 평화의 주된 내용과 성격을 드러내는 경우이다. 또 주체를 부각시키는 경우도 있는데 시민의 평화, 천상의 평화가 그 예이다. 사회주의적 평화, 자유주의적 평화는 정향을 드러내주는 개념이고, 진정한 평화, 거짓 평화는 규범 혹은 주관에 따른 분류이다. 장기분쟁 사회 혹은 복잡한 사회를 대상으로 할 때는 다양한 평화개념을 활용해 논의할 수 있다. 그때 평화 논의는 풍부하고 상세한 묘사를 해줄 것이다. 그에 비해 특정한 사건이나 소시기의 현상을 대상으로 평화를 논의할 때는 그에 알맞은 한두 개의 개념을 적용해 논의하는 것이 적합하고, 그럴 경우 분석력이 높아져 묘사와 함께 설명도 잘해낼 수 있다. 이는 평화개념 연구가 연구 목적 및 대상에 알맞은 개념과 연구 방법이 만날 때 최상의 질을 만들어낼 수 있음을 말해준다. 평화개념 연구는 연구의 특성상 개념을 창안한 연구자의 이론을 포함한 이론적 논의와 문헌연구가 주된 방식이 될 수밖에 없다. 그렇지만 개념 등장의 배경이 지적인 측면만이 아니라 현실적 측면이 있을 경우 정치사회적, 역사적 검토가 필요하므로 관련 인물이나 기구 담당자 인터뷰, 혹은 현장 답사도 가능할 것이다. 또 해당 개념이 다른 평화개념에서 파생된 경우나 개념의 의미가 변해가는 경우는 그와 관련된 연구자의 연구 결과는 물론 개념 변화를 초래한 사건에 대한 조사도 필요할 것이다. 해당 개념이 현실 타당성이 높고 정책 결정과 관련되는 경우에는 참여관찰도 좋은 방법이다. 끝으로 특정 평화개념이 각광을 받고 널리 이용될수록 그 개념은 굳어질 수 있다. 그래서 개념을 지지 · 선호하는 집단이 형성될 수 있다. 평화개념 연구에서도 비판적 시각이 필요한 이유이다.

책의 구성

이 책은 3부로 구성되어 총 아홉 가지 평화개념을 제시하고 검토하고 있다. 제1부와 제2부는 현대 평화학에서 가장 널리 사용되어 온 지속가능한 평화와 포스트-자유주의 평화에 속하는 개념들을 각각 네 개씩 다루고, 마지막 3부는 한반도 맥락을 주목한 평화개념을 제안한다. 다양한 개념들을 병렬적으로 나열하지 않고 상위개념과 하위개념으로 구분하여 개념의 성격을 좀 더 체계적으로 이해하도록 했다.

이 책의 각 장은 편의상 'ㅇㅇ평화'로 명명하였는데 이는 평화가 추구하는 내용과 성격을 부각시키는 방식이다. 각각의 평화개념을 통일적으로 검토하기 위해 각 장에서 몇 가지 논점을 공통적으로 다루고 있다. 그것은 ① 해당 평화개념의 등장 배경과 전개, ② 개념의 의의와 특징, ③ 인접 평화개념과의 관계, ④ 한반도 평화에 주는 함의 등 네 측면이다. 이 네 측면에서 각 평화개념을 상세히 비교 검토하는 일은 흥미로운 일이지만 향후 연구 과제로 남겨놓았다.

　제1부는 지속가능한 평화라는 범주 안에 있는 네 가지 평화개념을 설명한다. 먼저 1장은 적극적 평화를 다루었다. 이미 한국 독자들에게 익숙한 개념을 재차 설명하는 이유는 요한 갈퉁의 적극적/소극적 평화가 사실상 비판적 평화연구의 시작점이라고 할 수 있기 때문이다. 따라서 정혁은 이 개념을 장황하게 설명하기보다는 등장의 역사적 배경과 그 의의를 간결하게 서술하고 그 장점과 약점을 동시에 드러냈다. 이를 통해 갈퉁이 애초에 의도한 바를 다시 한번 강조하면서 평화연구의 중요성을 재인식하게 해준다.

　2장은 정의로운 평화 개념을 설명한다. 이 개념은 '정당한 전쟁'론을 해체하고 무비판적 평화주의를 넘어서려는 종교철학적 배경을 갖고 있다. 또한 정의와 평화를 분리하여 생각해 온 이분법적 인식론도 기꺼이 넘어선다. 평화는 정의 안에서 이해되어야 하며, 정의는 평화를 완성시킨다. 이 개념을 설명하기 위해 김상덕은 세계교회협의회를 중심으로 기독교와 국제정치학계에서 수용되는 이해를 균형적으로 다루고 있다. 이를 통해 용서와 화해와 같은 이 개념의 핵심 요소들이 어떻게 경직된 정의평화담론을 유연하게 만들 수 있을지 그 사유의 가능성을 넓혀준다.

　3장에서 소개되는 안정적 평화는 평화의 지속가능성을 그 분석 대상으로 직접 받아들인다. 평화는 분쟁 이후 위태로운 사회정치체제를 좀 더 안정적인 상태로 만들어 가는 '과정'인데, 그 근본 조건으로서 비폭력적 인식 변화를 요청한다. 허지영은 안정적 평화를 이론화한 많은 학자들 중 케네스 볼딩, 찰스 쿱찬, 그리고 아리 카코위츠와 야콥 바시만토브의 관점을 적극적으로 활용하여 하나의 긴 과정으로서 안정적 평화의 단계적 특성을 부각시키고 있다. 특히 안정적 평화 개념이 한반도에 줄 수 있는 함의에 주목하면서 안정화 과정으로서의 통일정책, 동아시아 평화지대와 같은 유용한 관점들을 제안한다.

4장은 양질의 평화를 소개한다. 안정적인 평화가 평화를 과정으로 이해하여 각 단계별 특성에 주목했다면, 양질의 평화는 그 질적인 속성에 더 주목한다. 이 장에서 서보혁은 질적인 평화를 평화구축, 평화 프로세스 등과 연계시켜 분석하면서 분쟁 후 사회에서 분쟁 재발 방지는 물론, 대중의 안전과 존엄을 계속 보장하는 것이 이 개념의 본질이라고 소개한다. 좀 더 인간의 얼굴을 하는 평화, 아래로부터의 평화, 사회와 개인들의 삶이 실질적으로 변화할 수 있는 평화의 전망이 양질의 평화의 참다운 모습이라고 강조하며 한반도 평화담론을 성찰한다.

제2부는 '자유주의 평화를 넘어'라는 제목 하에 네 가지 평화개념을 다루고 있다. 이 개념들은 지난 수십 년간 평화조성-평화유지-평화구축으로 정식화되어 온 자유주의 평화 모델의 한계를 비판하고 이를 극복하기 위해 제안된 포스트-자유주의 평화에 그 이론적 기반을 두고 있다. 그래서 5장에서 포스트-자유주의 평화가 무엇인지 전반적으로 소개한다. 이를 위해 이성용은 기존의 자유주의 평화담론이 주장해 온 주요 논제들과 실행 범위들을 언급하면서 왜 유엔이나 서구 중심적 평화 행위들이 로컬에서 거부되거나 실패하는지를 설명했다. 더 나아가 로컬의 영역에서 로컬의 주체성이 강화되고 글로벌의 영역과 혼종하는 방식으로 평화적 행위들이 발전되고 있음을 강조한다.

6장은 포스트-자유주의 평화의 중심 가치라고 할 수 있는 해방성을 평화와 함께 소개한다. 해방적 평화는 자유주의 행위자들이 로컬의 공간에서 수행한 행위들을 억압이라고 이해하고 편향적 평화구축을 고발한다. 강혁민은 해방적 평화가 사상적으로 의지하는 비판이론과 포스트-자유주의 담론에서 말하는 해방을 살핀 후, 올리버 리치몬드와 게짐 비소카를 중심으로 발전된 이 개념의 특징을 설명하고 있다. 그러면서 해방적 평화는 어떤 구체적인 행위체라기보다는 평화구축을 이해하는 인식론임을 강조한다.

7장은 일상적 평화를 다룬다. 로컬의 주체성이 평화구축의 중심적 역할을 수행한다면, 그 주체성이 생산되고 발현되는 공간은 일상의 장소이다. 공식적인 평화 행위와는 달리 미시적이고 작은 단위의 몸짓과 언어가 일상에서 평화를 만드는 지혜이자 돌파구다. 허지영은 이를 수면 아래에서 이루어지는 작은 평화, 비공식적인 행위들로 이해하고 이것들이 어떻게 수직적 확장과 수평적 확장으로 이어질 수 있는지 설명했다. 더 나아가 로저 맥긴티의 최근 논의를 서술하면서 사회성, 호혜, 연대, 그리고 회로와 회로망을 통해 구체적인 일상의 평화 행위를 포착하기 위한 요소들을 드러내고 있다.

8장에서 설명되는 경합적 평화도 포스트-자유주의 평화의 한 축으로서 평화에 대한 서구 민주주의적 방식을 완전히 뒤엎는다. 이 개념은 갈등은 합의를 통해 완전히 해결될 수 있다는 근대 민주주의론의 전제를 철저히 거부하고 적대에 기인한 갈등을 인간 행위의 중심이자 정치적인 것의 본질로 이해할 것을 요청한다. 평화는 적대적 갈등을 애써 지우려는 무모한 이상주의가 아니라 파괴적 갈등을 온건한 갈등으로 전환시켜 나가는 다원주의적 공존에 다름 아니다. 이 이론을 위해 강혁민은 급진 민주주의 이론가인 샹탈 무페의 경합적 다원주의를 소개하면서 왜 쟁투 또는 경합이 민주주의 사회가 취할 수 있는 가장 평화적 방식의 갈등 해결인지를 설명한다.

마지막으로 결론을 대신해 9장에서는 한반도 맥락을 주목한 '통일평화' 개념을 제시한다. 통일평화는 분단이라는 한반도 특수 상황을 적극 반영한 한반도발 평화론을 제안하고 있다. 서보혁은 통일평화를 아직 문제의식이 짙은 개념이라고 인정하면서도 추상적인 평화개념이 평화를 구축하는 데 유용한 함의를 주려면 살아 있는 현실과 관련짓는 사유가 필요함을 보여준다. 이를 통해 이 책에서 다룬 다양한 평화개념들을 어떻게 한반도 맥락에서 소화해 통일을 평화학의 시각에서 사고할 수 있을지를 논의한다.

이 책에서 다루는 아홉 가지 평화개념은 오늘날 평화학에서 다루는 주요 개념들을 포함하고 있지만 이것이 전부는 아니다. 생태평화, 전략적 평화, 마음의 평화, 우주의 평화, 초월적 평화 등 검토할 평화개념이 많이 남아 있다. 그리고 시대적 요청에 따라 평화개념은 확장되어 갈 것이다. 이 책에서 다룬 논의를 보완하고 다루지 못한 개념을 추가하는 작업은 향후 과제이다. 물론 평화개념이 평화전략, 평화운동 등 평화학의 다른 분야와 만나는 지점과 그 방식도 또다른 심화연구 과제이다.

제1부

지속가능한 평화

제1장

적극적 평화

정 혁

Ⅰ. 들어가는 말

오랫동안 평화는 현실과 거리가 먼 이상적 개념으로 이해되어 왔다. 때로는 종교적 수사나 추상적 구호로 더 많이 사용되기도 했다. 사람들에게 평화는 희구하고 소망하는 대상이었을 뿐 그것을 현실 세계에서 형성하거나 구축해야 한다는 생각은 아주 낯선 것이었다. 평화가 구체적으로 어떤 상태를 지칭하는지, 그 구성요소는 무엇인지, 평화를 달성하는 조건은 무엇인지 등을 논의할 개념 틀과 분석 도구가 사실상 부재했기 때문이다. 평화를 연구하는 학자들 사이에서도 평화는 단순히 전쟁의 역(逆)으로서만 이해되어 왔다. 실제로 20세기 중반에 이르도록 평화는 특정한 그 '무엇'(what it is)이 아닌 '무엇이 아닌 것'(what it is not)으로 정의되었다.[1] 평화는 전쟁의 부재 상태와 동일시되었고, 평화연구의 주된 내용은 전쟁이 어떤 조건과 상황에서 발발하는지를 예측하고 분석하는 등 사실상 전쟁연구와 다를 바 없었다. 이러한 전통적 평화 이해의 문제점은 실제로 전쟁이 중단되었거나 종식된 몇몇 사례들만 살펴봐도 금세 드러난다. 예컨대, '평화 = 전쟁 없음'이란 관점에서만 본다면 이란과 이스라엘의 관계는 프랑스와 독일의 관계와 다를 바가 없다.[2] 하지만, 수십 년째 무력 분쟁 상태에 있지 않다는 사실만을 두고 이들의 관계를 똑같이 평화롭다고 할 수 없을 것이다. 그렇다면, 둘의 차이는 무엇으로 설명할 것인가?

눈앞의 전쟁은 사라졌지만 평화롭지 못한 상태는 얼마든지 존재할 수 있음에도 불구하고, 그러한 비평화를 설명해줄 적절한 인식 틀은 20세기 중반 이후에서야 등장했다. 바로 이 장에서 설명하게 될 노르웨이의 평화학자 요한 갈퉁이 소개한 '소극적 평화'와 '적극적 평화'의 구분이 그것이다. 갈퉁은 기존의 평화 이해, 즉 평화를 전쟁과 폭력의 대척점으로만 사유해 왔던 관념을 깨뜨리며 평화를 전쟁 부재 그 이상 것으로 재개념화했다. 여기서 기존의 관념, 즉 전쟁 부재로서의 평화는 소극적 평화이고, 그 이상의 것(전쟁 부재+α)으로 정의된 평화가 바로 적극적 평화다. 쉽게 말해 적극적 평화는 전쟁이나 폭력을 발생시키는 근본 원인들이 해소된 상태를 말한다. 앞서 제시한 사례에 적용해 보면, 이란과 이스라엘 관계는 소극적 평화 상태에도 미치지 못하는 반면, 독일과 프랑스의 관계는 2차 세계대전의 상처를 극복하고 높은 수준의 지역 내 통합을 이뤄 가는 과정에 있기에 적극적 평화에 좀 더 가까운 상태라 할 수 있다.

적극적 평화 개념이 도입된 1960년대 이후의 평화연구는 그 이전에 비해 지각변동에 비유할 만큼 지형이 크게 바뀌었다. 이전까지 평화연구는 사실상 안보학과 별반 차이가 없는 연구 관심사를 대상으로 했다. 인류를 절멸시킬 수도 있는 핵전쟁의 공포 앞에서 갈퉁이 얘기하는 소극적 평화에 근거한 전쟁 억제와 현상 유지가 평화연구자들에게도 주된 관심사일 수밖에 없었던 것이다. 이러한 조류에 변화가 생긴 것은 1960년대 후반에 들어서 요한 갈퉁을 중심으로 한 소위 '비판적 평화연구자'들이 등장하면서부터다. 이들의 등장으로 인해, 국제정치학의 현실주의적 가정들을 무비판적으로 수용해 왔던 전통적 평화연구와 뚜렷하게 구분되는 새롭고 독자적인 평화연구의 지평이 열리기 시작했다. 바로 그 핵심에 요한 갈퉁의 적극적 평화 개념이 자리 잡고 있다.

이 장에서는 갈퉁의 적극적 평화 개념이 어떤 역사적·학문적 배경 속에서 탄생하게 되었는지 살펴보고자 한다. 그리고 소극적 평화와는 어떻게 구분되는지, 중요한 연관 개념인 구조적 폭력은 무엇이며 이론적인 함의는 무엇인지 알아보고자 한다. 또한 적극적 평화 개념의 특징과 의의, 한계를 살펴본 후, 이 개념이 한반도 평화에 어떤 함의를 줄 수 있을지 논의해 보고자 한다.

II. 개념의 등장 배경

1. 세계대전 이후 평화연구

한나 아렌트가 '폭력의 세기'로 규정했던 20세기 들어 평화에 대한 관심은 크게 증가한다. 두 차례나 이어지며 수천만 명의 희생을 가져온 세계대전, 반인륜적 범죄인 제노사이드와 홀로코스트 등 전쟁의 비극 속에서 평화의 가치가 새삼 주목받게 된 것이다. 특히, 제1차 대전의 참화에도 불구하고 또다시 대규모 국제전이 재발한 이유를 분석하면서, 한스 모겐소 등으로 대표되는 현실주의 국제정치학자들은 낙관주의적 인간관과 국제관계에 기초한 이상주의의 문제점을 집중적으로 부각시키며, 국제정치 현실에 대해 희망적 사고가 아닌 과학적 분석이 필요함을 역설한다.[3]

현대적 의미의 평화연구는 제2차 대전을 전후로 해서 등장한다.[4] 대표적으로 1940년대 미국의 라이트(Quincy Wright)와 영국의 리처드슨(Lewis

Richardson)은 전쟁에 대한 대규모 양적 분석을 시도한다. 이들은 전쟁의 발발이 외교정책 결정자들의 무지, 즉 자신들의 결정이 야기할 영향에 대해 충분히 알지 못했기 때문이라는 다소 순진한 믿음을 가지고 연구를 수행하긴 했지만, 전쟁의 원인, 참가국의 동기와 특성 등을 실증적으로 분석함으로써 기존의 도덕주의적 접근의 한계를 넘어서고자 했다.[5] 1940년대와 1950년대 초에 들어서면서 세계 각지에서 평화연구소가 설립되기 시작한다. 1945년 유럽에서는 '프랑스 전쟁학 연구소'(Institut Francais de Polemologie)가 세워지고, 미국 세인트루이스의 워싱턴 대학에도 '평화연구소'(Peace Research Laboratory)가 세워졌다. 이름에서도 알 수 있듯, 전자는 전쟁 연구와 국제법, 후자는 인간 행동에 초점을 맞춰 연구를 진행했다. 이처럼 초기 평화학은 다른 학문에 의존하며 발달해 왔고, 평화학으로서의 독자성은 부족한 상태였다. 평화연구가 하나의 독립적인 연구 분야로 자리매김한 것은 1950년대 말부터 시작된 북유럽 평화연구소의 등장부터라 할 수 있다.

2. 비판적 평화연구의 등장

1950년대 후반 스칸디나비아반도 국가에서는 전통적 평화연구와 결을 달리하는 새로운 유형의 평화연구소들이 등장하기 시작했다. 먼저, 1959년 노르웨이에서 '오슬로 평화연구소'(PRIO; Peace Research Institute Oslo)가 '사회연구원'(Institute of Social Research)의 일부로 출범했다가 1966년 독자적인 기관으로 발전했다.[6] 이 연구소를 주도적으로 설립하고 적극적 평화, 구조적 폭력 등의 개념을 만들며 소위 '비판적 평화연구'의 지평을 열어낸 이가 바로 요한 갈퉁(Johan Galtung)이다. 또한, 같은 해인 1966년 스웨덴에서는 '스톡홀

름 국제평화연구소'(SIPRI; Stockholm International Peace Research Institute)가 창설되면서 군비축소에 관한 세계적인 연구소로 발전하게 되고, 1969년 핀란드에서는 탐페레 평화연구소가 설립되는 등 독자적인 학문으로서의 평화연구의 기틀이 마련되었다.[7]

1960년대 후반부터 1970년대는 국제정치적으로 큰 변동의 시기였다. 미국과 소련이라는 두 강대국을 중심으로 세계가 양분되어 대립했던 냉전체제에 균열이 일어나기 시작했으며, 1968년 '프라하의 봄'으로 상징되는 공산권 내 자유화 운동, 중국과 소련 사이의 갈등, 서독 빌리 브란트의 동방정책 등 동서진영 사이의 '데탕트'(긴장완화)뿐만 아니라, 각 진영 내부에서도 분열과 이완이 발생하기 시작했다. 그럼에도 불구하고 핵전쟁의 공포는 여전했으며, 베트남전과 군비경쟁에 대한 전 세계적 반전 평화운동, 미국의 흑인민권운동, 유럽의 신좌파 운동 등은 전쟁의 원인과 평화의 조건을 더 근본적인 차원에서 되돌아보는 계기를 제공했다.[8] 이는 평화연구자 내부의 다양한 논쟁을 촉발시켰는데, 특히 유럽의 비판적 평화연구자들은 '전쟁 부재 = 평화'라는 기존의 좁은 틀로는 설명하기 힘든 다양한 비평화적 조건들–빈곤, 억압, 불평등, 환경 파괴 등–을 평화연구의 의제로 받아들여야 한다고 주장하고 나선다.[9]

III. 개념의 구성과 전개

1. 소극적 평화와 적극적 평화

비판적 평화연구자들은 가장 먼저 평화개념을 새롭게 정의하고자 했다. 그중에서도 요한 갈퉁은 '물리적 폭력의 부재 = 평화'라는 기존의 접근 방식으로는 제대로 된 평화연구가 어렵다고 봤다. 비록 겉으로 드러나는 물리적 폭력이 감소했다고 해도—일례로, 내전을 끝내고 평화협정이 맺어졌다고 했을 때—불평등한 사회 질서 자체는 그대로이거나 오히려 더 심화되어서 또 다른 폭력으로 발전할 수 있다. 갈퉁이 보기에 이러한 사회 내 잠재된 폭력 문제는 기존의 평화개념으로는 분석할 수 없다. 이런 문제의식에서 그가 고안한 방법은 평화개념을 소극적 평화와 적극적 평화로 구분하는 것이었다. 1960년대 중반 처음 이 구분법을 제안한 갈퉁은 소극적 평화(negative peace)는 '직접적 폭력의 부재'로, 적극적 평화(positive peace)는 '인간 사회의 통합'으로 정의했다.[10] 소극적 평화의 대표적인 예로 팍스 로마나(Pax Romana), 베스트팔렌의 평화, 팍스 아메리카나(Pax Americana) 등을 들 수 있다. 패권국의 압도적 힘의 우위를 통해 혹은 세력균형을 통해 유지되는 평화다. 하지만, 국가 간 세력 구도는 지속적으로 변화하기에 언제든지 '깨질 수 있는' (fragile) 평화이기도 하다.[11] 반면, 적극적 평화는 폭력을 발생시키는 구조적 원인들이 근본적인 차원에서 해결되어 긍정적 가치들, 예컨대 조화, 통합, 포용, 다양성 등이 발현되는 상태를 뜻한다. 적극적 평화가 완전히 실현된 사례를 찾기는 쉽지 않지만, 냉전 이후 국제 평화는 물론 민주주의, 인권, 환경 등 공동의 가치를 기반으로 협력적 관계를 구축하고 있는 유럽연합(EU)

을 가까운 예로 들 수 있다.

<표 1> 소극적 평화와 적극적 평화

구분	소극적 평화	적극적 평화
정의	개인적/직접적/물리적 폭력의 부재	구조적 폭력의 부재
목표	현상유지	통합, 협력, 조화, 정의
성격	비관적, 치료적	낙관적, 예방적
방식	평화유지(peace keeping) 평화조성(peace making)	평화구축(peace building)
수단	세력균형, 폭력의 독점 및 제한적 사용	평화적 · 비폭력적 수단
사례	팍스 로마나, 베스트팔렌의 평화	유럽연합

출처: Galtung (1976, 1985, 2000)을 참조하여 저자 작성

갈퉁은 평화의 상태를 구분하면서 왜 굳이 '네거티브'와 '포지티브'라는 수식어를 붙였을까? 표면적으로 보면, 소극적 평화는 부정적인 현상, 즉 전쟁과 폭력이 '없는'(absence) 상태를 가리키기 때문이고, 적극적 평화는 긍정적인 현상, 예컨대 사회정의와 인권 존중 등이 '있는'(presence) 상태를 가리키기 때문이라 할 수 있다. 하지만, 그보다는 전통적인 평화관(traditional peace thinking)이었던 소극적 평화의 한계를 짚어내고 평화개념 자체를 확장하려는 것이 갈퉁의 진정한 의도였다고 할 수 있다.[12] 앞서 언급했듯이, 1950년대까지만 해도 평화연구는 이렇다 할 독자적인 개념이나 분석 틀을 갖추지 못한 채 여러 분과학문의 배경을 가진 연구자들이 각자의 이론을 동원해 접근하는 실정이었다. 그러다보니 평화연구는 당시 주류 국제정치학의 현실주의 패러다임에 제대로 도전하지 못한 채 주로 전쟁의 동학을 분석하는 제한적인 연구에 그쳤다. 갈퉁은 이러한 수동적인 접근 방식은 직접적 폭력에만 초점을 맞추게 하는 평화에 대한 협소한(narrow) 이해에서 비롯되었다고 비

판한다.[13] 이런 협소한 평화개념, 즉 소극적 평화의 더 큰 문제점은 직접적 폭력의 부재 상태가 반드시 긍정적인 결과(예를 들어, 권력의 분점과 경제적 재분배)로 이어진다는 보장이 없음에도 불구하고 마치 모든 문제가 해결된 것 같은 착시현상을 불러온다는 것이다.[14] 평화협정이나 불가침 조약 이후에도 전쟁이 다시 재발하거나 내전과 같은 다른 형태의 분쟁이 발생하는 사례에서 볼 수 있듯 소극적 평화는 일종의 '순진한'(naive) 평화이며 일시적 현상유지(status quo)에 불과하다. 애초 분쟁을 일으키게 만들었던 근본적인 문제들이 여전히 수면 아래 남아 있기 때문이다. 비유(analogy)를 즐겨 사용하는 갈퉁은 그래서 평화를 건강에 비유하곤 했는데, 보건학(health science)에서 건강이란 기본적으로 질병이 없는 상태를 의미하지만, 질병에 대한 저항력을 가진 몸을 만드는 것과 같은 적극적 행위도 포함한다.[15]

그렇다고 해서 갈퉁이 소극적 평화의 중요성을 무시한 것은 아니다. 그는 일관되게 소극적 평화와 적극적 평화는 평화의 두 측면이며, 평화연구는 둘 모두를 포괄해야 한다고 역설했다.[16] 보건학의 관점에서 본다면, 당장 처치가 필요한 환자는 치료적 접근을 해야 할 것이고 그와 함께 예방 목적의 처방도 병행해야 한다. 하지만, 재차 강조하자면 갈퉁은 소극적 평화 개념이 주류화하면서 평화의 적극적인 추구에 대한 상상력을 제한하고 있다는 문제의식이 있었기 때문에, 실제로는 적극적 평화에 훨씬 더 초점을 맞춰 논의를 전개했던 것은 부인할 수 없는 사실이다.[17]

2. 구조적 폭력

갈퉁의 적극적 평화 개념은 곧바로 비판에 직면한다. 국제정치적으로 격

변의 시기였던 1960년대 후반부터 목소리를 높여 가던 급진적 평화연구자들 눈에 갈퉁의 평화 모델은 사회적 불평등과 억압의 문제를 풀어가기에 적합한 이론이 아니었다.[18] 비판이론과 신마르크스주의, 심지어는 마오이즘을 받아들였던 스칸디나비아의 젊은 연구자들은 갈퉁이 지향하는 통합이나 협력과 같은 보편주의적 가치에 문제를 제기했다. 그들의 관점에서 갈퉁의 접근 방식은 제3세계의 저개발과 착취의 문제에 아무런 해법을 제시할 수 없는, 아니 오히려 그러한 세계체제의 불평등 구조를 눈감고 정당화하는 소위 '미국식' 실용주의적 갈등 해결 이론과 다를 바 없었다.[19]

이에 갈퉁은 후속 연구를 통해 지구적 착취의 문제를 평화연구 내에서 풀어나갈 개념을 들고 나오는데, 그것이 바로 구조적 폭력 개념이다. 1959년 오슬로 평화연구소(PRIO: Peace Research Institute Oslo)를 창립하고, 1964년 세계 최초의 평화학 학술지 〈Journal of Peace Research〉 창간과 국제평화학회 (International Peace Research Association) 창립을 주도할 때만 하더라도, 갈퉁의 관심사는 평화개념 자체의 확립에 있었다. 그러나 1969년 〈폭력, 평화, 그리고 평화연구〉라는 기념비적 논문[20]을 통해 갈퉁은 평화와 폭력을 관련지어 설명하는 단일한 프레임워크(그림 1)를 제시하며, 자신의 기존 이론에 수정을 가한다. 그는 먼저 평화의 조건을 탐색하기 위해서는 무엇보다도 대척되는 개념으로서 폭력의 분석이 선행되어야 하는데, 이때의 폭력 개념은 다양한 형태의 폭력을 포괄할 수 있어야 한다고 말한다.[21] 그는 폭력을 '인간의 육체적 및 정신적 실현을 그 잠재적 가능성 이하로 떨어뜨리도록 영향을 미치는 것'이라 폭넓게 정의한다.[22] 인간 실현의 잠재성을 방해하는 것이란 무엇일까? 흔히 폭력하면 인간의 신체에 해를 입히거나 고통을 주는 행위, 예컨대 살인이나 상해를 떠올리지만, 갈퉁은 이렇게 가해자를 가려낼 수 있는 폭력은 '개인적 혹은 직접적 폭력'으로서 좁은 의미의 폭력에 불과하다고 설명한다. 그보다도 평화연구에서 주목해야 할 것은 행위자가 없는데도 발생하는 폭력인 구조적 혹은 간접적 폭력이다.

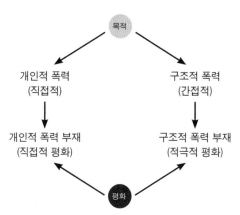

〈그림 1〉 확장된 평화와 폭력 개념

출처: Galtung, (1969), p. 183.

여기서 구조적 폭력이란 폭력을 행사하는 행위자와 동기가 명백히 존재하는 직접적 폭력과 달리, 그러한 가해 주체를 특정할 수 없는 '사회구조 속에 깃든'(built into the structure) 폭력을 말한다.[23] 예를 들어, 18세기에 사는 사람이 결핵에 의해 죽은 사실을 두고 구조적 폭력이라 할 수 없지만, 백신과 치료제가 충분한 오늘날 결핵에 의해 죽는 사람이 있다면 그것은 구조적 폭력인 것이다.[24] 이 '확장된 폭력의 개념'(extended concept of violence)은 갈퉁의 평화론, 특히 적극적 평화 개념을 더욱 명확하게 만들어주었다. 〈그림 1〉에서 보듯 소극적 평화의 조건이 직접적 폭력의 부재라 했을 때, 적극적 평화의 조건은 구조적 폭력의 부재가 되기 때문이다. 그리고 평화연구는 직접적 폭력을 제거하는 데에만 몰두하는 현실주의적 안보 연구와 지향을 달리하여 인간의 잠재성 발현에 제약을 가하는 모든 종류의 폭력이 사라진 상태, 즉 적극적 평화의 조건을 탐구하는 방향으로 나아갈 수 있게 되었다.

3. 문화적 폭력

눈에 보이는 폭력 이면의 잠재된 폭력을 구조적 폭력으로 개념화한 지 20여 년이 지난 1990년, 갈퉁은 다시 한번 폭력에 대한 새로운 통찰을 제시한다.[25] 이른바 문화적 폭력(Cultural violence) 개념이다. 문화적 폭력이란 간단히 말해서 직접적 폭력이나 구조적 폭력을 정당화하는 문화적 요소를 말한다. 이러한 정당화에는 주로 종교와 이데올로기, 예술, 언어, 과학, 교육 등이 동원된다고 갈퉁은 주장한다.[26] 그는 문화적 폭력이 여타의 폭력과 같이 신체를 해하거나 인간의 잠재성 실현에 곧바로 영향을 주는 대신 그러한 폭력이 가능하도록-나아가 집단 안에서 만연하도록-조건을 형성하는 역할을 하기에 더욱 심각하게 바라봐야 한다고 역설한다. 예를 들어, 특정한 소수자 그룹에 대한 혐오를 다수의 사람들이 '그럴만한 이유가 있을 것이다'라고 생각한다거나, '어쩔 수 없는 일'이라고 치부하는 문화가 존재한다면, 그들 소수자들에 대한 구조적 폭력(차별, 배제)은 물론 직접적 폭력(폭행, 폭언)이 더 쉽게 발생할 것이다. 요컨대, 〈그림 2〉와 같이 직접적-구조적-문화적 폭력은 악순환의 삼각형(vicious triangle) 속에서 서로를 강화하며 특유의 내구성을 갖게 된다는 점에서 어느 한쪽만 다뤄서는 극복이 어렵다.[27]

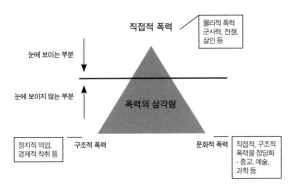

〈그림 2〉 폭력의 삼각형

출처: 저자 작성

　정리하면, 갈퉁은 평화 형성의 조건을 분석하기 위해서 무엇보다도 폭력의 원인과 효과를 규명하고자 노력했다. 특히, 폭력이 작동하는 메커니즘을 겉으로 드러난 행위(자)가 아닌 드러나지 않는 심층 구조와 문화 속에서 찾고자 했다. 그가 보기에 '어떻게 하면 개인이나 집단 간 분쟁을 줄이거나 없앨까'와 같이 단기적 해법을 구하는 것은 평화연구의 본령이 아니다. 대신 인간 활동의 모든 차원에서 발생하는 폭력의 구조를 해체하고 적극적 평화, 곧 사회 정의(social justice)를 세워 가는 것이야말로 평화연구의 목적이 되어야 한다고 주장한다. 후술하겠지만, 이러한 갈퉁의 폭력 연구는 현대 평화학이 다양한 사회적 갈등과 경제적 불평등, 젠더, 개발, 환경, 인권 연구와 긴밀한 관련성을 지닌 통전적인(holistic) 학문으로 나아가는 데 기여하게 된다.

Ⅳ. 개념의 특징과 의의, 비판

현대 평화연구의 핵심 개념으로 자리 잡은 적극적 평화는 기존의 평화개념과 여러 가지 면에서 구별되는 특징이 있다. 여기서는 크게 세 가지, 즉 최대주의적 어젠다, 긍정적 접근 방식, 가치 표방적 특징에 주목하고 각각의 의의를 살펴보고자 한다.

첫째, 적극적 평화는 그 개념이 포괄하는 연구 주제와 범위 면에서 '최대주의적'(maximalist) 특징을 보인다.[28] 이전까지 평화연구의 대상이 직접적 폭력에 해당하는 전쟁 방지와 예방 등에 국한되었다면, 적극적 평화 개념을 적용한 이후부터는 구조적 폭력에 해당하는 경제적 착취, 인권 침해를 유발하는 억압적 구조, 인간의 생존을 위협하는 환경 파괴와 개발 이슈까지도 평화연구의 틀 안에서 다뤄지게 되었다. 이러한 특징은 갈퉁을 비롯한 유럽의 비판적 평화이론가들 특유의 구조주의적, 시스템적 사유 방식에서 기인한 바가 크다. 이들은 평화의 조건과 폭력의 양태를 사유함에 있어 개인의 내면에서부터 집단과 국가 간 관계, 문명에 이르기까지 인간 삶을 총체적으로 분석하고자 했다. 이러한 연구 경향을 오히려 이론적 결함으로 취급하는 비판도 있지만, 적극적 평화의 최대주의적 어젠다는 북미를 중심으로 발달한 갈등 해결 연구와는 차별화된 평화학 고유의 정체성, 특히 지구적 문제(global issue) 해결을 위해 다양한 간학문적 연구를 수행한다는 개방적 정체성을 부여해주었다.[29]

둘째, '적극적'이라는 수식어 그대로 적극적 평화 개념은 평화를 긍정적, 능동적으로 접근하는 길을 열어주었다. 기존의 평화개념이 겉으로 드러난 현상에 집중한 나머지 폭력은 물론 인간 사회에 만연한 갈등(conflict)마저도 부정적으로 접근하여 이를 관리하거나 억제하는 소극적 관점을 취했다면, 적극적 평화 관점에서 폭력과 갈등이란 어떻게 다뤄지느냐에 따라 결과가 달라질 수 있는, 즉 문제 해결(=사회변혁)의 단초로 인식된다. 요컨대, 평화학자 숄텐의 말처럼 적극적 평화의 등장으로 인해 평화란 그 자체로 '긍정적 현상'으로서 나쁜 것을 없애는 차원을 넘어 '좋은 무언가를 만들어 내는 것'이라는 생각이 확산되었다.[30] 한편, 실천적 차원에서 적극적 평화 개념은 소극적인 개입 활동인 평화유지(peacekeeping)나 평화조성(peacemaking)을 넘어서, 분쟁을 겪은 사회가 지속가능하고 정의로운 시스템을 형성하도록 촉진하는 평화구축(peacebuiling)[31]이 UN 국제평화활동의 우선순위가 되는 데 영향을 미치기도 했다. 반면, 평화에 대한 부정적 접근은 '평화를 원하거든 전쟁을 준비하라'는 고대 로마의 격언이 압축해서 드러내주듯 인간과 사회, 갈등의 평화적 전환에 대한 비관적 이해에서 비롯한다. 이러한 비관적(=현실주의적) 평화관에 기초한 평화연구는 자연스레 강대국 간 전쟁에 초점을 맞추게 되고 의도와는 다르게 힘에 대한 숭배(cult of power)와 군사화(militariazation)를 정당화하는 역할을 하게 된다.[32] 이렇게 부정적 관점의 연구 경향이 현대 평화연구에서도 아직 우세하다는 사실은 적극적 평화 개념이 여전히 균형추(counter-weight) 역할을 해야 할 이유이기도 하다.[33]

셋째, 갈퉁의 평화개념은 기존 평화연구의 가치중립(value-free)적 태도를 거부하고 가치표방적(value-explicit) 태도를 지향한다. 실증적 연구방법론을 따르는 전통 평화연구자들에게 중요한 것은 국가 간 전쟁 발발과 방지 가능성(probability) 등을 타당성이 인증된 이론 체계로 제시하는 것이다.[34] 반면, 갈퉁을 위시한 비관적 평화연구자들은 이러한 전통적 접근법이 과연 폭력의 근본 원인(root causes)을 구성하는 지배와 권력의 문제를 드러낼 수 있을

지 회의적이다. 문화적 폭력의 관점에서 보면, 오히려 그러한 가치중립적-피상적-접근 방식은 기존 질서의 문제점을 정당화해 줄 위험마저 있다. 이러한 가치표방적 성격은 폭력을 '인간의 잠재적 실현 가능성을 가로막는 것'이라고 정의한 것에서도 잘 드러난다. 사실상 '평화 실현 = 인간해방'이라는 연구 목표를 제시했다는 것은 사회정의와 평등과 같은 인접 가치들을 평화연구 안으로 적극적으로 받아들이겠다는 것에 다름 아니다. 요컨대, 적극적 평화 개념은 평화연구 방법론에 규범과 가치를 연구에서 분리해낼 수 없으며, 오히려 이를 적극적으로 드러냄으로써 기존 질서를 비판하고 실천을 담보하는 연구를 추구하도록 촉구한다.[35]

적극적 평화론은 현대 평화연구에 지대한 영향을 미쳤지만, 동시에 숱한 비판에 시달리기도 했다. 먼저, 갈퉁이 제시한 평화와 폭력 개념이 지나치게 추상적이고 광범위하며 학문적 엄밀성이 부족해 분석 틀로는 적합하지 않다는 비판이다.[36] 대표적으로 케네스 볼딩(Kenneth Boulding)의 경우, 갈퉁의 구조적 폭력과 적극적 평화는 분석 모델이라기보다는 일종의 은유(metaphor)라고 일축하기도 했다.[37] 그는 갈퉁이 빈곤과 같은 복잡한 경제 현상마저도 구조적 폭력에 빗대는 오류를 범하고 있다고 지적한다. 이와 함께, 폭력의 원인과 책임이 손쉽게 시스템에 떠넘겨지고 행위자의 자율성은 지나치게 가볍게 취급된다는 비판도 제기되었다.[38] 요컨대, 갈퉁의 구조적 폭력 개념은 현실의 폭력을 '어디에나 있어서 의미 없게 된 상태'로 만들어 버렸다.[39]

다양한 보편가치들—협력, 개발, 다원주의, 역동성, 정의, 자유—을 평화연구 틀 안에서 다루게 된 것이 과연 이론적인 진전이라 할 수 있는지 의문을 제기하는 학자들도 많다. 나열한 가치들이 평화와 어떤 관련성이 있는지,

또 평화 실현에 그들의 우선순위는 어떻게 되는지 등에 대한 구체적인 설명이 부족하다는 것이다. 차라리 현실에서 작동할 수 있는 정책 개발을 위해서는 최소한의 기준(minimum standards)을 제공해주는 인권이나 인간안보와 같은 개념이 더 낫다는 의견도 있다.[40] 일부에서는 적극적 평화 개념의 최대주의적 특성, 즉 평화를 국내 사회구조의 변화까지 포함시켜 정의하는 것을 일종의 제국주의적 발상으로 비판하는 시선도 있다. 예컨대, 분쟁 지역에 대한 국제사회의 개입이 해당 지역 고유의 문화와 맥락을 무시하고 신자유주의적 제도와 정책을 이식하는 식으로 진행될 경우, 적극적 평화는 '트로이의 목마'(Trojan horse)처럼 기능하게 될 것이라는 우려다.[41]

V. 다른 평화개념과의 관련성

이 책에서 앞으로 다뤄질 다양한 평화개념들은 대부분 적극적 평화 개념이 소개된 이후 그것을 비판적으로 극복하거나 약점을 보완하기 위한 시도에서 등장했다. 어떤 면에서 이 책이 소개하는 평화개념들, 즉 현대 평화연구에서 주목하는 평화개념들은 대부분 적극적 평화론으로부터 크고 작은 영향을 받은 결과로 탄생했다고 해도 과언이 아니다. 대표적으로, 케네스 볼딩에 의해 고안된 '안정적 평화'(Stable Peace) 개념은 소극적-적극적 평화의 이분법을 비판하고 두 극단 사이에 존재하는 다양한 평화의 양상을 일종의 스펙트럼으로 제시하여 단계적 평화구축의 가능성을 보여준다.[42] '전쟁이 발생할 가능성이 매우 낮아서 당사자들이 이를 고려하지 않는 상황'으로 유연하게 정의되는 안정적 평화는 소극적 평화에 좀 더 가까운 개념이라 볼 수 있지만, 소극적-적극적 평화 개념에 비해 현실성 높은 해법을 추구한다.[43] 그에 비해 적극적 평화는 폭력을 양산하는 권력 구조 자체를 근본적으로 변혁하는 데 중점을 두고 있다.

적극적 평화의 이분법적 한계를 극복하고 지속가능한 평화를 구축하고자하는 노력은 '양질의 평화'(Quality Peace) 개념에서 더욱 구체화된다. 양질의평화 개념은 적극적 평화에서 충분히 다뤄지지 못했던 '주민들'(inhabitants), 특히 분쟁을 겪은 지역에 거주하는 주민들을 논의의 중심으로 끌어들이고, 이들이 삶 속에서 누려야 할 질적인 요소들, 대표적으로 안전과 존엄, 예측가능성 등이 지속적으로 보장되는 상태를 평화로 정의한다.[44] 개념이 다루는 범주와 가치의 측면에서 적극적 평화 못지않은 최대주의적 특성을 갖고있지만, '좋은 가치들의 나열에 불과'하다는 비판을 받는 적극적 평화 개념과달리 높은 이론적 체계성을 갖추고 있다. 이 외에도, 적극적 평화에 영향 받은 자유주의 평화구축(peacebuilding)의 한계들-엘리트주의, 서구중심주의, 관료주의 등-을 비판하는 과정에서 '해방적 평화'(Emancipatory Peace), '일상적 평화'(Everyday Peace), '경합적 평화'(Agonistic Peace)와 같은 대안적 개념이등장했다는 점도 기억해 둘 필요가 있다.[45]

한편, 이 책의 결론에서 소개될 '통일평화'는 적극적 평화론을 한반도 분단현실에 적용하는 과정에서 탄생한 개념이다. 통일평화의 문제의식은 그간한반도에서의 통일 논의가 사실상 소극적 평화론에 그쳤다는 데 있다. 대표적으로 '평화통일론'은 체제적 수준의 남북통일을 궁극적 목표로 설정하고, 평화는 단지 수단 혹은 방식 정도로만 파악해 왔다. 이에 반해 통일평화의목표는 한반도에서 적극적 평화가 실현된 상태를 말하는데, 이는 통일 과정은 물론 통일 이후에도 분단으로 인한 구조적 폭력이 극복되고 화합과 협력

이 창출되는 상태를 뜻한다.[46]

반면, '정의로운 평화'(Just Peace) 개념은 앞서 소개한 개념들과 달리, 적극적 평화로부터 영향을 받아서 발전한 개념은 아니다.[47] 물론 정의로운 평화는 적극적 평화와 내용적으로 유사한 측면이 있다. 그래서 적극적 평화와 정의로운 평화를 단순하게 등치시키는 경우를 많이 볼 수 있는데, 이는 갈퉁이 적극적 평화의 정의를 사실상 사회정의와 다를 바 없는 상태로 규정한 탓이 크다. 거칠게 얘기하자면, 두 개념 모두 폭력 부재라는 소극적 평화를 넘어 폭력의 근본 원인(root causes)을 제거하는 것을 목표로 삼는다는 점에서 유사하지만, 중요한 차이점이 있다. 우선 전자가 평화에 이르는 '수단'도 평화적이어야 한다는 점을 강조한다면, 후자는 '정당한 무력의 사용'(the legitimate use of force)에 대해 논의를 열어 놓고 있다. 또한 전자가 평화구축의 객관적 측면으로서 사회구조적 변화에 초점을 맞춘다면, 후자는 평화의 주관적(=정의로운) 측면인 분쟁 당사자 간 만족과 화해, 곧 관계의 전환(transformation of relationship)을 강조한다.[48]

VI. 한반도 평화에 주는 함의

한반도는 왜 평화롭지 못한가? 또 어떻게 해야 진정으로 평화로운 상태에 이를 수 있을까? 한반도의 비평화적 분단 현실에 대한 진단과 처방은 이미 많은 연구자를 통해 제출되어 왔다. 대표적인 논의가 2000년대 이후 집중적으로 다뤄지고 있는 '한반도 평화체제론'이다. 요약하면, 한반도는 정전협정과 군사력 균형에 의해 전쟁이 억제되고 있는 불안정한 평화 상태에 놓여 있는데, 전쟁 가능성을 제거하고 공존 상태로 나아가기 위해서는 평화체제로 전환되어야 한다는 것이다. 평화체제로 이행의 핵심과제로는 북한의 비핵화, 군사적 신뢰 구축, 북미관계 정상화, 평화협정 체결 등이 있다. 이들 과제 중 무엇이 우선이냐를 두고 당사국 간 이견이 크지만, 정전체제를 종식시키고 항구적 평화체제를 구축한다는 것에 대해서는 이미 2007년 남북 정상이 합의한 사항이기도 하다.

그러나 적극적 평화의 관점에서 한반도 평화체제론은 여전히 불완전한 이론이자 정책이다. 구시대적 냉전체제를 해체한다는 점에서 과거 반공주의나 북한 붕괴론에 기반한 흡수통일론과는 근본적으로 다르긴 하지만, 한반도 평화체제가 지향하는 평화란 결국 안보 논리에 근거한 소극적 평화와 다르지 않다.[49] 한반도 평화체제론은 남북한과 주변국이 대립하게 된 역사적 원인, 북한이 핵무장을 하게 된 내적 논리, 남북한 내부의 적폐처럼 쌓여 있는 분단 고착형 사회구조와 문화 등을 본격적으로 다루지 않는다. 이렇게 장기간에 걸쳐 고질화된 문제들은 남북관계나 북미관계가 정상화되어 평화협정이 맺어진다 해서 해소될 성질의 것이 아니다.[50] 일각에서는 한반도 평화체제를 적극적 평화의 일환으로 해석하거나,[51] 적극적 평화를 실현하기 위한 하나의 제도적 장치로 보기도 하지만,[52] 이 역시 갈퉁의 적극적 평화를 한반도 현실에 제대로 적용한 것이라 보기 힘들다. 요컨대, 갈퉁 이론의 핵심인 확장된 폭력의 개념을 한반도 맥락에서 검토하지 않은 이론을 한반도판 적극적 평화론이라 하기 어렵다.

이런 점에서 '분단이 만들어내는 폭력적 활동과 구조, 담론'을 지칭하는 '분단폭력'은 적극적 평화론의 문제의식을 한반도 상황에 적절하게 적용한 개념이라 할 수 있다.[53] 분단폭력은 한반도 비평화의 근본 원인을 분단구조에서 파악하고 이 구조의 '중층적이고 복합적인' 폭력성을 집약해낸 개념이다.[54] 실제로 한국전쟁 이후 한반도 거주민들이 겪어온 고통(=잠재성 실현의 제약)은 직접적·물리적 폭력에만 그치지 않는다. 분단을 명분으로 구축된 거대한 군비 체계, 이를 뒷받침하는 안보상업주의와 군사주의, 이분법적 사고와 적대의식을 내면화시키는 이데올로기 교육 등 분단은 구조적·문화적 폭력으로 기능하며, 끊임없이 대립과 갈등, 분열을 재생산해 왔다.

한반도 비평화의 원인을 단순히 제도적 미비가 아닌 인간 내면과 사회 속에 깊이 스며든 패턴화된 폭력으로 보는 이러한 관점은 수차례의 정상 간 합의에도 불구하고 나아지지 않는 한반도 평화 문제에 대해 시사하는 바가 크다. 첫째, 적극적 평화론은 한반도 평화 논의가 과도하게 국가 중심적으로 흘러가선 안 된다고 경고한다. 물론, 군사적 대치 상황을 평화체제로 전환하고 이를 국제적으로 보장받기 위해서는 국가 수준의 합의가 무엇보다 중요하다. 그러나 이는 분단(폭력)문제는 그대로 둔 채 최소한의 평화를 유지(peace-keeping)하는 임시 방안에 불과할 뿐, 분단 당사자 간 협력과 통합을 이뤄내는 적극적인 행위라 할 수는 없다. 국가 간 평화협정 논의의 더 큰 문제점은 '국가 이익으로 정의되는 힘의 추구'라는 국제정치의 현실주의적 속성이 지닌 한계를 뛰어넘기 쉽지 않으며, 동시에 한반도 맥락에서는 강대국의 입김으로부터 자유로운 합의를 이뤄내기가 매우 힘들다는 것이다. 이에 반해, 오래전부터 현대의 안보 논의는 국가의 안보를 넘어 인간안보, 즉 인간다운 삶을 영위하는 조건을 실현하는 것을 안보로 정의하는 등 인식 지평을 확대해 왔다. 마찬가지로 국가 간 통합이 아닌 인간 사회의 통합을 지향하는 적극적 평화론은 진정한 평화 실현을 위해 국가로부터 눈을 돌려 그 안에서 살아가는 개인들의 삶과 비국가 행위자들의 담론과 실천에 주목할 것

을 주문하고 있다.[55]

둘째, 분단폭력의 특성상 그것의 해체를 위해서는 평화는 물론 인권, 개발, 생태 등 연관된 가치들이 균형 있게 추구되어야 한다. 이들 가치는 모두 보편적 성격을 띠고 있어서 적극적 평화구축을 위해 어느 것 하나 빼놓을 수 없지만, 구체적인 상황 속에서는 갈등하거나 상충되는 경우가 적지 않다. 대표적으로 북한 인권 문제가 그런 경우다. 북한 주민의 인권이 매우 심각한 상황에 놓여있다는 것은 이미 국제적으로 인정된 사실이지만, 그 해결에 있어서 어떤 수단을 동원하느냐에 따라 다른 가치가 훼손될 수 있다. 실제로 지난 20여 년간 국제사회는 주로 '지목해서 창피주기'(naming and shaming)와 같은 방식의 정치적 압력을 행사하며 북한 인권 개선에 나섰지만, 지금껏 북한 정권의 태도 변화를 이끌어내지 못했다. 오히려 국제사회의 인권 문제 개입은 상대를 인정하는 것에서부터 출발해야 하는 한반도 평화 프로세스와 엇박자를 내는 일이 많았고, 자유권보다는 사회·경제적 권리 충족에 초점을 맞출 수밖에 없는 대북개발협력의 국내외 지지기반을 약화시켰다.[56] 이른바 악순환이다. 평화-인권-발전의 선순환 관계를 확립하지 않고 특정 가치만을 우선시하거나 절대화해서는 복합적·중층적 성격의 분단폭력을 극복할 수 없다.

VII. 나가는 말

이 장은 현대 평화연구의 이론적 전환점을 제공해준 요한 갈퉁의 적극적 평화 개념에 대해 살펴보았다. 갈퉁을 비롯한 비판적 평화연구자들은 전쟁 부재를 곧 안보와 평화로 좁게 해석해 온 주류 국제정치학과 전통 평화연구에 도전장을 내밀며, 진정한 평화는 그러한 피상적 차원의 폭력 부재가 아닌 인간을 억압하는 구조적 폭력이 사라지고 협력과 조화가 발현되는 긍정적인 현상으로 다시 정의했다. 적극적 평화의 발견으로 인해 평화연구는 갈등이나 분쟁을 단순히 관리하고 해소하는 식의 기능적 접근이 아닌 갈등과 폭력의 근본 원인을 따져 묻고 평화로운 전환 가능성을 탐색해 나가는 창조적이고 실천적인 학문으로 발전해 나갔다.

실증주의 과학의 눈으로 보면, 적극적 평화 개념은 많은 허점이 있는 것이 사실이다. 지나치게 규범적이며, 분석적 개념으로 활용하기도 쉽지 않다. 이미 반세기 전에 등장한 적극적 평화 개념은 그 역할을 다하였고, 이제는 양질의 평화, 일상의 평화와 같은 최신 개념이 그 자리를 대신하고 있다고 평가할 수도 있겠다. 그럼에도 불구하고, 한반도를 살아가는 우리가 이 개념에 주목해야 할 이유가 있다. 적극적 평화는 우리와 비슷하게 주변 강대국들의 침략으로 오랜 기간 고통 받아 왔던 스칸디나비아 지역 학자들의 문제의식 속에서 구상되었다. 기성의 학문과 사상이 다 같이 한쪽 방향을 가리키고 있을 때, 이들은 그 지적 전통의 한계와 문제점을 파고들었다. 그리고 자신들이 내놓은 대안을 학문과 삶 속에서 끊임없이 적용하고 일치시키고자 노력했다. 상아탑의 연구 성과물이 아닌 일종의 '운동' 차원에서 전개된 북유럽의 비판적 평화연구를 21세기 한반도에서 어떻게 재현할 수 있을까?

제2장

정의로운 평화

김 상 덕

I. 들어가는 말

정의와 평화는 양립할 수 없는 것일까? 정의와 평화가 동행할 수는 없을까? 인류 역사 속에서 일어난 폭력적 갈등의 사건들 속에서 명목상으로나마 정의와 평화를 앞장세우지 않았던 적은 없었을 것이다. 특별히 종교와 이념은 종종 갈등의 원인이 되고 혐오와 배제, 나아가 폭력과 전쟁을 정당화(justify)해 왔다. 인류 사회는 인류 역사 대부분의 시기를 '정당한 전쟁'(just war)의 필연성에 대해 논의해 왔다. 기독교를 포함한 종교적 신념으로서 절대적 평화와 비폭력 무저항을 주창했던 '평화주의자'(pacificist)들은 전쟁과 모든 폭력 사용에 반대하며 평화를 향한 자신들의 신념을 위하여 자신의 몸을 바치기도 했다. 하지만 대개의 경우 그들은 소수였고 이단으로 몰리거나 비현실적인 이상주의자 취급을 받아왔을 뿐이었다. 역설적이게도 전쟁의 필연성을 정당화해 온 다수의 현실주의자들이 빚어낸 인류 역사는 다름 아닌 전쟁으로 점철된 역사였다. 전쟁과 폭력을 막기 위한 전쟁과 폭력의 사용이 정당한가에 대한 의문은 두 차례의 세계대전을 거치고 나서야 비로소 진지하게 다뤄지게 되었다.

'정의로운 평화'(just peace)는 비교적 최근에 구상된 개념이다. 그것은 정의와 평화라는 두 축을 중심으로 이뤄진다. 정의라는 이름으로 폭력의 사용까지 고민해야 했던 역사가 있었고, 평화라는 이름으로 방기된 억압과 독재의 역사 또한 있었다. 오랜 기간 우리는 정의와 평화 둘 중 하나를 우선적으로 선택해야 한다고 생각했다. 그런데 사회가 다원화되고 갈등의 문제가 복잡해짐에 따라 정의, 평화 그 어느 것도 결코 쉽게 결정하기 어려운 지점에 이르렀다. 각각 정의와 평화의 이름으로 갈등이 일어나고, 무력 사용이 발생하며, 치유할 수 없는 상처를 반복한다고 생각했기 때문이다. 특별히, 정치적 자유주의의 영향과 다원주의 사회로의 전환은 정의의 개념을 더욱 세분화하고 상대화하였다. 또한 세계화 속에서 발생하는 국제 분쟁의 경우, 전통적인 정의의 개념으로는 해결하기가 어려워 보인다. 폭력의 문화 속에서 방치되는 세계 곳곳의 아동, 여성, 노인, 사회적 약자들은 날로 커지는 정치적이고 경제적인 힘의 논리 속에서 소외되어 간다.

정의로운 평화는 이런 맥락 속에서 등장하였다. 정의와 평화 중 어느 것도 포기할 수 없는 가치이며, 두 가치를 함께 추구하는 것이 지난 세월 인류 사회가 반복한 실수를 줄이는 길이라고 믿는 것이다. 정의로운 평화는 주로 종교적이고, 철학적이고, 윤리적인 가치 기반 위에서 논의가 된다. 다양하고 세분화된 갈등의 문제를 해결하기에는 너무 큰 개념일 수 있지만, 사람을 중심으로 하고, 지역 기반 위에서, 피해자 및 약자를 중심으로 할 때 정의와 평화가 입을 맞출 수 있다고 보는 개념이다.

이 장에서는 정의로운 평화 개념을 이해하기 위하여 크게 기독교 배경의 논의와 정치철학적 배경의 논의를 중심으로 살펴볼 것이다. 먼저 정의로운 평화의 이론적 토대를 간략하게 다룰 것이다. 이후 이 개념을 특별히 강조하는 종교(특별히 기독교)적 배경과 의미를 세계교회협의회 평화문서를 중심으로 살펴볼 것이다. 이어서 정치철학에서 사용되는 정의로운 평화 논의를 살

필 것이다. 이후 이 개념의 의의와 타 개념과의 연관성을 살피고, 마지막으로는 한반도 상황에서 정의로운 평화가 가진 의미와 한반도 평화 공존을 위한 실천 방안을 제안하고자 한다.

II. 개념의 등장과 전개

정의로운 평화 개념은 상당 부분 기독교 신학 논의에서 이뤄지고 있다. 특별히 세계 교회가 현대 사회의 다양한 갈등의 문제에 응답하는 일련의 신학적이고 실천적인 결과로서 그 중심에는 세계교회협의회(World Council of Churches, 이하 WCC)가 있었다.[1] WCC는 1948년 1차 창립총회를 개최할 때부터 평화의 문제에 집중해 왔다.[2] '정의로운 평화'(just peace)란 WCC가 인류 역사 속에서 반복되어 온 폭력과 전쟁을 멈추고 평화로운 미래를 위해 나아갈 가치와 실천 방향을 포괄하는 개념이다. 정의로운 평화 논의의 등장은 1983년 캐나다 밴쿠버 총회에서 〈정의, 평화, 창조의 보전위원회〉(Committee for Justice, Peace, and the Integrity of Creation, JPIC)가 만들어진 후, 1989년 독일 드레스덴에서 열린 에큐메니컬 대회에서 이 개념들이 구체화되면서 사용되기 시작했다.[3]

정의로운 평화 개념을 이해하기 위해서는 종교적(주로 기독교적) 논의의 흐름과 정치철학적 논의 흐름을 모두 이해해야 한다. 이는 어느 시대나 종교와 철학이 전쟁의 윤리적 당위성과 제한 등에 대한 이론적인 틀을 제공했기 때문이다. 특별히 정의로운 평화는 정당한 전쟁론(just war theory)에 대응하여 비판적 혹은 보완적인 형태로 제시된 개념인 셈이다. 정당한 전쟁 개념을 살피기 전에, 먼저 '정의로운 평화'(just peace) 개념의 등장 배경과 관련 용어에 대해 살피기로 한다.

1. 용어 및 번역의 모호함

먼저 '정의로운 평화'(just peace)라는 용어 자체에 대한 언급이 필요하다. 정의로운 평화라는 용어는 이 개념이 지향하는 것과는 별개로 '정의로운 전쟁'(just war) 개념을 떠올리게 한다는 점에서 논쟁의 여지가 있다. 이는 정의로운 평화가 정당전쟁론(just war theory)과 평화주의(pacifism)의 양립적 모델에서 벗어나 '제3의 길'을 제시하는 대안적 평화개념을 지칭한다고 했을 때, 정의로운 전쟁이란 표현은 본래 의도와는 달리 정의로운 전쟁 개념으로부터 여전히 자유롭지 못하기 때문이다.

이 용어는 한글 번역의 과정에서도 모호한 지점이 발생하는데 국내 학자들마다 'just war'를 각기 다르게 번역하기 때문이다. 먼저 전쟁을 정당화하는 이론이라는 비판적 입장을 지닌 학자들은 just war를 '정당한 전쟁' 혹은 '정당전쟁'으로 번역한다. 반면, 종교의 '성전'(holy war) 개념과 차별화한 개념으로서 국가의 보호책임을 강조한 입장에서는 just war를 '의로운 전쟁' 혹은 '정의로운 전쟁'으로 사용하고 있기 때문이다. 예를 들어 장윤재는 한글 번역을 '정의로운 평화'로 할 때 그 상대 개념으로 떠올리게 되는 'just war' 개념을 '정의로운 전쟁'으로 번역하게 된다는 점에서 '정의로운 평화' 사용을 반대한다.[4]

따라서 '정의로운 평화'라는 용어에서 재조명될 세부 개념은 세 가지 정도로 요약될 수 있다. 첫째는 'just'의 개념이 모호하다는 점이다. 이를 '정의로운 전쟁'과의 대조적인 개념으로 볼 수 있다는 지적은 다른 한편으로 '정당한 평화', 평화를 정당화한다는 비판으로도 이어질 수 있다는 점을 시사한다. 따라서 '정당한'이 아닌 '정의로운' 평화가 되기 위한 구체적인 합의가 지속적으로 이어져야 하며 이에 따른 교육도 필요할 것이다. 그런 측면에서 장윤재는 '정의 평화'(justice-peace, peace based on justice)를 제안하기도 했다.[5]

두 번째로 살펴볼 지점은 '평화'(peace)라는 개념의 모호함이다. 이찬수는 한국 사회에서조차 평화에 대한 개념이 다양하고 모호하다고 지적하며 다양한 평화의 이해가 있음을 인정하는 것부터가 평화에 대한 논의의 시작이라고 말한다.[6] 이런 지적은 한국적 맥락에서 중요한 의미가 있다. 기독교 평화 신학 혹은 평화의 이해에서 교회가 대체로 하나의 배타적인 개념을 공유한다고 생각하는 것은 오해이다. 오히려 (이 단행본이 보여주듯) 평화에 대한 다양한 이해와 입장이 존재한다는 사실부터 인정하고 '정의로운 평화'의 개념을 구체화할 필요가 있다.

마지막은 '정의'(justice)의 개념인데 다원화 사회에서 정의의 영역은 점차 '경합'의 영역이 될 것이며 '인정의 정치'(politics of recognition)와 같이 다양한 이해관계 속에서 형성 및 재형성의 과정을 동반하게 될 것이다. 따라서 고정화된 '정의로운 평화'란 개념은 없으며 다양한 기독교 전통을 아우르며 공유할 수 있는 근본적인 토대를 찾아가는 과정적 개념으로 볼 수 있을 것이다.[7]

위와 같은 용어 및 번역의 모호함에도 불구하고 '정의로운 평화'라는 용어는 여전히 실효성이 있다. 정의로운 평화는 '정의가 없는 평화'나 '평화가 없는 정의'가 아닌 정의와 평화를 함께 이루기 위한 강조의 표현이기 때문이다. 이는 "정의와 평화가 서로 입을 맞춘다"(시 85: 10)는 성서 구절을 기초로 하고 있으며 지난 수 세기 동안 종교(교회)가 신앙의 이름으로 자행했던 '종교적 폭력'(religious violence)과 공동체의 질서 유지 및 이웃 보호의 이름으로 정당화했던 '정치적 폭력'(political violence)에 대한 반성의 의미를 내재하고 있다. 나아가 '전쟁의 부재'가 아닌 '구조적 폭력'(structural violence)에 적극적으로 저항하는 개념으로서 유엔(UN)과 같은 국제기구와 유사한 맥락에서 사용이 용이하다는 장점이 있다.[8]

2. 이론적 배경: 정당한 전쟁론과 평화주의

1) 정당한 전쟁론(just war theory)

정의로운 평화(just peace)의 개념을 이해하려면 그에 앞서 '정당한 전쟁'(just war)의 개념에 대해 살펴봐야 한다. 평화에 대한 고전적 개념은 '폭력의 부재', '질서와 조화로운 상태', '힘의 균형', '자기 보호' 혹은 '이웃 보호' 등의 개념으로 발전되어 왔다. 그리고 논의의 핵심에는 평화를 지키기 위해서는 적절한 폭력의 사용이 필수불가결하다는 믿음이 자리하고 있다. '정당한 전쟁' 혹은 '의로운 전쟁'이란 신학적이거나 종교적 개념은 아니다. 구약성서에는 아브라함의 후손 이스라엘 민족을 향해 가나안 땅을 정복하는 과정에서 거룩한 전쟁, 즉 '성전'(holy war)의 개념이 등장한다.[9] '지하드'(jihad)는 이슬람교의 '성전' 개념으로 무슬림 신자가 구원에 이르는 방법 중 하나인 순교 의식과 관련된다.[10]

'성전' 개념과 달리, '정당한 전쟁'은 국가적 영역에서 군사력과 경찰력과 같은 물리적 힘(force)의 사용에 대한 논의를 중점으로 한다. 이는 국가를 통치하는 과정에서 질서를 유지하고 공동체(가족, 이웃, 국가)를 보호하기 위한 책임을 강조한 법적, 도덕적, 정치철학적 논의에 가깝다.[11] 아리스토텔레스는 국제사회 속에서 일찍이 자국의 이익을 위한 국가의 힘을 강조하였고 힘에 의한 균형을 추구하였다. 따라서 자국민을 외세의 위협으로부터 보호하기 위한 방어 전쟁의 수행을 국가의 중요한 덕목으로 보았다.[12]

이와 같은 논의를 기반으로 한 마이클 왈쩌(Michael Walzer)는 정당한 전쟁론을 가장 발전시킨 정치철학자 중 한 명이다. 왈쩌는 인류 역사에서 전쟁은 피할 수 없는 현실임을 인정하고 제한적 상황에서 정당한 전쟁의 가능성과 무력 사용을 통한 정의 실현의 가능성을 주장했다. 그는 정당한 전쟁의 세 가지 기준을 (1) 전쟁 선포의 정당성(jus ad bellum), (2) 전쟁 행위의 정당성(jus in bello), 그리고 (3) 전쟁 종식의 정당성(jus post bellum)으로 세분화하여 논의를 전개하였다. 왈쩌의 정당한 전쟁론은 힘에 의한 평화와 현실주의적 전쟁론보다는 진일보한 면은 있지만, 전쟁의 정당성을 규정하는 세 가지 기준 모두가 불분명하며, 상호 입장 차이 및 삼자의 해석의 차이가 존재할 수밖에 없다. 또 국제사회의 특성상 강대국들은 힘에 의한 전쟁의 정당화가 가능하다는 약점이 있다.[13]

정당한 전쟁론은 어떤 식으로든 집단과 공동체, 나아가 국가를 우선으로 하는 집단주의로부터 완전히 자유로울 수 없으며 그 결과 불완전하고 불의의 전쟁을 초래한다는 한계가 있다. 소위 세계시민주의의 등장은 이런 사유를 배경으로 한 것이다. 예를 들어, 칸트는 영구적 평화론을 제시하였고, 롤즈는 만민법 등을 통하여 전 지구적 사회 통합을 시도하였다.[14] '정의로운 평화' 또한 비슷한 맥락에서 정당한 전쟁론의 한계를 극복하고자 하는데, 예를 들어 '인권'(human rights)의 개념은 누구라도 경계(국가, 인종, 나이, 성별, 종교 및 사회적 계급 등)에 의한 폭력의 피해자가 되는 것을 막기 위한 세계 공통의 윤리적 토대와도 같다. 또한 국가 권력이나 거대 담론으로부터 가장 멀리 떨어져 있지만 실제로는 전쟁과 폭력의 피해 당사자의 회복과 일상을 살아가는 시민의 권리가 무엇보다 우선되어야 함을 강조하고 있다.

　정당한 전쟁론이 도덕적, 정치철학적 논의의 배경에서 이해되어야 하지만, 그 영향력의 면에서는 기독교 신학의 영향을 거론하지 않을 수 없다. 로마 제국이 기독교를 국교로 공인한 이래 중세 유럽 사회는 정치, 경제, 법/체제, 교육 등 거의 모든 분야가 기독교 사상의 영향 아래 있었다. 정당한 전쟁론은 엄밀히 말해 성서의 가르침에 기반하는 것이 아니라 전쟁을 수행하는 국가의 역할에 대한 기독교적 입장을 제시한 것이다. 히포의 어거스틴은 당시 키케로의 사상에 영향을 받아 정당한 전쟁론의 신학적 기틀을 제공하였다. 이후 그의 논지는 거의 2천 년 동안 전쟁에 관한 기독교의 입장을 대표해 왔다.[15] 어거스틴은 두 가지 관점에서 전쟁의 제한과 정당성을 강조한다. 자신을 위한 폭력의 사용은 철저히 금지하는 반면, 이웃이 곤경에 처했을 때 그를 도울 책임이 있다고 보았다. 따라서 이웃을 위협으로부터 보호해야 할 이웃사랑의 조건에 한해서 전쟁의 가능성을 인정하였다.

　토마스 아퀴나스는 어거스틴의 논의를 이어 정당한 전쟁의 조건을 크게 (1) 정당한 원인, (2) 올바른 의도와 목적, 그리고 (3) 정당한 권위로 나누어 체계화한다.[16] 어거스틴과 아퀴나스의 주장은 이후 종교개혁자 마틴 루터와 존 칼빈에게도 영향을 미치면서 로마 가톨릭교회뿐 아니라 개신교회의 주류 입장으로 자리매김하였다.[17] 예를 들어, 루터의 '두 왕국론'은 이상적인 사회로서 하나님 나라와 죄로 인하여 타락하고 불완전한 세상으로서 지상 국가를 구분하며, 두 체제에 따른 각기 다른 이상과 통치 방식이 필요하다고 보았다. 따라서 불완전한 현실 정치에서는 군대 및 경찰과 같은 기구로서 사회질서를 유지하고 범죄를 처벌하며 국민을 보호하는 공적 역할을 강조하였다.

정당한 전쟁론은 이웃사랑의 정신, 치안 유지 및 보호책임이라는 정당한 목적과 제한된 무력 사용의 방식을 체계적으로 제공하고 있다는 현실 적용의 면에서 큰 장점이 있다. 하지만 전쟁 개시의 '정당한' 이유와 수행 방식은 누구의 관점에서 보느냐에 따라 달라질 수 있다는 치명적인 단점이 있다. 즉, 양국 모두 전쟁의 원인에 대해 정당화가 가능하며, 법적 판단 주체에 따라 폭력의 사용을 제한할 수도 있고 정당화할 수도 있다. 그리고 정당방위란 개념 또한 모호하며 오용의 가능성이 있다. 마지막으로 정당한 전쟁론의 논의 자체가 주로 사회적 권위를 가진 엘리트 집단에 의해서 진행된다는 점에서 비판의 여지가 있다.[18]

2) 평화교회 전통과 평화주의

정당한 전쟁론이 기독교의 주류 입장을 대변해 왔지만 그것이 전부는 아니다. 예수의 가르침의 핵심을 비폭력 무저항을 통하여 평화의 가치를 따라 사는 것으로 여기는 목소리들이 존재한다. 이들을 가리켜 '역사적 평화교회'(historical peace church) 혹은 '평화교회 전통'으로 지칭한다. '평화주의자'(pacifist)는 이들을 가리키는 데서 비롯하였다. 초기 평화주의자들은 예수를 따르는 제자의 삶의 방식으로서 비폭력과 무저항을 강조하였는데, 특히 복음서에 기록된 예수의 '산상수훈'(Sermons on the Mountain)에 초점을 맞추었다. 따라서 초기 평화교회 전통이란 개인적이고 신앙적인 차원에서의 비폭력 무저항의 정신을 실천한 것이다. 신앙적 실천으로서 평화주의는 외부의 탄압에 굴복하지 않는 특성을 띠게 되고 오히려 신앙의 신실함의 기준이 되기도 한다. 그러므로 초기 평화교회 전통에서 평화주의는 절대적 평화주의

(absolute pacifism), 즉 어떤 경우에도 폭력 사용은 정당화될 수 없다는 원칙으로 귀결된다. 이러한 근본주의적 원칙은 폭력이나 전쟁의 발생을 근원적으로 막을 수 있다는 점에서 강력한 힘을 가지지만, 일반적인 사람들에게 보편적으로 적용하기에는 어렵다는 것이 단점이다. 이런 이유로 절대적 평화주의는 지나치게 이상적이라는 평가와 평화를 개인적 차원으로 국한시킨다는 비판을 받는다. 평화주의는 힘이 있는 세력의 강화를 막지 못하고 오히려 더 키우게 하는 빌미를 제공할 수도 있다. 마지막으로 국제사회 속 긍정적 힘의 사용 기회(예를 들어, 평화유지나 전략적 평화 등)를 제한하게 된다는 한계가 있다.[19]

3) 제3의 개념으로서 등장한 '정의로운 평화'

위에서 살펴본 기독교 내 전쟁에 관한 두 가지 입장인 '정당한 전쟁론'과 '절대적 평화주의'는 기독교의 역사만큼이나 오랜 시간 동안 지속된 것이다. '정의로운 평화'는 두 입장 사이의 케케묵은 논쟁을 멈추고 좀 더 실효성 있는 평화의 가치와 실천을 지향하기 위한 배경에서 등장하였다. 이런 맥락에서 세계교회협의회(WCC)는 2011년 자메이카 킹스턴에서 열린 "국제에큐메니컬 평화회의"(IEPC)에서 〈정의로운 평화에 대한 에큐메니컬 선언〉(Ecumenical Call to Just Peace)을 발표하고 이 선언문의 해설서인 『정의로운 평화 동행』(Just Peace Companion)을 출간하였다. 이 해설서는 두 입장에 대해 다음과 같이 설명한다.

정당전쟁론은 너무 많은 전쟁을 장려하고 옹호하는 데 부당하게 사용되었다. 이와 마찬가지로, 기독교 평화주의는 때로 공적인 책임을 방기하

고 영적인 삶이라는 분파적 보호 지대로 피하는 구실로 사용되었다.[20]

WCC는 두 신학적 입장의 논쟁이 여전히 진행 중이라는 사실을 인지하지만, 그것이 오늘의 평화에 실질적인 도움이 되는지를 되묻는다. 오히려 오늘날 교회를 향한 사명은 평화의 예언자적 표지로서 사는 것임을 밝힌다. 교회의 사명이 평화임을 밝히는 것은 오래 묵은 논쟁에서 벗어나 교회의 평화적 실천을 구체화하는 데 힘을 쏟겠다는 의지의 표현인 셈이다.

전쟁과 평화, 폭력과 비폭력의 문제와 관련하여 여기에서 제시하는 접근 방법은 그리스도의 몸으로서의 기독교 공동체는 폭력적인 세상에서 평화의 예언자적 표지로서 사는 것이라는 확신에 바탕을 둔다. 교회는 그 부르심과 사명에서 평화교회가 되어야 한다. 이러한 확신은 에큐메니컬 운동을 통하여 이루어진 기독교 공동체의 오랜 비판적인 자기 평가의 결과이다. 이것은 신학과 기독교 윤리에서 근본적인 패러다임의 변화를 의미하며, 정의로운 평화의 비전과 정의로운 평화 건설을 위한 노력을 지향하는 평화주의와 정당전쟁론 사이의 오랜 논쟁을 넘어서는 것이다.[21]

〈정의로운 평화에 대한 에큐메니컬 선언〉은 세계교회가 기독교 내부의 논쟁을 마무리하고 국제사회를 향하여 평화교회로서의 새로운 정체성과 실천의 방향을 공식적으로 알렸다는 의미가 있다. '정의로운 평화'는 이런 WCC의 새로운 방향성을 상징적으로 담고 있는 개념인 셈이다. 그러나 그것이 오랜 논쟁 자체를 멈추게 했다는 것은 아니다. 오히려 이 선언의 내용은 상당 부분 '역사적 평화교회'의 입장을 수용한 것으로 볼 수 있다. 나아가 과거 절대적 평화교회와 다른 점은 평화를 개인적이고 신앙고백적인 것으로 접근하지 않고 사회구조적인 맥락에서 실천해야 하는 현실적인 문제로 접근한다는 것이다. 또한 과거에는 기독교가 주체가 되어 전쟁과 평화의 문제를 고민하고 실행했다면, 정의로운 평화는 교회가 시민사회의 일원으로서 다른 시민단체 및 종교들과의 연대 문제를 다룬다는 점도 주목할 만하다.

III. 개념의 형성과 특징

1. 세계교회협의회와 정의로운 평화

정의로운 평화는 한순간에 만들어진 개념이 아니다. 지난 70여 년 동안 총 10차례의 총회를 거치면서 형성된 결과물이다.[22] 따라서 정의로운 평화를 이해하려면 먼저 WCC 총회를 이해해야 한다. WCC는 120여 개 국가의 교회, 교단 및 기관들을 망라하며, 약 5억 8천만 명의 기독교인들을 대표하는 국제기구이다.[23] WCC의 구조는 각 나라와 교단의 대표들이 함께 의제를 논의하고 결정하는 협의체(council)이다. 가장 중요한 의사결정은 총회(assembly)를 통해 이뤄진다. 1948년 암스테르담에서 열린 창립총회부터 2013년 부산에서 열린 제10차 총회까지 역사의 중요한 변곡점들을 거치며 당대의 긴급하고 중요한 사안들에 대해 신학적인 토론과 이를 해결하기 위한 세계 교회의 입장을 조율해 왔다.

WCC는 제1차 총회부터 전쟁에 반대하는 입장을 분명히 했다. 이는 두 차례의 세계전쟁을 마치고 난 직후이기도 했으며 핵무기를 포함한 대량살상무기의 무차별적이고 무자비한 위해를 직접 목격한 결과이기도 했다. 더는 그리스도인으로서 전쟁을 정당화할 변명의 여지는 없다는 데에 뜻을 모은 것이다. 이런 개념은 무조건적 폭력의 사용을 반대했던 절대적 평화주의와는 결을 달리한다. 핵무기와 같은 대량살상무기는 민간인의 안전을 담보할 수 없으며 그 피해의 크기가 과거와는 비교할 수 없이 크기 때문에 어떤 전쟁도 도덕적으로 정당하거나 의롭다는 평가를 기대할 수 없다는 의미를 갖는다. 이런 이해를 가리켜 '상대적 평화주의' 혹은 '핵 평화주의'라고 부른다. 정의로운 평화의 기본 토대는 이러한 상대적 평화주의 위에 놓여 있다고 볼 수 있다.[24]

WCC는 반핵반전이라는 기조와 함께 유엔을 중심으로 국제적 규범을 준수하고 군비 축소를 주장해 왔다. 1961년 뉴델리에서 열린 제3차 총회에서는 미소 양국에 핵실험 중단을 요구했고, 1968년 제4차 스웨덴 웁살라 총회에서는 핵확산금지조약(NPT) 및 대량살상무기 사용 금지를 촉구했다. 제5차 케냐 나이로비 총회가 열린 1975년은 유럽 안보와 협력에 관한 헬싱키 협약이 맺어진 해였으며, 이러한 변화를 세계 평화의 긍정적 신호로 해석하기도 했다. 이런 낙관적 견해는 1983년 제6차 캐나다 밴쿠버 총회까지 이어지는 듯 보였다. 이 시기에 소련과 동구권이 무너지면서 바야흐로 냉전의 시대가 종식되는 것으로 여겼기 때문이다.

하지만, 새뮤얼 헌팅턴(Samuel Huntington)이 주장하듯, 냉전체제 이후의 세계는 좀 더 세분화된 형태의 내전과 폭력으로 홍역을 겪어야만 했다.[25] 발칸 반도 및 아프리카, 남미와 중동에 이르기까지 무자비한 대량 학살과 종족 간의 내전이 반복되어 수많은 사람들이 죽어 갔다. 그리고 이어진 9.11 테러와 이라크 전쟁의 발발은 국제사회로 하여금 평화에 대한 낙관적 태도에 깊은 반성을 갖게 하였다. 반핵반전 그리고 군축 운동의 기조는 유지하였지만 좀 더 근본적인 변화의 필요성이 대두된 것이다.

유엔개발계획(United Nations Development Programme, UNDP)이 '인간안보'(human security) 개념을 제시한 것도 이 즈음이다. 초기 인간안보의 개념은 국가 권력이 약화 시도로 이해되어 잘 받아들여지지 않았지만, 9.11 테러 이후 새로운 안보의 필요성은 높아져 갔다.[26] 유네스코도 1990년대부터 "새로운 안보의 필요성을 인식하고 국가적, 지역적 차원의 다양한 행위자들과 협력하여 발생 가능한 무력 충돌을 예방하고 빈곤 문제를 해결"하기 위한 인간안보 계획을 실천하였다.[27] 2008년 유네스코는 지난 10여 년 동안의 실천 사례들을 종합하여 〈인간안보: 접근과 도전〉(Human Security: Approaches and Challenges) 보고서를 제출하였다.

이런 변화는 WCC 내에서도 발견되는데, 폭력의 문제를 전쟁을 반대하거나 억지하는 것만으로 제한하지 않고 폭력의 근원적인 원인에 접근할 필요가 있다는 공감대를 넓혀 왔다. 즉 평화를 실현하기 위한 구조적 폭력에 대한 대응이었다. 김동진은 제10차 부산 총회를 앞두고 WCC의 평화의 사명과 실천에 대해 "평화는 전쟁과 같은 직접적 폭력뿐만 아니라 사회정의를 해치는 각종 구조적 폭력을 극복해 나가는 정의로운 평화여야 함을 깨달았다"고 평가했다.[28] WCC는 현대 사회 속에서 평화의 문제가 결코 단순하지 않으며 여러 영역이 복잡하게 얽혀 있다는 사실을 인지하였다. '정의로운 평화'는 WCC가 평화를 실현하기 위해 노력하는 과정에서 구조적 폭력을 극복하는 적극적 평화의 개념을 수용함에 따라 발전된 개념이다.

특별히 '정의, 평화, 창조세계의 보전 위원회'(Justice, Peace, and the Integrity of Creation, JPIC)는 WCC가 전쟁에 반대하는 것과 더불어 어떻게 평화를 중

진할 것인지에 대해 구체적인 고민의 결과로 탄생한 기구이다. JPIC 위원회는 오늘날 평화의 문제가 복잡하게 얽혀 있으며 이를 해결하기 위한 총체적이고 다방면의 실천적인 노력이 필요함을 주장하고, 전 세계의 폭력과 갈등의 문제들을 수집하고 분석하여, 이를 총회에 보고하는 기구이자 동시에 이를 해결하기 위한 평화운동을 벌이는 주체이기도 하다. JPIC 위원회 설립의 역사는 당대의 가장 중요한 사회적 문제에 대한 대응의 역사이며, 그 결과는 〈정의로운 평화에 대한 에큐메니컬 선언〉으로 이어졌다.[29]

이 위원회는 JPIC 논의가 집중해야 할 향후 과제를 크게 네 가지로 구체화한다. 가장 먼저, '정의로운 경제 질서'이고, 두 번째는 '비폭력적 문화 속의 진정한 안보', 세 번째는 '모든 생명이 조화를 이루며 살 수 있는 문화', 그리고 마지막은 '인종차별을 비롯한 모든 차별의 종식'이다.[30] JPIC 위원회가 제시한 네 가지 과제는 이후에도 이어졌으며 WCC의 평화를 위한 사명이 현장에서 실천될 수 있도록 구체화되었다는 점에서 의의를 가진다. JPIC는 WCC 산하 교단 및 기관들이 지속적이고 일관된 평화운동이 가능하도록 하고, 국제기구와의 협력과 연대를 통하여 적극적인 평화를 추구할 수 있도록 한다.

주목해야 할 것은 1998년 제8차 짐바브웨 하라레 총회에서 2001년부터 2010년까지 지구상 모든 종류의 폭력에 맞서는 '폭력을 극복하는 10년'(The Decade to Overcome Violence) 프로젝트를 결의한 것이다. 이 프로젝트는 평화의 전제 조건이 정의이며, 정의를 가로막는 것이 곧 폭력이라는 '적극적 평화' 개념을 담고 있으며, 화해와 비폭력 운동을 통해 평화의 문화(culture of peace)를 확산하기 위한 노력을 담고 있다. 나아가 이전보다 더 확장된 평화의 영역 및 실천 과제가 제시되었다.[31] 박충구는 '폭력극복 10년' 프로젝트가 유엔의 '세계 아동을 위한 평화와 비폭력 문화를 위한 10년'(The Decade for a

Culture of Peace, 2001-2010) 프로젝트와 그 가치를 공유하고 있다고 보았다.[32]

UN의 '평화의 문화'(a culture of peace) 프로젝트는 적극적 평화와 평화구축 개념이 담긴 대표적인 실천 과제이다.[33] WCC는 유엔과 함께 적극적 평화와 평화구축에 대한 이해를 공유하고 있으며 실천 영역에서도 협력하며 연대하고 있다. 이것을 강조하는 이유는 WCC의 '정의로운 평화' 개념이 단지 신학적인 논의만이 아니라 국제사회 속에서 통용되는 평화학적 이해를 적극적으로 수용하고 있음을 보여주기 때문이다. 다시 말해, 정의로운 평화는 기독교 고유의 개념이라기보다 평화를 위한 국제적 연대와 협력에 대한 기독교적 응답인 셈이다.

2. 국제정치와 정의로운 평화

정의로운 평화 개념은 2000년대 들어서면서부터 다양한 분야에서 논의되기 시작한다. 이런 논의는 주로 정치학, 정치철학, 국제관계 및 국제법 등의 영역에서 다뤄진다. 최근에는 평화학의 영역이 국제적 갈등뿐 아니라 다양한 사회 갈등과 일상적 평화, 그리고 인권 및 인정의 정치 등으로 그 분야가 확장됨에 따라 정의로운 평화 논의도 그 맥을 같이 하고 있다. 주로는 정당한 전쟁(Just War)에 대한 응답으로서 대안적인 평화개념의 필요성을 강조하고 있다. 피에르 알란(Pierre Allan)과 알렉시스 켈러(Alexis Keller)는 그들의 편저 『정의로운 평화란 무엇인가』(What is a Just Peace?)의 서문에서 '정당한 전쟁'에 대한 논의에 비해 '정의로운 평화'에 대한 논의는 절대적으로 부족하다고 지적하며 이 개념의 필요성을 제안한다.[34] 즉, 국가 및 국제사회는 평화를 유지하기 위하여 폭력의 사용에 대해서는 상당한 관심을 기울여 왔지만, 폭력의 원인과 결과에 대해선 충분히 관심을 갖지 못했다는 것이다.

이러한 논의의 역사적 배경에는 18세기 이후 프랑스와 미국에서 발생한 시민혁명이 자리한다. 전근대 사회에서 정의란 국가 및 권력 집단이 결정하는 법과 가치 범주 체계 안에서 정의되고 해석되었다. 하지만 근대 이후의 사회는 개인의 권리와 의사결정권이 무엇보다 중요해짐에 따라 그 경계가 모호해졌다. 특히 인권의 개념은 백인에서 흑인으로, 남성에서 여성으로 확장되어 간다. 다양한 개인 및 집단의 존엄함을 인정받기 위한 '인정의 정치'는 정의로운 평화 논의의 핵심 논의이기도 하다. 켈러는 서구 정치 철학은 유럽이라는 국가적, 사회적, 문화적 틀 안에서 이뤄졌으며 주로 국가 체제와 법 통치의 영역을 다뤘던 반면, 프랑스와 미국에서의 시민혁명 이후로는 새로운 정의와 평화에 대한 새로운 논의로서 '인정의 정치'(politics of recognition)가 등장했다고 서술한다.[35]

인정의 정치는 세계화 물결 속에서 다양한 민족과 문화의 경계가 어우러지는 다문화 사회에 접어들면서 심화된다. 냉전의 종식 이후 등장한 국제 분쟁의 핵심은 국가 및 이념을 경계로 하는 것이 아니라, 종교, 민족, 문화적 기반을 경계로 하는 '정체성'의 갈등으로 변화한다. 이런 맥락에서 정의의 개념은 더욱 모호하고 상대적인 개념이 되었고, 평화란 '타자'(the other)에 대한 이해와 밀접한 관련을 갖게 되었다. 평화의 추구에서 타자의 수용은 필수적이며, 정의로운 평화를 위해서는 타자에 대한 얕은 수준의 인정을 넘어, 깊은 수준의 인정이 필요하다. 현대 사회의 갈등의 많은 부분은 정체성(identity)의 정치와 관련되며 타자의 인정과 상호 집단 간의 이해와 포용, 공존과 상생의 상상력은 정의로운 평화의 필요조건이 되었다. 알란과 켈러는 타자에 대해 아는 것(comprehend)으로는 불충분(insufficient)하며, 타자를 이

해하는(understand) 수준만큼 정의로운 사회가 가능하다고 제안한다.[36]

정의로운 평화 논의는 그 범주를 서구 중심에서 제3세계 중심으로 그 영역과 초점을 확장시킨다. 앞서 언급한바, 국제사회는 민족, 종교, 문화 등에 기반한 다양한 갈등에 직면하게 되었고 그 해결의 방식은 갈등의 양상만큼 다양했다. 정당한 전쟁 논의가 주를 이루었던 당시와는 전쟁의 양상이 달라졌다. 중동 내 분열과 무력 갈등을 단순히 종교적 갈등이나 이권 다툼만으로 볼 수 없으며 이를 둘러싼 국제적 관계와 경제적 문제들이 복잡하게 얽혀 있다. 이라크 전쟁 이후 더 이상 분명한 '악의 축'(axis of evil)은 존재하지 않음을 전 세계가 목격한 셈이다. 발칸 반도의 무자비한 '인종청소'의 역사는 결코 쉽게 설명하기 힘들 것이다. 정의로운 평화는 왜 그런 끔찍한 일이 벌어졌는지에 대한 질문과 함께, 그런 잔혹한 폭력과 대량 살상에 국제사회는 어떻게 대응해야 하는가를 다룬다.[37]

이런 맥락에서 정의로운 평화가 주로 논의하는 사안들은 국제사회의 인도주의적 개입(humanitarian invention)의 문제, UN 평화유지군 파병 및 주둔의 문제, 국제사법재판소(International Court of Justice, ICJ)와 진실화해위원회(Truth and Reconciliation Committee, TRC), 평화협정을 위한 중재(mediation) 및 평화 프로세스(peace process) 활동 등을 포함한다. 이 과정에서 정의와 평화의 우선순위는 상황마다 다를 수 있으며 서구 중심의 국제사회와 힘의 논리가 여전히 작용한다는 비판의 지점은 존재한다. 그럼에도 불구하고 정의로운 평화가 공통으로 지향하는 바는 정의와 평화의 이분법적 구분을 극복하고 좀 더 정의롭고 안정적인 평화 체제를 만들기 위한 것이다(Clements 2004; Sriram 2014).[38]

국제사회가 다양한 갈등에 어떻게 개입할 것인지에 대해서는 인도주의적 개입의 필요성과 내정불간섭의 원칙이 상충하는 경우가 많다. 국제사회는 개인의 인권을 보호하고 그들의 안보를 책임져야 한다는 우선적인 사명이 있는 반면, 국제사회의 섣부른 간섭이 더 큰 갈등과 국제 갈등으로 번질 수 있다는 점들을 비판적으로 수용하고 있다. 이와 관련하여 정의로운 평화를 위한 '정당한 힘의 사용'(justifiable force)에 대한 논의가 제기된다. 다시 말해, 국가 간 전쟁을 다루던 정당한 전쟁론에 대해서는 회의적이지만, 국제사회가 인도주의적 개입으로서 무력 사용이 필요하다는 점은 여전히 인정하고 있다는 것이다.[39]

정의로운 평화는 국제 갈등의 복잡성을 이해하면서도 급박한 무력 분쟁이나 대량 학살과 인권 침해 등의 위험으로부터 무고한 시민들을 보호해야 할 책임(Responsible to Protect, R2P)을 강조하고 있다. 이는 국제사회 속 힘의 불균형을 인지하면서 더 평화로운 사회를 위한 국제사회의 정의롭고 평화로운 연대와 협력의 필요성을 강조하는 것이다. 이런 취지에도 불구하고 정의로운 평화는 다양한 갈등에 대한 해석과 적용이 쉽지 않다. 특별히 정의로운 평화 논의가 이스라엘/팔레스타인 갈등과 관련하여 본격적인 논의가 시작되었다는 점은 주목할 만하다.[40]

마지막으로 정의로운 평화는 폭력의 피해자 간의 회복과 화해의 강조점을 두고 있다. 다니엘 필풋(Daniel Philpott)은 정의와 평화의 과정에서 나타나는 딜레마를 보완하기 위한 개념으로서 정의로운 평화를 제안하고 있다.[41] 필풋은 정의의 개념이 더 이상 분명하지 않고 상대적이며 갈등의 요소가 될 수 있음을 인정하면서, 정의를 '사람과의 관계'(justice as relational)로 정의 내린다. 그의 주장에 따르면, 부정의란 개인의 가해진 위해일 뿐 아니라 관계의 단절을 포함한다. 따라서 정의란 훼손된 개인의 존엄함과 함께 관계의 회복이 동반되어야 함을 주장하고 있다. 사법적 정의 개념으로는 피해자의 회복과 깨어진 관계의 회복이 불가능하다는 회복적 정의(restorative justice)의 개념을 상당 부분은 채택하고 있으며 이런 정의의 회복을 위해서는 가해자와 피해자 사이의 진정한 사과와 용서, 치유와 화해의 과정이 반드시 필요함을 주장한다. 그는 회복적 정의와 화해의 가치가 우리 사회를 더 정의롭고 평화로운 사회로 이끌어 갈 수 있도록 하는 정치적이고 윤리적인 지향점이 된다고 강조한다.[42]

필폿은 용서와 화해를 가르치는 종교적 개념으로서 '정의로운 평화'와 그 맥락을 같이 한다. 그는 이런 주장이 현실 정치에서도 적용될 수 있다고 말한다.[43] 이런 주장에는 현대 사회의 정의에 대한 관점이 각 상황마다, 집단마다 다르게 해석되고 적용되기 때문에 복잡하게 얽힌 '고질적인 갈등'(intractable conflict)은 선과 악의 이분법적 프레임으로 해결하기 어렵다는 인식이 자리한다. 오히려 그는 다양한 민족, 종교, 문화적 전통의 다양성을 인정하되, 모두가 인정할 수 있는 정의의 공통 영역을 형성해야 함을 강조한다. 존 롤스가 주장하듯 개인 인권이라는 기반 위에 정의의 문제가 다뤄져야 하고 정의의 개념은 국제법 기준으로 재인식되고 공유되어야 함을 말한다. 이것은 공동체가 중요하지 않다는 것이 아니라 국가 및 권력이 개인을 우선하지 않는다는 것을 말하며, 다수를 위한 소수의 희생을 강요하거나 폭력을 정당화하는 것을 반대하는 윤리적인 근거가 된다. 그 결과, 필폿은 국제적으로 통용되는 부정의(injustice)의 개념을 먼저 다루는 것으로써 정의로운 평화에 다가간다.[44]

이어서 정의란 무엇인가에 대해 살피며, 어느 한쪽의 정의가 아닌 두 개인 혹은 집단이 모두 만족할 수 있는 목표, 과정, 결과로서 화해를 정의의 정체성으로 설정한다. 이런 정의의 이해는 두 집단을 적대적으로 구분하던 방식을 극복하고 모두가 피해자일 수 있으며 동시에 가해자일 수 있음을 보여준다. 이로써 정의의 관점에서 적대적이고 전복적인 논리를 주장하는 것으로 범하는 오류나, 평화를 우선함으로써 불평등한 사회가 힘의 논리에 의해 유지된다는 비판 모두를 상쇄하는 보완적인 개념이 될 수 있다고 강조한다.

필폿은 화해라는 정치적 목표가 현실적이고 더 정의로운 평화를 위한 중요한 윤리적 지침이 될 수 있다고 주장한다.[45] 이는 화해라는 목표는 분명한 진실의 규명, 진정성 있는 사과, 충분한 보상이 선행되어야 가능하며, 이 과정을 통하여 피해자는 과거의 폭력으로부터 가해자를 용서하고 과거의 기억으로부터 치유될 수 있다. 그의 주장은 국가폭력이나 혐오와 차별로 인한 폭력 등에 적용할 때 더욱 효과적일 것으로 보인다. 국가의 수반이 인정하는 공식 사과나 진정성 있는 행동 등은 피해자 및 사회에 용서와 치유의 상징이 된다. 오랜 갈등으로 두 집단 간의 기억이 훼손된 경우, 예를 들어 한반도와 같은 남과 북의 경우에는 더욱 더 용서와 치유의 메시지가 필요하다. 진실과 화해는 정의로운 평화의 또 다른 이름과 같다.

IV. 개념의 의의와 연관성

1. 정의로운 평화 개념의 의의

정의로운 평화 개념의 의의는 크게 네 가지로 요약될 수 있다. 첫째, 평화의 이해와 실천의 방향을 소수 엘리트 중심의 방식(top-down)에서 '아래로부터 위로'(bottom-up)의 방식으로 전환한 것이다. 이 문서의 기반이 된 '폭력 극복을 위한 10년' 프로젝트는 말로만 평화를 외친 것이 아니라, 실제 10년 동안 세계 교회가 경험한 온갖 폭력 현장의 소리를 듣는 것에서 시작되었다. 또한 협의체라는 구조는 세계 교회의 다양한 상황을 대표하여 전달하고 함께 고민할 수 있도록 한다는 점에서 로컬 현장을 기반으로 하며, 실제 로컬에서 일하는 활동가들의 의견과 역할이 중요하게 다뤄질 것이다. 이와 관련해, 김동진은 WCC가 "교회가 가진 국제적 네트워크를 활용하여 전 세계 갈등 지역에서 하나님 나라의 평화를 전하고 실천해 왔다"고 평가한다.[46] 그는 지역교회가 현장의 구체적인 상황을 보고하고 또 폭력을 조기에 알리는 역할을 해 왔음을 강조한다.

둘째, 정의로운 평화는 폭력의 피해자에 가장 큰 관심을 갖는다. 선언문 2항은 "사람들이 말하게 하라"는 문장으로 시작한다.[47] 여성과 아이들이 갈등과 폭력의 최대 피해자이며 국가 및 권력 집단에 의해 억압받는 힘없는 자들의 목소리가 외면당하는 현실을 지적한다. 따라서 물리적 폭력의 피해자부터 구조적 폭력으로 인한 피해자에 이르기까지 그 영역을 확장한다. 11항은 정의로운 평화의 목표를 "인간을 두려움과 결핍에서 해방시키고, 증오·차별·억압을 극복하고, 특별히 가장 약한 자들의 경험을 중시하고 창조세계의 통합을 존중하는 정의로운 관계를 만드는 조건을 창출하는 것"이라고 말한다.[48]

이는 정의로운 평화가 사회정의를 약화시키고 지배 질서를 유지하도록 도울 것이라는 비판과 대립되는 지점이다.[49] 이런 비판의 배경에는 정의로운 평화가 비폭력적 수단을 강조한다는 점과 확실한 정의보다 모호한 평화를 더 선호하게 될 수 있다는 우려가 놓여 있다. 우선, 비폭력적 수단의 강조는 정의로운 평화뿐 아니라 다양한 평화학자들 사이에서도 중요하게 다뤄져야 할 부분이다. 물리적 폭력이 심각한 경우에 한하여 민간인과 약자들의 인권과 피해를 최소화하기 위한 목적으로 평화유지군과 같은 국제기구의 무력 사용이 일시적으로 허용될 수 있을 것이다. 정의로운 평화도 이런 예외적 조항을 인정하고 있으며 '정의로운 경찰 활동' 및 '보호책임'(R2P) 등의 국제법적 지침을 따르고 있다.[50] 평화유지와 평화구축은 정당전쟁론과 평화주의 사이의 택일이 문제가 아니라 갈등의 상황에 따른 최선의 선택의 문제인 것이다. 반면, 정의로운 평화는 비폭력적 수단을 강조하는데 이는 대량살상무기의 거부, 군축과 군비 절감에 더하여 창의적이고 효과적인 비폭력저항[51]과 갈등전환[52]이 가능하다고 보는 것이다.

셋째, 정의로운 평화는 '관계'의 회복과 화해를 중심에 둔다. 폭력에 의해 손상된 개인의 존엄과 깨어진 관계가 회복되고 온전한 상태로 돌아가는 것이 곧 정의로운 평화가 지향하는 지향점이다. 다니엘 필폿(Daniel Phipott)은 정의와 평화의 논의를 이분법적이고 양자택일의 우선순위로 보지 말아야 한다고 주장한다. 앞서 살핀 바와 같이, 정의와 평화는 갈등의 상황에 따라 평화유지가 먼저 필요할 수 있고, 평화구축이 필요할 수도 있기 때문이다. 필폿은 정의라는 이름의 폭력이나 평화를 가장한 불의의 가능성을 보완할 제3의 길이 정의로운 평화라고 주장한다. 정의로운 평화는 '관계'를 중심으로 정의와 평화를 이해하기 때문에 피해자와 가해자 모두를 위한 정의, 용서와 치유, 그리고 화해를 목표로 삼는다. 이런 점에서 회복적 정의의 개념과 긴밀하게 교류한다.[53] 또 갈등 이후의 단계에서 종종 소외되는 피해 당사자의 입장에 더 무게가 실리고, 화해의 노력을 위한 진정한 사과와 용서에 대한 사회적 인식이 더 높아질 수 있다고 주장한다.[54]

마지막으로 정의로운 평화는 적극적 평화의 개념을 종교적으로 적용한다. 정의로운 평화는 폭력을 평화로운 관계를 단절하는 모든 것으로 정의하고 있다. 그 범위를 공동체는 물론 지구(생태), 시장(경제), 민족으로 확장시키고 있다. 과거 인간 중심이었던 기독교 신학이 정의로운 평화 개념의 발전으로 그 경계를 온 지구와 생태환경 문제로 확장하도록 한다. 기후위기를 비롯한 다양한 환경 문제의 심각성과 그 영향력이 먼 미래의 것이 아님을 체감함에 따라 이를 인류 공동체의 안전을 위협하는 인간안보와 건강안보의 개념으로 접근하는 연구들도 늘어나고 있다.

2. 다른 개념과의 관련성

정의로운 평화와 다른 평화개념과의 관련성은 먼저 적극적 평화 개념을 수용하였고 정의로운 평화의 실천영역을 세분화하고 있다는 점이다. 유네스코의 평화의 문화와 같이 장기적이고 지속적인 평화구축의 관점을 개념적으로도 공유하고, 실제 국제적 연대와 협력을 실천하고 있다. 비서구 사회 그리고 개방도상국과 같은 제3세계에서 교회(종교기관)라는 기관의 특징은 가장 지역적이면서도 국제적인 네트워크가 가능하다는 점에서 좋은 자원이 될 수 있다.

둘째, 정의로운 평화와 갈등 전환은 가장 긴밀히 연관된 개념으로 보인다. 평화를 이해하는 방식에서 두 입장 모두 사람과 관계를 중요하게 여기고, 폭력을 사람 및 관계에 가해진 위해로 보는 것, 인간의 존엄과 관계의 회복이 곧 정의로운 평화가 지향하는 가치라는 점에서 갈등을 문제로만 보지 않고 변화와 개선의 기회로 볼 수 있게 한다. 이런 접근은 폭력의 강도를 낮추게 하거나 좀 더 창의적인 해결 방법 등을 고민하게 함으로써 예술 및 문화적 도구를 이용한 전략적 평화구축(strategic peacebuilding)과 교류한다.

셋째, 정의로운 평화는 평화협정과 같은 외교적 행위 이상의 실질적인 평화적 삶의 질의 향상을 높이는 것에 초점을 맞추는 '양질의 평화'(quantity peace)와 연관성이 있다. 정의로운 평화는 총회 문서만을 만들어 발표하는 것이 목적이 아니라, '폭력 극복을 위한 10년' 프로젝트와 같이 다양하고 실질적인 평화의 질적 향상을 목표로 삼고 측정하도록 한다. 로컬 현장 중심의 폭력에 대한 보고를 바탕으로 한 문제 분석은 좀 더 실질적인 문제 해결의 실마리를 제공할 잠재력이 있다.

'해방적 평화'(emancipatory peace)와 정의로운 평화는 폭력적 억압과 구조적 폭력 등으로부터의 해방이 평화의 중요한 과제라는 관점을 공유한다는 점에서는 유사하다. 그러나 해방적 평화가 피아의 구분이 분명하고 체제 전환을 강조하는 개념인 반면, 정의로운 평화는 피해자와 가해자 모두 회복되어야 할 대상이며 용서와 화해를 강조한다는 점에서 차이가 있다. 해방적 평화는 현 사회의 부조리와 신자유주의 체제 속 불공정의 문제 등과 같이 저항해야 할 대상이 분명하다는 장점과 해방 이후의 평화가 어떤 모습인지 그리고 어떻게 지속 가능한지 등이 불분명하다는 단점이 있다. 정의로운 평화는 해방 이후 적대적 관계가 화해하는 것을 정의로 본다는 점에서 실천 방법의 모호함은 단점이지만, 지향하는 목표는 좀 더 분명해 보인다.

마지막으로 정의로운 평화는 '통일평화'(unification peace)와 상보적인 역할을 수행할 수 있을 것으로 기대한다.[55] 통일평화가 한반도 분단의 상황을 분단/폭력과 통일/평화의 네 영역으로 구분할 때, 정의로운 평화는 남과 북 모두가 지난 분단폭력으로부터 치유되고 용서하며 화해할 수 있어야 함을 제안함으로써 통일평화와의 지향점을 같이 할 수 있을 것이다. 반면, 정의로운 평화는 통일 체제를 고집하지 않고 '분단평화'도 하나의 가능성으로 인정할 수도 있다는 점에서 통일평화와는 결이 다를 수 있다.

V. 한반도에 주는 함의

남한에서 통일의 당위성에 대한 찬성 입장이 점차 줄어가는 형국이다.[56] 통일을 찬성하는 이유로 민족주의적 논의(45.7%)와 군사 안보(28.1%) 등의 전통적인 이유를 선택한 비율이 여전히 높지만, 통일을 하지 말아야 할 이유에서는 통일 비용(32.1%)이나 통일로 인한 사회적 문제(26.7%)를 선택한 비율이 남북 체제의 차이보다 더 높게 나타나고 있다. 이런 변화는 한반도 분단에 대한 인식을 과거에는 체제의 통일 여부로 받아들인 반면, 현재는 개인에게 미치는 영향으로 받아들이는 것으로 해석할 수 있다.

이런 변화와 관련하여 안교성은 한국 기독교의 평화담론이 시대에 따라 어떻게 변화했는지를 살피면서 새로운 시대에 맞는 새로운 평화담론의 측면에서 정의로운 평화를 제안한다.[57] 그는 동아시아 맥락 속에서 한국의 근현대사를 크게 제국주의, 냉전, 세계화로 구분한다. 이에 따라 한국 기독교는 각각 정전론, 평화주의, 그리고 정의로운 평화의 개념을 수용하게 되었다고 분석한다. 이에 따르면, 제국주의 시기 정당한 전쟁론을 이용한 침탈 전쟁은 나아가 성전론으로 발전시켰다. 냉전 시기에도 안보를 우선으로 한 정당한 전쟁론이 주류를 이루었지만 핵무기와 같은 대량살상무기의 발전으로 인하여 정당한 전쟁론은 사상적 지지기반을 잃었다. 한편 세계화에 따른 사회 갈등 및 분쟁이 다변화되면서 새로운 평화담론이 필요하게 되었고 이는 정의로운 평화담론의 등장 배경이 되었다고 설명한다.[58] 안교성의 주장은 한국 기독교의 평화담론이 고정된 것이 아니라 시대 상황 속에서 형성되고 수정되면서 이루어진 것임을 보여준다는 점에서 의의가 있다. 즉, 어떤 종교의 평화담론이 고정되거나 통일된 것이 아니라 역사적 상황 속에서 재형성된다는 것은 인류 역사에서 보여준 종교의 양면성을 수용하도록 하고, 평화를 위한 종교의 역할이 유효함을 보여주는 것이다.

하지만 한국 교회가 현 한반도 상황에서 정의로운 평화를 발전시키기에는 몇 가지 한계들이 존재한다. 먼저 주류 한국 교회는 WCC의 정의로운 평화에 대해 부정적인 감정을 갖는다. 그 이유는 두 가지 정도인데, 첫째는 한국의 근현대 역사 속에서 과거사 청산이나 진실 규명, 정의의 실현 등이 제대로 이뤄지지 못했기 때문이다. 해방 이후, 친일 청산과 군사정권 시기의 과거사 문제들이 여전히 미완의 숙제로 남아 있다. 김동춘은 한국의 과거사 청산 문제를 두고 평화(소극적이고 일시적 평화)의 길을 선택했고 그 결과는 군사독재라는 '더 큰 폭력'의 시대가 찾아왔다고 평가한다.[59] 따라서 김창환 (Sebastian Kim)은 군사정권 하에서 한국의 에큐메니컬 교회는 정의를 더 강조할 수밖에 없었다고 주장하면서 민중신학을 그 예로 든다.[60]

위 입장들은 한국 교회가 일시적 평화를 강조하느라 정의의 추구를 소홀히 했으며, 이러한 역사적 배경 속에서 WCC의 정의로운 평화 논의는 향후 한국 사회의 다양한 문제에서도 유사한 영향을 가져올 수 있다고 본다. 그러나 이는 정의로운 평화에 대한 오해에서 비롯한 것이다. 정주진은 한국의 주류 교회가 정의로운 평화를 여전히 사회적 정의의 관점에서만 접근하고 있다고 지적한다. 정의평화 논의에서 정의는 "일어난 일을 규명하고 그에 대한 책임을 묻는 것"을 말하며, 이것은 반드시 "희생자의 증언과 해석의 토대 위에서 이뤄져야 한다"고 말한다. 그러나 정의는 "매우 자주 희생자가 아니라 정책결정자나 기득권 세력에 의해 논의되고 판단되며, 희생자는 약자라는 이유로 논의와 판단 과정에서 배제되곤 한다"고 정의 추구의 불완전성을 꼬집는다.[61]

반면, 평화는 "폭력이 종식된 후 가해자와 희생자를 포함한 모든 사회 구성원이 평화롭게 공존하는 것"이며 "일회적 사건이 아니라 지속성을 담보하기 위해 구성원 모두가 새로운 관계, 구조, 문화를 만들고 평화를 깨지 않도록 노력하는 과정"을 말한다.[62] 그러므로 해방 후 그리고 군사정부 시기 한국 교회가 정의 대신 일시적 평화를 추구했다는 것은 진정한 평화의 추구가 될수 없다. 그러므로 한국 사회에서 한국 교회가 추구해야 할 평화적 담론과 실천 방향은 '정의로운 평화'이어야 하며 어떤 경우에도 정의와 평화를 분리해서 논의할 수 없음을 밝히고 있다.

한국 교회가 극복해야 할 또 다른 과제는 그동안 평화담론이 민족통일운동에 집중한 나머지, 국내 남남 갈등이나 일상적 평화의 논의, 생태 평화 및 전 지구적 평화의 현안들에는 소홀했다는 점이다.[63] 앞서 한반도 분단과 관련하여 통일의 당위성이 줄어들고 민족 기반의 전통적인 이유보다 개인적이고 경제적인 문제들을 더 중요하게 여기는 경향에 대해 언급한 바 있다. 정의로운 평화가 한반도의 상황을 최우선으로 고려한 개념은 아니지만 오히려 동시대의 세계적인 관점이기에 새로운 평화담론으로서 한반도 평화에 기여할 수 있다고 생각된다. 정의가 먼저인가, 평화가 먼저인가라는 이분법적 도식을 벗어나서 피해자 중심의 평화, 비폭력적 방식의 평화운동, 그리고 용서와 화해를 목표로 하는 정의 평화담론이 한반도 상황에 좀 더 적합한,

유연하고 장기적인 비전을 제시하는 데 용이해 보인다.

특별히 남북문제는, 다른 과거사 문제와는 달리, 피해자와 가해자가 모호하고 진실을 규명하거나 책임 소재를 규명하기도 매우 까다롭다. 이 과정에서 정의로운 평화는 분단이라는 폭력이 남북한 모두 극복해야 할 과제임을 제시할 수 있으며, 체제의 통일 여부보다 더 근본적인 남과 북 사이의 분단의 기억을 치유하고 용서하며 화해하도록 하는 일련의 장기적이고 문화적인 평화구축과 갈등 전환의 노력들이 적실하고 유효하다는 점을 제시할 수 있다고 본다. 나아가 한반도 평화의 문제는 남북한만의 노력만으로는 풀 수가 없고, 주변국과 국제사회의 관심과 지지가 필요하다는 점에서도 정의로운 평화가 기여할 부분은 있을 듯하다. 한반도 평화를 위한 노력은 어느 한 쪽을 선택하는 것이 아니라 정의와 평화가 입을 맞출 때까지 평화의 여정을 포기하지 않는 것이라 할 수 있다.

VI. 나가는 말

이 글에서 다룬 '정의로운 평화' 개념의 이해는 다음과 같다. 세계교회협의회(WCC)는 두 차례의 세계전쟁을 마치고 평화를 위한 사명을 감당하기 위하여 정의와 평화를 위한 신학적 논의와 입장을 발전시켜 왔다. 정의로운 평화를 이해하기 위해서는 먼저 전쟁과 평화에 관한 교회의 전통적인 두 입장인 정당전쟁론과 절대적 평화주의를 이해해야 한다. 두 입장은 오랜 기간 신학적 간극을 좁히지 못했었다. 하지만 핵무기를 포함한 대량살상무기의 발명과 세계전쟁의 역사는 모든 형태의 전쟁에 대한 정당성을 상실하게 하였다. 이런 배경 속에서 WCC는 총회를 열고 세계 각국의 교회들과 함께 평화를 위한 입장을 고민하였고, 이 과정 가운데 WCC는 단지 전쟁을 반대하는 것만으로는 부족함을 깨닫는다. 이에 1990년 서울에서 열린 "정의, 평화, 창조세계질서의 보존 위원회"에서 정의로운 평화에 대한 기초적인 개념들을 문서로 정리한다. 이 문서는 당시 유엔이 평화를 위한 노력으로 채택한 갈퉁의 '적극적 평화' 개념이나 '구조적 폭력', 그리고 이를 제거하기 위한 장기적 비전으로서 '평화의 문화' 등과 그 맥락을 같이 한다. 그리하여 WCC는 '폭력 근절을 위한 10년'(2001-2010) 프로젝트를 실시하고, 여기서 수집된 세계 곳곳의 폭력의 사례들을 중심으로 2011년 자메이카 킹스턴에서 WCC의 '정의로운 평화' 개념을 담은 "정의로운 평화를 위한 에큐메니컬 선언" (Ecumenical Call to Just Peace)을 발표하였고, 2013년 부산 총회에서 공식 문서로 인정받는다.

이 문서에 담긴 정의로운 평화 개념은 평화구축과 갈등 전환의 영향을 받은 것으로 보인다. 평화를 구조적 폭력의 문제를 극복해 나가는 것으로 이해하면서, 피해자 중심, 로컬-현장 중심의 '아래로부터 위로'(bottom-up) 평화를 세워 가는 것을 추구한다. 정의와 평화가 함께 하기 위하여 비폭력적 수단을 최우선으로 하며 피해자의 회복과 함께 궁극적으로는 가해자와의 화해를 추구한다. 이런 면에서 회복적 정의와 갈등 전환의 관점을 포함하고 있으며, 다니엘 필풋과 같은 학자는 관계의 회복이 곧 정의의 목적 혹은 결과로 인식한다. 그러나 극단적 갈등 상황에 대하여 예외적인 무력 사용을 인정한다. 갈등의 단계와 평화유지(peace-keeping), 인도적 개입문제, 정의로운 경찰과 보호책임(R2P) 등의 여지를 두고 있다. 이런 측면에서 볼 때 정의로운 평화는 하나의 일관된 이론이라기보다 다양한 국제적 상황들에 따른 전략적 평화구축과 장기적 갈등 전환을 폭넓게 포괄하고 있음을 알 수 있다.

정의로운 평화를 한국의 상황에 적용하기에는 몇 가지 해결해야 할 과제들이 있다. 먼저 정의로운 평화가 한반도 상황을 우선으로 해서 만들어진 평화개념이 아니라는 점과 이를 수용하는 한국 주류 교회의 비판적 입장이 존재한다. 이는 한국 근현대사 속 미진했던 과거사 청산의 경험과 군사정권에서의 민주화운동의 경험이 축적된 탓이다. 하지만 정의로운 평화는 그동안 국내 민주화운동에 초점을 둔 정의 담론과 민족주의에 기반한 평화담론이 접근하기 어려웠던 동시대적이고 전 지구적인 평화담론으로서 유효해 보인다. 특별히 한반도 평화의 경우, 진실 규명이나 처벌의 문제보다는, 평화로운 공존을 위한 용서, 기억의 치유, 화해의 비전을 추구하기에 더 적절해 보이며, 이런 논의는 새로운 세대에도 설득력을 가질 수 있을 것이다. 바라기는 정의로운 평화는 한국교회가 한반도 평화 논의에서 자주 제외되었던 용서와 화해의 가능성을 조금이라도 보완하는 개념으로 소개되기를 기대한다.

제3장

안정적 평화

허 지 영

Ⅰ. 들어가는 말

한반도에서 평화 논의는 "분단된 한반도는 평화로운 상태인가?"라는 물음으로부터 시작한다. 많은 연구자들이 평화의 관점에서 분단체제의 상태를 설명하고자 노력했다. 그러나 휴전협정 이후 전면적 무력 충돌은 발생하지 않았으나 공식적으로 전쟁이 종결된 바 없으며 여전히 상호적대성을 바탕으로 군사적 긴장과 대립이 계속되는 한반도의 상황을 명쾌하게 설명하는 것은 쉽지 않다. 이런 관점에서 볼딩(Kenneth E. Boulding)이 1978년에 제시한 안정적 평화(stable peace)는 전쟁의 부재라는 단순한 평화 이해나 소극적·적극적 평화이론만으로는 설명하기 어려운 한반도의 상황에 적용하여 생각해 볼 수 있는 대안적인 개념이다. 볼딩의 안정적 평화는 전쟁이나 직접적 폭력은 중단되었으나 여전히 무력 충돌의 가능성이 사라지지 않은 국가 간의 상태를 불안정한 평화로 범주화하고[1] 평화를 단계적인 과정, 즉 연속체(continuum)로 인식한다는 점에서 중요한 의미가 있다.

남북한의 상황은 통일이라는 민족적 과제를 고려해야 하기 때문에 국제사회에서 논의되는 평화개념으로만 설명하기 어려운 점이 있다. 분단이 장기화되고 통일의 당위성에 동의하지 않는 국민이 늘어나면서[2] 정치권이나 학계를 중심으로 목표 또는 결과로서의 통일 개념에서 벗어나 '과정(process)

으로서의 통일'로 전환하기 위한 논의가 이루어져 왔다.[3] 하지만, 여전히 '평화를 통일'로[4] 그리고 '통일은 남북한 간 단일한 정치체의 형성'으로 인식하는 제한적 시각은 크게 달라지지 않았다.[5] 무엇보다 우리 사회에서 통일이 무엇을 의미하는 것인지에 대한 구체적인 논의와 합의가 부재한 것이 현실이다. 또한 한반도에서의 평화 논의는 통일과 평화가 상호 모순되는 상황이 발생할 가능성으로 인해 더욱 복잡한 측면이 있다. 남북한의 화해와 평화로운 공존의 관계 형성을 강조하는 것이 자칫 분단을 영구화하는 주장으로 인식될 수 있다. 반면 통일을 지나치게 강조하는 것은 상대 국가로의 흡수로 받아들여져 남북한 서로에게 체제 위협으로 여겨지거나 통일을 이루기 위해 무력 사용을 인정하는 비평화적 수단에 의한 통일 논의로 이어질 우려가 있다.

볼딩 이후 안정적 평화를 연구한 이론가들은 평화를 폭력 갈등으로부터 벗어나 불안정한 평화 상태를 거쳐 안정적 평화로 점진적이고 단계적으로 발전하는 과정으로 인식하고 있다. 이런 관점에서 안정적 평화는 남북한의 단일한 정치 체제 구성이라는 목표나 결과로 이해되는 한반도의 평화 인식을 오랜 시간 점진적으로 발전해 나가는 '과정으로서의 평화'로 전환하고 통일의 상을 단계적으로 구체화하는 데 유용한 이론적 틀이 될 수 있다. 안정적 평화의 핵심은 특정한 형태의 정치공동체를 형성하는 것이 아니라 갈등관계의 국가들이 갈등해소의 방안으로 더 이상 전쟁이나 무력의 사용을 정책 옵션으로 고려하지 않는 인지적 변화와 상호 합의를 바탕으로 하는 평화적 관계를 형성하는 데 있다. 따라서 통일의 당위성에 동의하지 않는 젊은 세대나 분단체제라는 현 상황의 유지를 원하는 국민이 점차 증가하는 추세와 통일과 평화정책을 둘러싸고 벌어지는 분열과 대립이 날로 심각해지는 한국 사회 현실을 고려할 때, 안정적 평화는 국민 다수가 동의할 수 있는 '최소'의 평화정책 목표로서 남북한이 '화해'하고 평화로운 '공존' 관계를 형성하는 것을 시작점으로 하여 점진적이고 단계적인 통합으로 발전되는 과정으로서 통일·평화 정책의 궁극적인 방향성을 제시한다는 점에 연구의 의의가 있다.

II. 이론적 배경과 특징

1. 등장 배경과 정의

볼딩은 불안정한 평화를 전쟁 발발의 가능성은 존재하지만 "평화가 규범으로 여겨지며 전쟁은 평화의 규범이 깨어지는 것으로 간주되는 상태"로, 안정적 평화를 "전쟁이 일어날 가능성이 매우 낮아 관련국들이 전쟁을 고려하지 않는 상태"로 정의한다.[6] 자칫 매우 이상적인 개념으로 들릴 수 있지만, 안정적 평화는 국가 간 오래 지속되는 평화의 상태를 의미하는 동시에 관련국들이 갈등을 해결하기 위한 수단으로 전쟁이나 무력을 배제하는 인지적 현실을 의미하여 다른 평화 개념보다 구체적이며 현실적이다. 이런 관점에서 안정적 평화는 국가의 평화정책의 궁극적인 목표라고 볼 수 있으며[7] 안정적 평화의 형성은 갈등 당사국들의 의도적인 결정에 달려 있다. 2010년 쿱찬이 지역적 차원에서 "안정적 평화지대(zones of stable peace)"를 논의하면서[8] 안정적 평화 개념이 주목받게 되었는데, 2000년대 미국 주도의 국제 체제가 다극체제로(multipolar)로 전환되는 상황과 2003년 미국의 이라크 침공을 두고 민주주의라는 공통점을 바탕으로 미국과 유럽 간에 형성된 '대서양 동맹'의 균열은 쿱찬이 안정적 평화지대의 형성에 관심을 가지게 된 계기가 되었다.

국내에서는 분단 이후 지속된 한반도의 상황을 이론적으로 설명하기 위해 안정적 평화 이론이 소개되면서 주로 양자관계에 초점을 맞추어 논의되지만, 대부분의 안정적 평화연구자들은 "전쟁 가능성이 소멸된 국제적인 공동체", 즉 지역적 차원의 평화지대 형성을 중심으로 안정적 평화를 논의한다.[9] 쿱찬은 "안정적 평화지대는 서로 간 전쟁을 생각할 수 없게 된, 전략적으로 근접한 국가들의 집합"[10]이라고 정의하고 안정적 평화의 필요조건은 민주주의라는 기존의 주류 이론들과는 달리 도이치(Karl W. Deutsch)의 주장과 유사한 관점에서 비민주적 국가들도 국제적 안정성에 기여할 수 있다고 주장한다.[11] 또한 경제적 상호의존성은 평화를 증진하는 부수적인 요소로 경제협력은 사회적 유대를 강화하는 수단이 될 수 있지만 화해를 위한 정치적 개방이 선행되어야 함을 강조하였다.[12] 볼딩의 정의와 비슷한 관점에서 조지(Alexander L. George)는 안정적 평화는 관련국들이 상호 분쟁이 발생하더라도 무력 사용을 옵션으로 전혀 고려하지 않으며 평화적 수단을 통해서만 갈등을 관리하고 해결하기로 합의한 관계라고 보았다.[13] OECD 가입국의 관계에 관한 연구를 바탕으로 러셋(Bruce M. Russet)과 스타(Harvey Starr)는 안정적 평화를 국가 간 전쟁 준비가 부재하며 전쟁 발발의 가능성을 진지하게 고려하지 않는 관계로 정의한다.[14] 카코위츠(Arie M, Kacowicz)와 바시만토브(Yaacov Bar-Siman-Tov)는 안정적 평화를 네 가지 차원으로 구분하여 설명하는데, 인지적 차원에서 안정적 평화는 관련국들 사이에 전쟁은 갈등 해결의 수단이 될 수 없다는 공통의 인식이 형성되는 것을 의미한다. 규범적 또는 문화적 차원에서는 국제 기준에 따라 안정적 평화를 형성하고 발전시키고 공고화하기 위해 공유된 규범적 틀이 형성되는 관계이다. 제도적 차원에서는 협력을 이루고 갈등을 관리하는 데 필요한 제도와 메커니즘이 형성된다는 것을 뜻하며, 마지막으로 경제적 또는 기능적 차원에서의 안정적 평화는 힘의 균형보다는 공동의 번영을 이룩함으로써 평화를 안정화하고 공고화하는 것을 의미한다.[15]

이처럼 연구자들마다 정의하는 안정적 평화의 개념은 다소 차이가 있지만, 공통적으로 둘 이상의 국가 간 전쟁이나 전쟁의 위협 또는 폭력적인 행동이 부재한 상태나 또는 갈등 해결의 수단으로 무력을 전혀 고려하지 않는 상태로 정의된다. 폭력적 수단의 사용을 고려하지 않으며 평화로운 관계를 유지하는 것에 대한 공통의 이해와 기대가 발전된 관계를 형성하는 것이 안정적 평화의 핵심이다.[16] 단, 안정적 평화를 이루기 위해서 관련국들의 이해관계나 정치적 관계가 완전히 조화를 이룰 필요는 없으며 비민주적 국가들도 안정적 평화지대를 형성하는 데 동참할 수 있다. 안정적 평화를 구축하는 데 가장 중요한 점은 국가 간 갈등이나 분쟁이 발생하더라도 해결 수단으로 전쟁이나 전쟁 개시의 위협을 고려하지 않는다는 상호 합의라고 할 수 있다.

2. 평화의 발전과정

안정적 평화연구자들은 전쟁으로부터 안정적 평화에 이르는 과정을 단계별로 범주화하며 평화의 다양한 형태와 발전 과정에 대한 설명을 제공한다. 우선 볼딩은 평화는 '전쟁-불안정한 전쟁-불안정한 평화-안정적 평화'의 과정으로 발전되며,[17] 단계 변화의 조건은 국가의 인지적이고 경제적인 차원의 특징과 역량이라고 보았다.[18] 볼딩의 안정적 평화는 전쟁의 부재를 의미하는 소극적 평화보다는 발전된 상태이지만 갈퉁(Johan Galtung)의 적극적 평화와 완전히 동일한 의미는 아니다. 볼딩은 적극적 평화를 "훌륭한 갈등 관리, 평화로운 갈등의 해소, 성숙한 관계에 따라오는 조화, 관대함과 사랑의 상태"로 소극적 평화는 "혼란, 긴장, 갈등과 전쟁의 부재"로 정의하였다.[19] 하지만 적극적·소극적 평화와 안정적 평화 사이의 관계나 평화의 조건 또는 원인에 대해 명확한 설명을 제공하지는 않았다. 그럼에도 불구하고 볼딩은 전쟁은 멈추었으나 아직 적극적 평화의 상태와는 거리가 먼 불안정한 평화 상태를 처음으로 개념화했으며, 또한 평화를 폭력적 갈등으로부터 안정적 평화로 발전되는 과정, 즉 연속체로 인식했다는 점에서 상당히 중요하다.

조지는 평화는 위태로운(precarious), 조건적(conditional), 안정적(stable) 평화의 단계로 발전된다고 본다.[20] 위태로운 평화는 국가들이 극심한 갈등 관계에 있지만 일시적으로 전쟁이 부재한 불안정한 상태로 "일반적 전쟁 억지(general deterrence)"와 위협적 행동이나 전쟁 개시의 위험을 필요에 따라 사용하는 "즉각적 전쟁 억지(immediate deterrence)"에 의존적이다. 반면에 조건적 평화는 갈등이 덜 극심한 상태로 평화를 지속하기 위한 수단으로 "일반적인 전쟁 억지"가 주로 사용되며, 즉각적 전쟁 억지는 자주 사용되지 않으나 여전히 무력사용이 완전히 배제되지 않은 상태를 의미한다. 안정적 평화는 유럽연합과 같이 전쟁이나 무력을 갈등 해소의 수단으로 전혀 고려하지 않는 상태라고 보았다.

밀러(Benjamin Miller)는 평화의 발전 과정을 차가운(cold), 정상적(normal), 따뜻한(warm) 평화로 설명한다.[21] 차가운 평화는 전쟁이 부재하고 갈등 당사국 간 무력 사용에 대한 위협이나 지역적 차원에서 갈등이 완화되었지만 여전히 완전한 갈등 해소와는 거리가 먼 상태로 언제든지 전쟁이 발생할 가능성이 있는 상태이다. 정상적 평화는 차가운 평화보다 전쟁의 가능성이 작고, 대부분의 갈등요인들이 해소됐지만 전쟁 가능성이 완전히 소멸되지 않은 상태이다. 따뜻한 평화는 안정적 평화와 유사한 개념으로 지역 내에서 전쟁의 가능성을 생각할 수 없는 상태로 다자안보공동체를 포함하며 안정적 평화와 상당히 유사하다.

카코위츠에 따르면 지역적 차원에서 평화는 소극적 평화지대(zone of negative peace), 안정적 평화지대(zone of stable peace) 그리고 다자안보공동체의 단계로 발전한다.[22] 소극적 평화지대는 불안정한 상태로 협박이나 전쟁 억지, 또는 전쟁 개시 역량의 부족과 같은 부정적인 수단으로 평화가 유지되는 상태이다. 안정적 평화지대는 상호동의를 기반으로 평화가 유지되며 전쟁의 가능성이 매우 희박하여 당사국들이 전쟁 개시를 고려하지 않는다. 따라서 카코위츠의 안정적 평화지대는 볼딩과 조지의 안정적 평화 개념과 상당히 유사하지만, 다자안보공동체를 별도로 범주화한다는 점에서 다자안보공동체를 포함하는 밀러의 따뜻한 평화와는 구별된다. 카코위츠에게 있어 다자안보공동체는 회원국 간 공통의 규범, 가치, 정치제도와 공통 정체성을 형성하고 상호의존도가 깊으며 안정적 평화보다 발전된 형태이다. 카코위츠의 안정적 평화와 다자안보공동체의 개념은 상당히 많은 특징을 공유하지만 모든 안정적 평화지대가 다자안보공동체의 형성으로 이어지는 것은 아니기 때문에 안정적 평화는 더 넓은 평화의 개념이라고 할 수 있다.

안정적 평화의 연구자들은 대부분 지역적 차원에서 안정적 평화를 논의하지만, 카코위츠와 바시만토브에 따르면 양자 관계에서도 두 국가가 전쟁 개시와 전쟁 위협을 사용하지 않기로 동의하며 분쟁이 발생할지라도 평화적인 외교 수단만 사용하기로 상호 합의한다면 안정적 평화 관계가 형성될 수 있다.[23] 또한 양국이 일정한 특징, 예를 들어 민주적인 정치체제나 정치의 안정성 그리고 경제 발전과 같은 특징을 공유하며 안보 영역을 넘어 경제협력으로 발전된다면 안정적 평화가 장기간 유지될 가능성은 더욱 커진다. 다수의 양자 갈등이 존재하는 지역에서 양자 갈등의 한 사례의 해소는 지역 차원의 안정적 평화구축의 필수조건이지만 충분조건은 아니다. 하지만 양자 갈등의 해소는 지역 내 다른 갈등의 해소로 이어지거나 폭력적 수단 사용의 자제로 이어지며 지역 차원의 평화구축에 긍정적 영향을 줄 수 있다. 반면에 지역적 차원에서 안정적 평화를 구축하기 위한 노력이 없다면 양자 간 안정적 평화가 장기간 지속되기 어려울 수 있다. 반면에 양자관계에서 안정적 평화의 구축은 지역적 차원의 안정적 평화의 구축과 공고화의 필수조건이다. 이러한 양자 그리고 지역적 차원에서 안정적 평화의 상관성 연구는 한반도의 평화체제 구축을 동북아시아 지역 차원의 평화구축과 연결하고자 하는 한국 정부의 평화 프로세스에 유의미한 시사점을 제공한다.

3. 안정적 평화구축 프로세스

그렇다면 불안정한 평화 단계에서 안정적 평화로 전환되는 데 필요한 조건은 무엇일까? 이에 관해서는 비교적 자세한 설명을 제공하는 쿱찬 그리고 카코위츠와 바시만토브의 논의를 중심으로 살펴보도록 하겠다.

1) 쿱찬의 안정적 평화구축 프로세스

쿱찬은 지정학적 경쟁 관계에서 벗어나 순차적인 단계를 거치며 안정적 평화로 발전된다고 보았다. 안정적 평화의 시작 국면은 4단계의 과정을 거치며 발전되는데,[24] 첫 단계는 "일방적 수용(unilateral accommodation)"으로 갈등 당사국 중 한쪽이 먼저 일방적 양보를 통해 선의를 표출하며 상대 국가도 이에 상응하는 수용의 행동을 선택할 수 있다. 이 과정에서 상대국의 화해 정책 뒤에 숨은 의도를 파악하고자 하며 상대국이 잠재적으로 협력의 파트너가 될 수도 있다는 희망이 형성된다. 두 번째 단계는 "상호자제(reciprocal restraint)"로 상호 호혜 가능성에 대한 기대로 인해 상호 수용이 촉진되며 당사국들은 특정 행동 뒤에 숨은 의도를 파악하는 수준을 넘어 상대의 궁극적인 동기를 이해하려고 노력한다. 그 결과 경쟁과 갈등의 관계에 변화가 발생할 수도 있다는 확신이 형성되며 상호 수용의 행동이 반복되어 확장된 형태의 협력으로 발전될 수 있다. 다음은 "사회통합(social integration)"의 단계로 상대국과 상호 교류의 횟수와 강도가 증가한다. 이에 따라 상대의 정치적 특성을 긍정적으로 평가하고 신뢰가 형성되기 시작한다. 시작 국면의 마지막 단계는 "새로운 정치적 내러티브 형성(generation of new political narrative)"이다. 서로 양립 가능하거나 공유된 또는 공통의 정체성이 형성되기 시작하며 평화로운 관계를 형성하고 유지하는 것에 대한 기대가 당연한 것으로 받아들여지고 사회적 유대감이 쌓인다. 하지만, 안정적 평화구축을 위해서는 정치와 군사 영역에서의 협력이 경제협력보다 우선한다는 쿱찬의 주장을 고려할 때,[25] 과연 안정적 평화의 시작 국면의 초기 단계에서 자국 안보의 위협을 감수해야 하는 정치와 군사 영역에서의 일방적 양보가 실현 가능한 것인지에 대한 비판적 시각이 존재한다.

시작 국면을 지난 후 안정적 평화의 발전은 〈그림 1〉과 같이 화해와 안보공동체 그리고 연방의 과정으로 순차적으로 이루어지는 것이 이상적이지만, 모든 사례에서 화해 단계를 넘어 안보공동체나 연방으로 발전하는 것은 아니다.[26] 안정적 평화가 화해로부터 안보공동체나 연방으로 발전할수록 평화의 상태는 더 안정화되고 성숙해진다.

〈그림 1〉 쿱찬이 제시한 안정적 평화의 발전과정

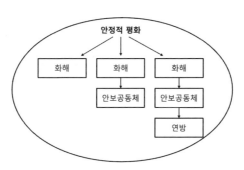

출처: Kupchan (2010), p. 37.

화해는 적대적 관계에서 벗어나 평화로운 공존을 이루어가는 과정으로 상호 정체성이 양립할 수 있다는 사실을 받아들이고 평화로운 공존의 가능성에 대한 기대가 형성되어 상대국을 더 이상 위협적 존재로 인식하지 않지만 서로의 행동을 제약할 수 있는 규칙이나 규범을 생성하지는 않는다. 화해 단계의 초점은 갈등 관계에 있는 국가들의 인지적 변화를 통해 평화적인 공존이 가능한 관계로 전환하는 데 있다.

관련국들의 유대가 더 깊어지고 협력 관계가 제도화되어 안보공동체를 형성할 수 있다. 안보공동체는 평화로운 공존을 넘어 관련국 간 관계를 관리하고 갈등이 발생하는 경우 평화로운 방법으로 갈등이 해소될 수 있도록 공통의 규범과 제도를 형성한다. 안보공동체의 회원국 간에는 공동체 정신과 공유된(shared) 정체성을 바탕으로 협력에 대한 기대가 발전된다. 하지만, 회원국은 상당한 수준의 주권을 유지하며 공동체 밖의 국가들과 각국의 외교

관계가 개별적으로 유지되고 추진될 수 있다.

안보공동체의 회원국 간 사회 통합이 깊어지고 공통(common) 정체성이 만들어지면 제도적으로 초국가적 기구 구성에 합의하고 연방으로 발전될 수 있다. 연방은 안정적 평화의 가장 발전된 형태로 회원국들은 새로운 정치체로 합병되어 개별국으로서의 주권을 포기한다. 국내 정치뿐만 아니라 외교, 안보와 같은 대외 정책에 관한 권리를 연방 정치체제로 위임하며 국가이익도 연방의 차원에서 고려하게 된다.

〈표 1〉 쿱찬이 제시한 안정적 평화 발전 과정의 특징

안정적 평화 발전과정	상대인식: 무해한 정치체	규범에 대한 합의	상호이익과 이해	정체성	합법화 (제도화)
화해	O	X	일치(congruent)	호환가능	X
안보공동체	O	O	결합(conjoined)	공유(shared) 정체성	X
연방	O	O	단일(unitary)	공통(common) 정체성	O

출처: Kupchan (2010), p. 32.

2) 카코위츠와 바시만토브의 안정적 평화구축 프로세스

카코위츠와 바시만토브는 갈등이 해소된 후 안정적 평화는 안정화(stabilization)와 공고화(consolidation)의 과정으로 발전된다고 보았다.[27] 안정화 단계는 갈등 해소 이후 중단기적으로 평화를 유지하기 위한 최소의 조건만 충족된 상태로 전쟁을 정책 옵션에서 제외하는 인지적 변화가 발생한다. 또한 상호 국익을 재정의하고 재평가하게 된다. 상대국과의 전쟁은 국익을 실현하는 수단이 되지 못하며 상대와 평화로운 관계를 유지하는 것이 자국의 안보와 국익에 도움이 된다는 인식의 형성은 전쟁으로 이어질 수 있는 행

동을 자제하는 결과로 이어진다. 이러한 인식의 전환과 변화된 인식에 적응하는 학습 과정은 갈등 당사국 간 형성된 초기적 수준의 신뢰를 확장하기 위해서 반드시 요구되는 중요한 과정이다. 안정화 단계에서 국가 간 협력은 평화를 유지하는 데 필수적인 정치와 안보 영역에서만 제한적으로 이루어지는데, 이는 충분한 신뢰가 쌓이기 전에 이루어지는 경제협력이나 상호 의존은 주권을 침해할 가능성이 크다고 생각되기 때문이다. 하지만 점차 상호 신뢰가 깊어질수록 다양한 분야로 협력이 확산할 가능성이 커진다. 상호 신뢰를 발전시키는 것이 안정화 단계의 궁극적인 목표이며 신뢰구축을 위해 필요한 조치들을 행동으로 이행함으로써 상호 인식의 간주관적 변화가 이루어진다.

카코위츠와 바시만토브는 안정화 단계의 필요조건으로 네 가지를 제시한다. 우선 관련국들이 반드시 민주적인 정치체제일 필요는 없지만 안정된 레짐이 존재할 필요가 있다. 두 번째는 당사국들의 정치·군사 지도자뿐만 아니라 경제를 비롯한 다양한 영역의 지식인 계층이 평화조약의 체결이나 현상 유지에 관해 만족도가 높아야 한다. 다음으로 상대국의 행동이나 문제 해결 메커니즘에 대한 예측이 가능해야 하며, 마지막으로 일정한 수준의 정보 교환이 가능하고 다양한 의사소통 채널이 존재해야 한다. 이를 통해 지도자들 간 초기적 수준의 신뢰나 존중을 바탕으로 한 관계가 형성될 필요가 있다. 이 외에 안정화에 유리한 조건으로는 제3국, 주로 강대국이 관계를 보장해 주거나 비군사 영역으로 협력이 확산되는 것이다. 특히, 비군사 영역에서의 협력은 단기적으로 안정적 평화를 안정화하는 데 유리한 조건이지만, 중장기적 관점에서 안정적 평화를 공고화하기 위한 필수조건이다.

안정화 단계에서는 중대한 인지적 변화가 발생하고 신뢰를 쌓는 것이 가장 중요하다면 공고화 단계에서는 관련 국가들에서 내부적인 제도 변화가 이루어지고 장기적으로 평화를 보장할 수 있는 수단과 규범이 발전해야 한다. 정치와 안보 영역에서 제한적으로 이루어지던 협력이 경제와 문화 영역으로 확산되며 평화는 국가의 안보와 안정을 보장해줄 뿐만 아니라 경제적으로도 이익이 된다는 인식이 형성된다. 또한 공고화 단계에서는 안정화 단계에서 변화된 상호 정체성이 학습의 과정을 거치며 내면화되어 화해와 용서의 중요성을 학습하게 된다. 장기적 관점에서 공고화의 필수조건은 공유된 규범이며 충분조건으로는 발전된 민주적 정치체제 그리고 유리한 조건으로 경제적 번영과 정치적 안정성이 있다. 하지만, 카코위츠와 바시만토브가 인정한 것처럼 공고화 과정의 필수조건에 관해서는 아직 체계적인 연구가 이루어지지 못했다.

III. 개념의 의의

1. 의의와 한계

전시의 상태는 아니지만 평화라고 할 수도 없는 한반도의 상황에 대한 이론적 분석을 시도한 선행연구들의 공통적인 지적은 '전쟁 대 평화'라는 이분법적 도식으로는 한반도의 현실을 명확히 설명할 수 없다는 것이다.[28] 소극적 평화는 휴전 이후 전쟁은 부재했지만 언제라도 전쟁 개시의 위험이 존재하는 한반도의 분단 상황을 설명하지 못한다. 반면 폭력의 부재 또는 구조적, 문화적 폭력의 부재를 넘어서 정의, 통합, 조화, 협력 등을 이루는 폭넓은 의미의 적극적 평화는 지나치게 포괄적이며 추상적인 측면이 있어 한반도 상황을 개선하기 위한 실제 정책으로 발전시키기 어렵다.[29] 기존 평화 논의들의 한계를 고려할 때 안정적 평화는 한반도의 분단 상태를 불안정한 평화로 범주화하여 이론적 설명을 제공한다는 점에서 중요하다.

또한 통일과 평화가 상호 모순되는 상황이 발생하며 통일과 평화담론이 긴장 관계를 형성할 가능성이 존재하는 한반도의 맥락에서 안정적 평화는 평화와 통일 논의를 둘러싼 남한 사회의 대립과 충돌을 최소화하는 대안적 개념이 될 수 있다. 안정적 평화의 발전 과정은 통일 이전의 평화 상태(공존 또는 화해)부터 단계적인 통일의 형태(안보공동체 또는 연방)로 점진적인 발전 단계를 제시하고 있어, 한반도에 안정적 평화를 구축하기 위한 통일 또는 평화정책을 체계적이며 단계적으로 설계하는 데 도움이 되며 통일과 평화담론의 긴장을 완화하는 데 기여할 수 있다.

안정적 평화의 무엇보다 중요한 의의는 〈그림 2〉와 같이 평화를 갈등에서 벗어나 안정적 평화로 나아가는 과정 즉, 연속체로 이해한다는 점이다. 전쟁이나 폭력적 갈등으로부터 갈등 해소 단계를 지나 차가운, 조건적 평화처럼 각기 다르게 명명되는 불안정한 평화 상태를 거쳐 안정적 평화를 이루어 가는 '과정으로서 평화'를 이해하는 것이다. 이렇게 평화를 달성해야 할 '목표'나 평화정책의 '결과'가 아닌 점진적이고 단계적으로 이루어가는 '과정'으로서 인식하는 안정적 평화 이론은 여전히 통일과 평화를 '결과'나 '목적'으로 인식하는 경향이 강한 한국 사회에 유의미한 시사점을 제공한다. 한반도는 한동안 전면적 무력 충돌은 없었으나 전쟁과 무력 사용이 여전히 외교·안보의 선택지로 고려되어 전쟁 개시의 위협이 상존한다. 또한 남북한은 평화로운 공존의 관계를 형성하기 위해 필요한 적대적 정체성의 해체와 같은 인지적 변화가 발생하지 않아 안정적 평화의 시작 국면에 들어서지 못한 불안정한 평화 상태에 있다. 안정적 평화는 한반도에서 휴전 이후 지속된 불안정한 평화 상태를 안정적 평화로 전환하기 위해 필요한 과정과 조건들에 대한 시사점을 제공함으로써 목적 또는 결과 중심의 통일 논의를 과정으로서의 통일로 전환하는 데 기여하고 통일정책이나 평화정책이 지향해야 할 구체적인 단계와 방향성을 제시한다는 점에서 중요하다.

<그림 2> 안정적 평화의 발전과정

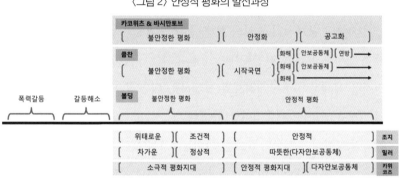

출처: 저자 작성

하지만, 안정적 평화 논의의 한계도 비교적 분명하다. 우선 불안정한 평화 상태에 있는 지역이나 국가 관계가 안정적 평화로 전환되는 과정이 쿱찬이 이상적이라고 제시한 것처럼 순차적으로 이루어지는 것인지에 대해 부정적 시각이 존재한다. 또한, 안보 영역에서의 협력이 경제협력보다 우선한다는 안정적 평화의 관점에서 볼 때, 안정적 평화가 갈등 당사자 중 한쪽의 일방적 양보를 통해 시작된다는 쿱찬의 주장에 회의적인 관점도 있다. 생존이 국가의 가장 중요한 목표라고 보는 현실주의 관점에서 갈등 요인이나 적대성이 완전히 제거되지 않은 상태에서 국가의 안전을 담보로 하는 안보 영역에서의 일방적인 양보의 실현 가능성에 관한 비평이라고 볼 수 있다. 그러나 이와 같은 한계에도 불구하고 안정적 평화는 국가 간 직접적 폭력이나 전면적 전쟁이 부재하며 오랫동안 지속되는 평화의 상태를 범주화하고 평화의 발전 과정에 관한 이론적 설명을 제공하며 또한 평화정책이 지향해야 할 더 실제적이고 단계적인 목표를 제시한다는 점에서 한반도에 주는 시사점이 상당하다.

2. 다른 평화개념과의 연관성

안정적 평화는 전쟁이나 폭력이 부재하며 오래 지속되는 평화 상태를 범주화하였다. 따라서 본질적으로 갈퉁이 제시한 소극적 평화 개념과 관련이 있는데 갈퉁이 직접적 폭력이나 전쟁이 부재한 상태를 지칭하기 위해 "소극적(negative)"이라는 용어를 사용한 것은 직접적 폭력의 부재가 곧 적극적 평화의 상태로 이어지지 않을 수 있다는 것을 뜻한다.[30] 즉, 전쟁이 중단된다고 해도 평화롭지 않은 상태가 지속될 수 있다는 것을 암시한다. 안정적 평화는 이렇게 '전쟁 또는 물리적 폭력'이 중단되었으나 적극적 평화가 이루어지지는 못한 불안정한 평화 상태에 관한 이론적 설명을 제공하여 '전쟁 대 평화'라는 이분법적 사고의 한계를 넘어서며 평화를 점진적인 '과정'으로서 인식한다.

국내 연구에서도 통일과 평화를 결과가 아닌 단계적 과정으로 이해하며 평화의 상태를 범주화하려는 논의가 있었다. 대표적으로 서보혁은 한반도에서의 통일 논의가 정치적 과정에 치중하여 평화의 관점에서 통일 이후 사회에 대한 대안을 제공하지 못한다는 비평적 시각을 바탕으로 '분단폭력'에서 벗어난 상태를 "분단평화", "통일폭력", "통일평화"로 범주화하였다.[31] 분단폭력이 극복된 상태의 통일을 한반도의 맥락에서 평화라는 보편가치를 구현하는 특수한 방식으로 이해하며 통일과 평화의 두 축을 모두 고려하며 개념화했다는 점에서 의미가 있다. 통일평화는 통일과 평화가 상호 조화를 이루는 상태로 한반도의 평화와 통일정책의 궁극적인 지향점이다. 하지만, 앞서 언급했듯이 한반도에서 통일과 평화는 상호모순적인 관계를 형성할 수 있기에 통일평화를 지향하는 과정에서 남북한 간 평화로운 관계가 형성되지만, 분단은 유지되는 분단평화가 이루어질 수 있다. 반대로 통일은 이루지만 그것이 곧 평화를 보장하는 것은 아니기에 통일폭력의 상태가 형성될 수도 있다. 예를 들어 통일이 전쟁과 같은 폭력적 방법으로 이루어지거나 통일로 인한 사회정치적인 혼란이 발생하거나 통일이 일방적 흡수통일의 방식으로 이루어져 흡수된 측의 주민들이 폭력적 상황에 놓일 수도 있다. 서보혁의 연구는 통일과 평화를 단번에 달성해야 할 목적으로 또는 평화정책의 결과로 이해하는 것에서 벗어나 남북한이 분단폭력으로부터 통일평화를 이루어가는 과정으로서 인식하며, 그 과정을 구체적으로 제시하고 있다는 점에서 안정적 평화와 유사하다.

마지막으로 안정적 평화 논의에서 평화구축은 국가 중심으로 논의되기 때문에 이 책에서 논의된 평화구축의 과정에서 로컬의 역할에 주목하는 포스트 자유주의 평화담론과는 거리가 있다.[32] 따라서 안정적 평화는 군사나 외교적 수단을 통해 평화를 구축하는 기술과 전략에 관한 안보 연구에 가까운 논의로 여전히 전쟁의 가능성이 제거되지 않은 한반도에서 남북한이 군사·외교적 선택지에서 전쟁을 더 이상 고려하지 않는 상황을 만들어가는 과정에서의 전략이나 단계별 목표와 구체적 정책 방안을 모색하는 데 유용하게 활용될 수 있을 것이다.

IV. 한반도에 주는 함의

안정적 평화를 한반도에 적용하여 함의를 발견하고자 한 선행연구들이 있다. 대표적으로 이상근의 연구는 전쟁은 멈추었으나 평화가 정착되지 못한 한반도의 상황을 이해하는 데 유용한 개념으로 안정적 평화 이론을 소개하였다.[33] 한반도의 상황이 안정적 평화의 초기 단계를 구축하는 데 필요한 조건들을 충분히 갖추지 못했다고 분석하며, 불안정한 평화로부터 벗어나 안정적 평화를 달성한 국제 사례들을 통해 경제협력에 치중하기보다는 안정적 평화 이론이 제시하듯이 정치적, 군사적 협력을 통한 신뢰구축이 선행되어야 할 필요성을 강조한다. 또 다른 연구로 이정철은 문재인 정부의 평화담론의 변화와 한계에 관한 분석을 통해 기존 평화담론의 한계를 넘어설 대안적 이론으로 쿱찬이 제시한 안정적 평화구축 프로세스를 제안한 바 있다.[34] 이러한 선행연구들을 바탕으로 안정적 평화 이론이 한반도에 주는 유의미한 시사점을 논의하고자 한다.

1. 과정으로서의 통일과 평화

앞서 서술한 것처럼 정치권과 학계를 중심으로 '결과로서의 통일'이라는 인식에서 벗어나 '과정으로서의 통일'로 전환해야 한다는 논의가 없었던 것은 아니지만, 여전히 국민의 대부분은 통일을 '단일 국가'의 형성이라는 목표나 결과로서 인식하는 경향이 강한 반면, 한편에서는 그러한 통일을 추구할 필요가 없다는 인식이 증가하고 있다. 특히 젊은 세대에서 통일에 대한 부정적 인식이 높아지는 경향이 두드러져 앞으로 통일 지향의 정책이나 평화 프로세스에 대한 국민적 지지는 더욱 약해질 것이라고 전망할 수 있다. 단시간에 통일을 이루기 어려운 한반도를 둘러싼 정세와 통일에 부정적 의견이 증가하는 국민 여론을 생각할 때 통일과 평화개념의 다양화를 통해 '결과' 중심 통일 논의가 변화될 필요가 있다.

안정적 평화 이론의 관점에서 보면 한반도는 아직 남북한 간 갈등을 평화적 수단으로 해결하려는 인식의 전환이나 합의조차 이루어지지 않은 불안정한 평화 상태이다. 따라서 논란과 갈등의 원인이 되어온 통일 방식에 대한 논의에 치중하기보다는 우선 안정적 평화가 시작되기 위해 필요한 인식의 전환, 즉 상호 적대적 정체성을 해소하고 비핵화를 포함하여 무력 사용의 가능성을 정책 옵션에서 제외하는 인지적인 변화를 위한 논의가 우선될 필요가 있다. 통일정책의 시급성과 관련하여 인도주의 문제나 경제적 교류·협력보다 군사·안보 문제 해결이 시급하다는 국민 의식 조사 결과도 이런 문제의식이 반영되어 나타난다.[35] 따라서 전쟁을 군사·외교 옵션에서 제거하고 평화적 공존에 합의하는 '화해'를 시작점으로 점진적으로 통합의 정도를 발전시켜 나가는 안정적 평화구축의 과정은 현재 결과로서의 통일과 평화 담론에 시사하는 바가 크다.

2. 통일·평화 정책의 최소 목표

이처럼 불안정한 평화로부터 적대성을 해체하는 인지적 변화를 통해 화해와 공존의 안정적 평화 초기 단계를 구축한 이후 안보공동체나 연방으로 발전해 나가는 과정으로서 평화를 강조하는 안정적 평화 이론은 통일에 부정적이거나 현 분단체제의 유지를 원하는 국민까지 동의하는 평화개념이 될 수 있다. 안정적 평화구축의 발전 과정은 우선 전쟁의 위협이 사라진 한반도에서 평화로운 공존을 이룬 후에 단계적으로 적절한 조건이 갖추어지면 남북한이 하나의 국가로 합쳐지는 방식의 점진적 평화구축의 과정을 제시한다.

다만, 쿱찬이 제시한 '연방'은 새로운 정치체로의 완전한 합병과 개별국으로서의 주권을 포기하는 것을 의미하여, 북한이 1960년대부터 공식적인 통일방안으로 주장해 온 '고려연방제'나 2000년 '6.15 남북공동선언'에서 제시한 '낮은 단계의 연방제'에서 의미하는 '연방'과는 다른 개념이다. 2000년 6월 15일 평양에서 김대중 대통령과 김정일 국방위원장이 정상회담을 통해서 발표한 공동선언문인 '6.15 남북 공동선언' 2항은 "남측의 연합제 안과 북측의 낮은 단계의 연방제 안이 서로 공통성이 있다고 인정하고 앞으로 이 방향에서 통일을 지향시켜 나가기로 하였다"고 밝히고 있다. 민족의 궁극적 목표인 통일을 이루어 가는 과정에서 현실적으로 필요한 중간 단계를 구체적으로 인정한 것이다.[36] 하지만, 이후 북측이 제시한 '낮은 단계의 연방제'가 실질적으로 무엇을 의미한 것인지를 둘러싼 논란이 발생했으며, 2000년 10월 북한의 조국평화통일위원회 안경호 서기국장은 "낮은 단계의 연방제"는 "북과 남에 존재하는 두 개 정부가 정치, 군사, 외교권 등 현재의 기능과 권한을 그대로 갖게 하고 그 위에 민족통일 기구를 내오는 방법"이라고 밝혔다. 이후 북한의 '낮은 단계의 연방제'는 연방이라는 표현을 사용하지만 사실상 두 개의 연방정부가 주권과 국방권, 외교권을 따로 보유한다는 의미로 남북연합의 성격에 가깝다고 평가되고 있다.[37] 그럼에도 불구하고 남북한이 주장해 온 통일 방안을 둘러싼 논란은 여전히 뜨겁다.[38]

우리 사회에서 평화와 통일 논의는 적대성을 해체하고 공존이 가능한 환경이 조성되기도 전에 통일의 방식을 둘러싸고 심한 갈등과 대립이 계속되었다. 안정적 평화는 평화로운 공존으로부터 시작한다. 분단된 상태일지라도 전쟁의 위협이 제거되고 남북한이 적대성을 해체하고 공존할 수 있는 안정적 평화의 시작 단계를 정책의 우선 목표로 삼는다면 통일정책을 둘러싸고 나타나는 극심한 남남 갈등을 넘어 국민적 합의가 가능한 최소의 목표를 중심으로 한반도 평화 프로세스의 방향을 조정하는 데 기여할 수 있을 것이다.

3. 정치·군사적 신뢰 회복의 중요성

남한 정부가 추진해 온 기존 대북정책이나 한반도 평화 프로세스는 경제협력과 같은 하위정치에서의 협력이 상위정치로의 확산을 통해 제도적 통합이 이루어진다는 기능주의나 통합 이론을 바탕으로 설계되었다. 하지만 기능주의나 통합이론은 대북제재 상황에서 상위정치에서 먼저 협력에 대한 정치적 합의가 이루어져야 하는 한반도 상황을 설명하지 못한다. 안정적 평화 이론은 이런 한계를 보완할 수 있는 유의미한 이론적 틀이 될 수 있다. 남북협력이 좀 더 현실적이고 실제적인 평화구축 방안이 되기 위해서 기능주의를 벗어나 상위정치로부터 남북협력을 개척하고 지속하기 위한 제도들과 방안이 마련될 필요가 있다.[39] 안정적 평화 이론은 정체성의 변화와 화해를 포함하여 정치·군사 영역에서 초기 신뢰를 구축하기 위한 행동과 정책들이 선행되어야 할 필요성을 강조한다. 즉 경제적 협력을 추구함과 동시에 상호 적대적 정체성을 긍정적으로 전환하고 전쟁을 정책 선택지에서 제거하여 화해와 공존의 단계로 발전하기 위한 상위정치에서의 정책적 변화의 중요성을 강조한다. 이런 논의들은 북한의 핵 개발이 사실상 완성된 상황과 남북협력이 여러 변수에 의해 중단되고 작동하지 않는 한반도의 상황은 경제협력을 우선시해 온 기존의 남북협력 방안이 변화될 필요가 있다는 것을 시사한다.

4. 동아시아 지역의 안정적 평화지대 구축

마지막으로 안정적 평화를 연구한 대부분의 학자들은 안정적 평화를 지역적 차원에서 논의한다. 물론 양자 관계에서도 안정적 평화는 이루어질 수 있지만 궁극적으로 지역적 차원에서 안정적 평화지대를 구축하는 데 관심이 있다. 이런 관점에서 안정적 평화는 남북한의 관계를 개선하고 안정적 평화를 이루기 위해 필요한 동북아시아의 지역적 조건이나, 반대로 한반도의 안정적 평화구축이 가져올 수 있는 지역적 차원의 이익에 대한 체계적 연구를 위한 이론적 틀이 될 수 있다. 남북한 간 평화구축 문제를 여전히 미·중 패권 경쟁이나 중·일, 한·일, 중·한 간 영토 분쟁이나 과거사 문제와 같은 다양한 갈등 요인이 존재하는 동아시아에서 지역적 차원의 평화구축과 연계하여 연구하는 데 유의미한 이론적 배경을 제공할 수 있다. 한반도의 평화구축을 남북한 양자 관계에서 논의하는 차원을 넘어 동아시아의 평화구축과 연계하여 지역적이고 국제적인 협력을 이끌어내는 데 도움이 될 수 있을 것이다.

V. 나가는 말

통일은 단번에 이룰 수 있는 목표나 결과가 아니라, 불안정한 평화를 안정적 평화로 바꾸어 나갈 뿐만 아니라 통일 이후 통일된 사회의 평화구축 문제로 이어지는 긴 여정이다. 이제는 남북한의 평화적인 '공존'과 '화해'를 이루기 위한 현실적이고 구체적인 과제를 단계별로 해결해 나가는 방향으로 통일과 평화 논의가 변화될 필요가 있으며, 안정적 평화 개념이 이에 기여할 수 있으리라 생각한다. 이 책에서 소개되는 것처럼 국제평화학에서 논의되는 평화의 개념은 매우 다양하다. 통일의 방식에 관한 생각도 남한과 북한이 다르고 남한과 북한의 여러 전문가들의 의견이 다를 수 있다. 또한 한반도를 둘러싼 현 지정학적 상황과 통일을 둘러싸고 분열된 남한 사회를 고려할 때 모든 부문에서 합의를 이룬 통일은 실현되기 어려운 상상에 가깝다. 이제는 서로 다른 평화와 통일의 상을 인정하고 남북한 당국과 그리고 남북한의 국민이 동의할 수 있는 '최소의 합의점'을 찾고 그것으로부터 단계적으로 이행하는 방향으로 한반도 평화 프로세스를 전환할 필요가 있다.

제4장

양질의 평화

서 보 혁

I. 문제의 제기

인류가 야누스와 같다는 말은 전쟁을 일으키면서도 평화를 추구해 온 사실에서 잘 드러난다. 두 차례의 세계대전을 앞두고, 그 사이(전간기) 그리고 냉전 이후에도 계속해서 비폭력 노선에 기반한 다양한 평화정책(혹은 운동)이 전개되어 왔다. 지금도 평화정책은 계속되고 있다. 그렇지만 주류 국제정치학에서는 국제정치의 무정부성과 자조(self-help)를 위한 폭력 행사의 불가피성으로 인해 평화는 주로 과도적 상태 혹은 수단으로 간주되었다. 그런 시각에서 분쟁집단 사이의 평화협정 체결이나 교류 협력은 분쟁 종식과 관계 발전에 기여할 방법이라고 평가할 만하다. 그러나 이 경우에도 두 가지 근본적인 도전에 직면할 수 있는데 위와 같은 평화 증진 방안들에 대한 불신이 그 하나이고, 평화 증진 과정에서 발생할 갈등 상황에 대한 대처가 다른 하나이다. 평화의 길은 비평화적 요인들뿐만 아니라 평화 전략들의 경쟁에 의해서도 영향을 받을 것이다. 이 책에서 다양한 평화개념을 검토하는 것은 순수 학술적 흥미만이 아니라, 그것이 평화의 길을 잘 닦아 가는 첫걸음이기 때문이다.

이 장에서는 '양질의 평화' 개념으로 평화를 상상할 기회의 창을 넓혀 보고 그런 논의가 한반도 평화에 줄 함의를 생각해 보고자 한다. 위에서 평화협정 체결과 교류 협력이 분쟁 종식과 관계 발전에 유용할 것이라고 말했는데, 그 둘은 양질의 평화 증진에도 유용하다. 평화협정은 분쟁을, 교류 협력은 대립 관계를 전제로 하는데 양질의 평화 역시 분쟁의 경험, 국가 간 관계에 깊은 관심을 갖고 있다. 그렇지만 양질의 평화는 국가 간 혹은 일국 내 분쟁이 아닌 상황에서도 정치적 폭력의 지양을 포함한 다양한 형태의 폭력을 넘어서려는 노력에 관심을 갖는 개념이다. 이 개념은 기본적으로 논의 차원이나 영역 중 특정 측면에 초점을 두기보다는 평화의 주체 및 정향에 주목하는데, 그 중심에 대중의 안전과 존엄이 자리하고 있다. 그리고 그 예측 가능성과 지속성에도 관심을 두고 있다. 양질의 평화는 분쟁 종식을 통한 평화가 주로 국가 혹은 정치 집단 주도의 담론이었고 그래서 평화 논의가 대중의 삶과 괴리가 컸다는 문제의식을 갖고 있다. 이는 한반도에서 더 뚜렷한데 양질의 평화 개념이 생경한 것이 단적인 현상이다. 그럼 먼저 양질의 평화 개념을 여러 측면에서 살펴보자.

II. 개념의 등장과 전개

1. 등장 배경과 정의

인류는 두 차례의 세계대전을 겪고 냉전시대에 들어서 베를린, 쿠바, 베트남, 그리고 한반도 등지에서 또 다른 세계대전의 위험을 가까스로 막아냈다. 물론 그 과정에서 치른 희생을 결코 잊을 수 없다. 1970년대 들어 냉전체제가 안정화되어 갔지만 국지전과 내전, 그리고 국가폭력 등의 형태로 불안정과 갈등은 줄어들지 않았다. 그에 따라 평화 및 안보 개념의 변화가 불가피해졌다. 협력/공동/포괄안보를 거쳐 인간안보 개념이 등장하고, 억지에 의한 평화를 넘어 '평화적 수단에 의한 평화', 곧 평화주의(pacifism)도 등장한 것이다. 이런 개념의 등장과 확산은 이미 냉전 시기에 핵전쟁 위험의 확대와 세계적 빈부격차(소위 남북문제) 해결을 위한 국제 여론이 형성되면서 일어났다. 그리고 냉전 해체기에 일어난 구 유고슬라비아 해체 과정과 르완다에서 일어난 대량인종학살(genocide)이 큰 계기가 되어 국제사회에서 반성이 일어났다. 그래서 유엔을 비롯한 국제무대에서 평화의 주체, 범위, 달성 방법 등에 관해 기존의 국가안보 중심주의를 넘어 포괄적이고 복합적인 논의가 전개되었다. 그 과정에서 평화개념은 행태는 물론 구조와 관계 차원에서도 이해하게 되었고,[1] 평화 달성 방법을 둘러싸고 '전략적 평화구축'의 관점에서 제도적 구상이 다양하게 제출되었다. 이런 실천적 대응과 이론적 사유가 평화구축에 관한 논의를 진전시켜 왔다.

평화구축 방법은 평화에 관한 시각에 의해 제약을 받는다. 다스굽타(Sugata Dasgupta)는 1968년 분쟁 후 분쟁이 재발하지 않는데도 빈곤, 차별, 억압이 개선되지 않는 비평화(peacelessness)의 문제를 제기한 바 있다.[2] 비평화가 평화구축 개념에 포함된 것은 앞에서 말한 두 제노사이드를 거치고 기존 국가안보 혹은 소극적 평화 개념에 반성이 일어난 이후이다. 또 평화구축론이 확대해 분쟁 재발 방지에서 나아가 평화협정 이행까지 포함하기 시작하는데, 그것이 적절한 정의인가 하는 의문이 일어났다. 만약 평화협정을 거의 모두 이행했는데도 사회적 불안이나 국가 간 긴장이 가시지 않는다면 그 원인은 무엇일까? 평화협정 이행 과정에서 형성되는 집단 간 역학관계의 변화, 평화협정의 이행에 영향을 줄 만한 새로운 문제의 등장, 혹은 평화협정에 담긴(혹은 담기지 않은) 내용에 대한 불만 등 여러 잠재적 요인들을 생각해 볼 수 있을 것이다. 그렇다면 평화구축의 범위는 시간적으로 평화협정 체결부터가 아니라 그 이전부터일 수 있고, 종료 시점에 대해서는 합의를 보기 어려울 수 있다. 그리고 문제 영역은 평화협정+α가 될 터인데, 이때 α는 분쟁 집단 간 흥정과 협상에 의존한다. 더 큰 문제는 그런 평화구축 논의의 확장이 분쟁의 희생자이자 평화구축의 수혜자가 될 대중의 이해와 참여를 보장하느냐이다.

물론 지금까지 전개된 일단의 평화구축 논의에서 성과가 없는 것이 아니었다. 우선 평화의 내용은 갈퉁(Johan Galtung)의 '적극적 평화'[3]와 젱하스(Dieter Senghaas)의 '문명화로서의 평화'[4] 개념이 크게 기여하였다. 이들과 그 동료들의 이론적 공헌으로 평화를 정치, 안보로서 달성할 수 있다는 통념이 깨어졌다. 그리고 다양한 평화구축 방안이 제시되었다. 그런 논의 역시 국가 및 국가 간 관계 중심의 소극적 평화(안보) 구축에 관한 논의를 넘어 개인, 사회, 지역, 세계 등 다차원과 정치, 군사 외에도 경제, 문화, 심리 등 여러 영역으로 나아갔다. 다만 그런 논의에서 대중의 위상과 역할이 다루어졌지만 주 관심사로 부상되었다고 보기는 어렵다.

이상과 같은 평화연구의 발전을 통해 나타난 개념의 확장과 한계를 배경으로 '양질의 평화' 개념이 새천년 들어 등장한다. 1990년대 유엔을 중심으로 한 수많은 평화 논의[5]와 2000년 유엔 '새천년 정상회담 선언'[6]은 평화의 개념과 달성 방법에 관한 새로운 논의 흐름을 공식화하였다. 그리고 1백 년 이상 세계 각지에서의 다양한 분쟁을 데이터베이스로 만들고 분석해 온 일군의 연구 집단의 기초연구도 새로운 평화개념의 등장을 촉진하였다. 스웨덴 웁살라대학이 수집 운영하고 있는 분쟁 데이터 프로그램(UCDP)과 노르웨이 평화연구소(PRIO)·미국 노트르담대학 크락국제평화학연구소(KROC)가 수집 운영하는 평화조약매트릭스(PAM), 그리고 에딘버러 대학의 평화협정 데이터베이스(Peace Agreements Database) 등은 오랜 기간 다양한 분쟁 및 평화협정 사례를 모니터링하고 분석해 오고 있다. 이들 기관의 자료를 적절하고 충분히 활용해 월렌스틴(Peter Wallensteen) 교수와 그 동료들이 '양질의 평화' 개념을 개발해냈다.

월렌스틴 등이 제시한 양질의 평화란 분쟁이 종식된 상태에서 대중의 '안전'이 보장되고, 대중의 삶이 단순히 생존을 넘어 '존엄'한 수준으로 영위되는 상태가 '지속'되는 것을 말한다. 이는 모든 분쟁 당사자들이 참여해 평화구축 관련 모든 문제를 비폭력적인 방식으로 해결하는 것을 전제로 한다.[7] 평화구축은 최소한 평화협정 이행을 포함하고, 분쟁의 주요 원인을 제거하는 것이 목적이다. 시간상으로 평화구축은 주로 평화 협상 후에 등장하는 상황과 관련된다.[8] 그러나 양질의 평화가 평화구축을 주요 요소로 하는 것은 사실이지만 그것이 전부는 아니다. 즉 양질의 평화 개념은 내용상 평화협정 외의 문제들, 그리고 시간상 분쟁 이전의 상황과 평화협정 이행 과정의 맥락도 포함한다. 물론 양질의 평화는 그 속성상 물리적 충돌의 결과, 승자와 패자가 나오는 상황과는 거리가 멀다. 물리적 충돌의 결과 나타날 수 있는 승자의 입장은 평화 관리 혹은 평화 정당화 전략에 불과하다.

양질의 평화는 평화 프로세스의 목적 달성 여부로 정의할 수 있다. 다비와 맥긴티(Darby and Mac Ginty)는 평화 프로세스를 이슈와 행위자에서의 포용성과 관련 당사자들이 흥정과 협상을 통한 목적 달성으로 파악한다.[9] 평화협정은 그 자체가 성공적인 평화 프로세스를 보장하지 않는다. 그것은 평화구축의 끝이 아니라 시작이다. 양질의 평화의 개념화는 성공적인 평화 프로세스의 시각에 기반한다. 성공적인 평화 프로세스는 평화협정 체결 후 그 사회에서 군사는 물론 정치, 경제, 사회적 변화를 동반하며 지속 가능한 평화를 추구한다. 이것은 분쟁의 근본 원인뿐만 아니라 분쟁이 초래한 안보, 거버넌스와 같은 문제들을 체계적으로 다룸으로써 이루어질 것이다.[10]

양질의 평화는 일련의 평화구축 노력을 통해 획득하는 높은 수준의 평화의 내용과 그 상태를 말한다. 평화구축 전략은 그 목표를 달성하는 방법론의 문제이다. 그러므로 양질의 평화를 달성하기 위해 평화구축 전략은 다양하고 맥락에 따라 그 초점이 변할 수밖에 없다. 그래서 전쟁 부재를 넘어 평화구축의 성공과 실패에 관한 합의된 틀이 부재한 것은 이해할 만하다. 그런 가운데서도 예외적으로 회글런드와 코박스(Höglund and Kovacs)가 분쟁 이슈, 분쟁 당사자의 분쟁 행태와 사회적 태도, 이 세 가지를 강조하며 평화구축 전략의 일반론을 시도한 바 있다.[11] 이 3중 평화(peace triangle)의 틀은 평화 유형을 범주화하는 데 유용하지만, 다양한 평화의 핵심 구성 요소를 설명하지 못한다. 대신 웰렌스틴 팀은 평화협정 체결 후 변화의 질은 평화협정 이행, 합의된 평화적 분쟁 해결 기제, 그리고 행위자들이 이용할 사회적 공간과 직접 관련이 있다.[12]

2. 범위와 방법

웰렌스틴 팀은 위와 같은 논리로 양질의 평화를 정의한 후 연구 범위를 차원과 영역으로 제시한다. 그 차원으로는 안보, 협상과 거버넌스, 경제 재건, 이행기 정의와 화해, 시민사회 등 다섯 가지를 제시한다. 그 영역으로는 정치, 경제, 사회적 변화의 측면을 제시하지만 이들 측면이 분쟁 후 사회의 전체적 변화를 구성하고, 그런 영역에서 나타나는 문제는 분쟁에서 유래하거나 분쟁 후 도드라진 것을 망라한다. 각 사례에서 이 요소들이 만들어내는 관련성과 특정 요소의 상대적 우선순위는 해당 지역의 맥락과 자원 동원 능력과 관련이 있다. 나아가 해당 분쟁의 유형, 평화협정의 완전성, 외부 세력의 개입 정도 등과 같은 점들도 양질의 평화의 달성 여부와 그 형태를 결정하는 데 영향을 준다.[13] 이상과 같은 언급은 양질의 평화를 달성하는 시간적 범주가 평화협정을 분수령으로 그 전후를 포함하고, 양질의 평화의 수준과 양상은 다양한 행위자, 차원, 영역의 조합 방식에 의존함을 의미한다.

〈개념 정리〉

평화구축 분쟁을 종식하는 일부터 분쟁 재발 방지, 분쟁집단들 간 관계 전환, 경제 재건, 치유와 통합 등 평화에 기여하는 모든 활동과 그 방법을 총칭한다. 좁은 의미로서는 평화조성, 평화유지와 구별해 쓰기도 한다.

평화전략 평화구축의 하위 개념으로서 평화를 증진해나가는 계획과 방법을 말한다.

평화협정 분쟁집단들이 분쟁 종식과 그 후 평화우호 관계로의 전환 등에 관해 공식 합의하는 행위와 그 내용을 말한다. 대개 협정은 분쟁 집단의 대표들이 서명한 공식 문서를 말하는데, 국가 간의 경우 의회의 동의를 받으면 평화조약이라고도 하는데 여기서는 구분하지 않고 평화협정으로 묶어 부른다.

평화 프로세스 평화 구축을 과정으로 파악한다는 점을 강조한 말로서, 그 시작은 분쟁집단 간 대화이고, 그 종착점은 평화협정의 완전한 이행

> 으로 분쟁집단 간 적대가 소멸하는 것이다. 평화 프로세스는 일직선으로 순탄하게 전개되지 못하는 경우가 많아 수많은 평화구축 노력이 시행착오를 겪으며 진행된다.

　그럼에도 불구하고 양질의 평화를 다룰 때 핵심 연구 대상은 분쟁 종식의 방식과 평화협정 체결 및 이행 과정이다. 웰렌스틴 팀이 2018년 저작에서 다룬 사례는 내전을 거친 평화 프로세스들인데, 전쟁 재발의 위험과 사회적 조건도 포함한다. 내전 후 사회 상황이 단선적이지 않다. 이들은 PAM을 이용해 1989-2012년 사이에 평화협정이 체결된 31개국 중 80% 이상이 2016년 현재 분쟁이 종식되었음을 발견한다. 그럼에도 평화협정 이행과 분쟁 재발 없음으로만 평화구축 성공의 판단 기준으로 삼기에는 크게 불충분하다. 분쟁의 근본적 원인과 대중의 필요에는 소홀하기 때문이다. 그렇다면 평화 프로세스 도상에 있는 해당 국가의 사회적 상황을 여러 측면에서 자세히 들어보아야 할 것이다. 선거제도의 정비를 통해 붕괴된 국가구조를 재수립하고, 분쟁과정에서 발생한 인권침해의 진실을 규명하고, 독점과 부패를 청산하고 공정한 경제적 기회를 부여하고, 다민족국가의 경우 차별을 철폐하고 소수민족의 자결권을 인정하고 공존을 추구하는 노력이 평화 프로세스에서 해결할 과제들이다. 그러나 특정 제도적 방식이 평화구축의 성공을 보장한다는 식의 주장은 위험하기 짝이 없다. 웰렌스틴의 이 개념은 정책 및 제도 디자인에 주목하는 다양한 평화전략보다는 그것이 향하는 바(대중의 안전과 존엄)와 지속성에 주목한다. 웰렌스틴 팀은 '자유주의적' 평화구축이 선거제도와 개인적 권리에 관심이 높지만 경제사회적 평화구축에는 덜 관심을 갖는다는 입장을 취한다. 이들은 전 세계 최저소득 국가의 73%가 내전을 경험하거나 계속 겪고 있다는 자료를 제시하면서 평화구축이 성공하려면 경제적 기회의 창출 방식과 공평한 경제적 기회 제공이 중요한 변수라고 강조한다.[14] 다만, 그들이 주목하는 연구에 국제전이나 일방의 승리로 끝난 분쟁이 포함되지 않은 것은 유의할 바이다.

한편, 연구 방법에 있어서 양질의 평화연구자들은 관련 척도를 개발해 양적 접근을 시도하고 이를 질적 연구 방법과 연결 짓고 있다. 이들이 제시하는 양질의 평화 관련 척도(quality peace informed index)는 여러 유형의 장기분쟁 데이터를 수집 분류한 후 정치, 경제, 사회적 지표를 이용해 평화 프로세스를 설명할 수 있다.[15] 웰렌스틴은 2015년 저작에서 UCDP와 PAM의 자료를 이용해 분쟁의 강도, 분쟁 종식의 방식, 평화협정의 내용, 민주주의 등 다양한 측면들을 탐구한 바 있다. 양질의 평화를 측정하는 데 유용한 척도로 세계은행의 거버넌스 척도, 유엔개발프로그램(UNDP)의 인간개발 척도, 유엔 및 비정부기구들이 개발한 여러 국제인권 척도, 그리고 경제평화연구소(IEP)가 개발한 세계평화지수(GPI) 등 통용되는 기준들이 적지 않다. 그러나 양질의 평화를 측정함에 있어서 5개 모든 차원에서 양질의 평화를 측정할 필요는 없다. 이 평화개념에 완전히 알맞은 척도는 존재하지 않고, 관련 척도들을 다 동원하는 것도 적절한 방법은 아닐 것이다. 연구 초점과 활용 가능한 양적 자료의 존재 여부 등에 따라 양적 연구방법은 결정될 것이다. 그리고 그것은 양질의 평화 개념이 내장하고 있는 질적 측면과 적절하게 결합해 분석할 바이다.

웰렌스틴 외에도 최근 들어 두 종류의 연구 방법을 결합시켜 평화개념을 발전시키고 유용한 시사점을 제시한 연구 성과도 주목받을 만하다. 데이븐포트(Christian Davenport), 멜란더(Erik Melander), 리건(Patrick M. Regan)은 양질의 평화 개념을 이론과 실천의 두 차원에서 발전시켰다. 이들은 평화를 평화와 전쟁의 이분법이 아니라 더 많은 뉘앙스를 띤 스케일 위에 두고 접근한다. 이들은 평화를 연속체로 보면 중요한 분석 잣대를 얻을 수 있고, 연속선상에서 평화를 측정함으로써 평화의 수준과 그 변화 가능성을 파악하려고 한다. 연속체로서 양질의 평화는 '정치적 상호성'[16]이라는 최고 수준과 제노사이드와 같은 최저 수준이라는 양 극단을 설정한다. 두 극단 사이에 여러 보편 가치들을 배열하고 그것을 여러 수준에서 관찰하며 평화를 평가할 수 있다.[17] 가령 멜란더는 고문, 민주주의, 여성의 권리, 이 셋을 양질의 평화를 측정하는 주요 변수로 삼아 1981-2008년 사이 세계 각국의 평화 수준을 진단한다.[18] 이들은 또 양질의 평화를 인식, 절차, 관계 등 세 측면에서 접근하는 길을 제시함으로써 그 활용 가능성을 높여주고 있다. 양질의 평화연구자들은 분석 수준과 대상에 개방되어 있다. 그것은 연구 목적에 의존하며 분석 수준과 대상이 둘 이상일 수도 있다. 위 세 연구자들의 논의는 양질의 평화가 국간 간 전쟁, 전쟁 부재로서의 평화를 부정하지 않지만, 거기에 개념이 한정되지 않고 전쟁 없는 사회 내에서의 폭력과 평화에도 관심을 가진다. 그렇게 함으로써 평화와 폭력은 보다 폭넓은 연속선상에 있음을 발견하게 된다. 그럼에도 이 평화개념이 대중의 삶을 염두에 둠으로써, 개인과 사회 수준에도 주목하고 있다는 점은 유의할 필요가 있다.

3. 개념의 전개

내전을 겪은 나라의 이후 변화는 체제 전환 아니면 분쟁 지속, 크게 둘 중하나이다. 그리고 내전을 협상으로 종식하면 평화구축을 전개해 나간다. 분쟁 당사자들은 평화협정을 맺고 그 이행을 필두로 평화 프로세스를 전개해 나간다. 이때 전개하는 평화구축 전략은 정부, 비정부, 그리고 국제사회 등 크게 세 종류의 집단에서 추진된다. 정부는 평화구축의 일차적 책임자로서 평화협정을 이행할 능력을 요구받는데, 그 능력은 분쟁 당사자들의 협조 및 참여 정도, 정부의 신뢰도, 지도력 여부 등에 영향을 받는다. 만약 그런 요소들이 미흡하면 합의된 평화는 공고화되지 못하고 깨어지기 쉽고, 심지어는 분쟁이 재발할 수 있다. 분쟁 당사자들이 합의한 평화를 무엇으로 규정하든 그런 상황이면 양질의 평화는 요원하다. 시민사회의 여건 역시 평화구축에 영향을 준다. 내전으로 거의 모든 것이 파괴된 상황에 처한 시민사회는 내부의 분열과 절망을 딛고 화합과 재건에 나설 동력을 확보하는 것이 우선이다. 이를 위해서는 분쟁 종식 상태가 지속되는 가운데 정부와 시민사회, 시민사회 집단 간, 시민사회와 국제사회의 협력이 활발하게 전개되어야 한다. 시민의 평화(civilian peace)는 이해와 배려를 바탕으로 고통을 치유하고 희망을 만들어가는 연대로 이루어진다. 폭력의 희생자인 시민이 사는 지역사회에서 시민의 평화를 동반하지 않으면 국가 차원의 평화구축도 기약하기 어렵다. 바로 이 지점에서 양질의 평화의 가치를 엿볼 수 있다. 대중의 참여와 지역사회의 복원!

그런 국내의 정부 및 비정부 차원의 평화구축 노력을 지원·촉진하는 데 국제사회의 역할이 있다. 구체적으로 평화유지활동(PKO)과 개발원조 등은 안전과 존엄을 달성하는 데 유용한 수단이다. 그러나 실제 그런지는 별개의 문제이다. 국제사회의 관여 채널이 정치 집단 중심이거나, 그 내용이 정치 일정 모니터링에 그친다면 그것은 양질의 평화와는 거리가 있다. 실제 PKO 와 국제사회의 지원 활동이 지역사회의 경제 재건, 주민의 실질적 필요 충족과 역량 강화로 이어지지 못하는 경우도 있다. 오히려 국제사회의 지원이 분쟁 후 사회의 유력 정치 집단과의 관계에 집중할 때 지원은 부패로 변질될 수도 있고, 주민들의 삶은 회복될 길이 멀고 안전마저 다시 위험해질 수 있다.[19]

내전 후 평화구축이 양질의 평화로 나아가는 데 있어 국제적 차원은 여러 측면에서 그 중요성이 점점 커지고 있다. 먼저 내전이 국제화 되는 경우를 생각해 볼 수 있다. 2011년 카다피 정권의 붕괴는 리비아가 평화적 민주화에서 시작했지만 국제화된 내전으로 전환되면서 일어난 사건이다. 지금도 악화일로를 걷고 있는 시리아 내전은 외부에서 무장집단의 유입, 난민의 유출, 그리고 강대국들의 개입 등으로 국제화되었다. 이들 사례에서 보듯이 내전의 국제화는 반인도적 범죄, 전쟁범죄 등 국제사회가 필요하면 군사적·법적인 수단까지 동원해야 할 상황으로 비화할 수 있다. 보호책임(Right to protect: R2P)[20]의 이름으로 유엔 안전보장이사회가 결의하면 그런 조치까지 추진할 수 있다. 국제사회의 물리적 보호 조치가 내전 종식과 평화 프로세스에 줄 영향은 양질의 평화를 전망하는 일과 무관하지 않다. 또한 내전이 일어나는 국가에 과거 식민통치 경험, 현재까지 있을 수 있는 경제적 이권과 민족적 연계 등으로 관련 국가들이 개입할 수 있다. 이스라엘-팔레스틴, 이라크, 시리아, 그리고 우크라이나 등지의 분쟁에 미국, 러시아와 같은 강대국들이 개입해있는 것은 잘 알려진 사실이다. 그 결과 내전 종식은 물론 평화구축의 방정식이 더 복잡해진다. 평화협정이 형식상 내부 분쟁당사자들 간에 체결된다고 하더라도 그 나라의 평화 프로세스는 지체와 서행, 심지어 역행할 수도 있을 것이다.

다른 한편, 위와 같은 비관적 논의와 달리 내전이 협상에 의해 종식되어 평화 프로세스가 추진된다면 그 과정이 투명하고 책임성이 높아질 것이다. 그렇다면 국제사회는 일방의 승리에 의한 분쟁 종식 사례보다 더 관심을 보이고 지원과 감시를 보낼 것이다. 웰렌스틴은 1989-2003년 사이 53개의 내전 종식 사례를 분석해 평화구축 사업과 평화협정 체결 사이에 높은 상관관계가 있음을 확인했는데, 이는 평화구축 사업에 대한 국제사회의 관심과 연결되는 지점이다.[21] 그럼에도 내전 이후 평화구축은 대내적 차원이 일차적으로 중요성이 크다. 여기서 양질의 평화 관점에서 정치, 경제, 사회, 안보 등 여러 영역들에서의 과제를 어떻게 배열하고 우선순위를 정할지가 관심사이다. 그중 민주 제도 도입, 선거 실시 시기와 경제 회복의 선후 문제는 양질의 평화 달성을 위한 적정 전략 수립과 관련한 딜레마이다.[22] 이 문제는 평화 프로세스에 참여하는 과거 분쟁 집단들 사이의 협력 여부와 아직 참여하지 않는 분쟁 집단의 참여 가능성과도 관련되어 있다. 여기서 보듯이 양질의 평화는 평화 프로세스 추진 전략보다는 그 방향성에 더 주목한다.

III. 개념의 의의와 특징

1. 의의

양질의 평화 개념은 지금도 실험을 계속하고 있는 진행형이므로 여기서 말하는 평가가 잠정적이라는 점을 먼저 언급해야겠다. 개념의 형성 및 적용의 역사가 짧아 그 가능성이 크다는 점은 발전의 잠재력이라 할 수 있고, 그에 비해 '양질'이라는 형용사를 채우는 내용이 지금까지 제시된 것 이상으로 나아간다면 개념의 한정성을 침식할 우려가 있다. 그럼에도 불구하고 양질의 평화 개념은 발전 가능성이 더 크다고 말하고 싶다. 여기서는 먼저 이 개념의 의의를 크게 두 가지로 제시해 보고자 한다.

첫째 논의 지점은 이 개념의 시각이다. 양질의 평화 개념은 기존의 평화 · 안보 논의에서 부차시 되었던 아래로부터의 접근을 포함시켜 평화를 더욱 인간의 얼굴을 한 개념으로, 그리고 총체적(holistic)인 시각으로 정의하는데 기여하였다. 현실주의 국제정치 패러다임이 국가를 평화구축의 유일하게 중요한 행위자로 간주한 점은 잘 알려져 있다. 그에 비해 평화연구에서는 대중의 이해와 사회적 차원에 더 많은 관심을 둔다. '적극적 평화' 개념에서 대중의 권리와 복지, '전략적 평화구축'론에서는 개인의 참여와 사회(특히 분쟁지역사회)의 역할이 주목을 받았다. 그렇지만 기존 평화 논의에서 아래로부터의 시각은 평화개념의 일부로서, 혹은 평화 달성의 절차 및 수단으로 이해되는 경우가 많았다. 양질의 평화 개념은 기존 평화개념에서 크게 더 나아가 개념의 중심에 대중의 이해를 자리매김한다. 그러므로 대중의 생명, 삶, 희망, 그 실현 가능성과 지속성으로 평화를 정의함으로써 평화의 개념화에 일대 진전을 이루었다고 하겠다. 웰렌스틴 팀은 시민사회의 참여는 25년 전 평화 프로세스에서는 관심사가 아니었다고 말할 정도였다. 그들은 양질의 평화 개념의 대중적 시각이 차별받는 집단의 역량 강화와 공공서비스 전달 등으로 현실에 변화를 가져올 수 있다고 말하고 있다.[23] 결국 양질의 평화는 적극적 평화 개념이 놀랄 만큼 넓혀 놓은 평화의 범주(전쟁 부재+α)를 두 개의 거대 범주(안전과 존엄)로 요약하고 거기에 맥락(시간성)을 부여했다고 말할 수 있다.

둘째, 양질의 평화는 평화개념에 현실성을 높여주고 있다. 평화를 이상적으로 이해하는 관성을 고려할 때 평화개념에 현실성을 부여하는 것은 높이 평가할 일이다. 양질의 평화 개념은 무궁무진한 평화 논의에 허브, 네트워크로서의 역할을 하고 있다. 허브, 네트워크는 오늘날 자연과 사회, 그리고 인간을 다루는 모든 과학에서 발견되는 현상이자 발견의 전략으로서도 자리매김되고 있다. 양질의 평화는 기존에 제안된 많은 평화개념들을 묶어 주고 연결하는 역할을 하고 있다. 안전이 국가안보, 국제안보, 인간안보, 사회 안전 등을 포함하며 소극적 평화와 그 너머의 세계를 상상하고 안내하는 역할을 한다. 존엄도 그에 못지않게 연결성이 크다. 존엄은 인본주의, 인도주의, 인권, 정의와 화해, 발전(경제/사회/인간발전)을 망라하면서 그 확장성을 잘 보여준다. 여기에 지속성을 또 하나의 개념 요소로 포함하고 있으니 이는 적극적 평화론의 엄청난 크기에 맥락과 역동성을 부여하고 있다. 이렇게 양질의 평화는 추상성과 구체성 사이에 균형을 갖춘 개념이라고 말할 수 있다. 이상과 같은 결코 작지 않은 양질의 평화 개념의 의의는 평화담론의 질을 끌어올리고, 개념에 현실성을 불어넣어 결국 평화 프로세스에 날개를 달아 놓았다고 평가할 수 있다.

셋째, 양질의 평화는 연구 대상과 범위를 크게 확장하면서 평화구축의 과제를 풍성하게 만들었다. 기존의 평화개념은 분쟁을 전제로 분쟁 종식과 그 이후 평화 프로세스에 주목해 왔다. 양질의 평화도 마찬가지이지만 정치적 차원만이 아니라 사회와 개인 차원에도 깊은 관심을 갖는다. 가령 양질의 평화는 분쟁 후 평화 프로세스에 무장 세력의 사회통합, 분쟁지역의 경제 전환, 난민, 이주민, 여성, 아동, 소수민족의 생존, 분쟁 희생에 대한 책임 규명과 분쟁 집단들 간의 화해, 언론 및 교육 개혁 등에 관심을 갖는데, 이런 이슈들은 분노와 상처로 얼룩진 분쟁 사회를 회복, 치유시켜 평화 프로세스를 성공의 길로 끌고 갈 과제들이다. 분쟁 후 평화로워 보이는 사회에서도 행위나 제도만이 아니라 언어, 가치의 측면까지 검토해 평화의 수준을 평가하고 더 평화로운 사회를 만들어갈 길을 제안할 수 있다. 나아가 양질의 평화론자들은 정치적 상호성을 만들어가는 규칙 형성 및 실행, 그리고 사회 내 집단 간 선호의 균형 혹은 소수집단의 권리 보호 등으로 정치적 안정을 평가, 예측하는 방식으로 사회의 평화 수준을 논의하고 있다.[24]

2. 다른 평화개념과의 관련성

다음으로 양질의 평화 개념이 인접 개념들과 어떤 관계가 있는지를 살펴보자. 먼저, 전략연구나 안보연구와의 관련성이다. 전략연구나 안보연구에서 평화구축은 물리적 충돌 방지를 목적으로 하고 주로 정부가 군사적 수단을 동원·배치하는 기술과 그를 둘러싼 국가 간 관계에 관한 논의이다. 그에 견주어 볼 때 양질의 평화는 분쟁 재발 방지를 목적으로 하는 데 공통점이 있으나, 목적, 주체, 주요 수단 등에서 차이가 난다. 전략·안보연구는 남성으로 상징되는 물리적 힘(masculinity) 위주의 주류 국제정치학 패러다임으로서 대중의 안전에는 무관심하다는 비판을 받아 왔다. 실제 분쟁 상황은 물론 평화 프로세스에서도 여성을 위한 안보가 남성을 위한 안보와 항상 같지는 않은 것을 어렵지 않게 발견할 수 있다. 말하자면 양질의 평화 개념은 안보·전략연구의 관심사에서 크게 나아가 평화에 대중의 관심사를 주요 요소로 자리매김하고 거기에 비차별과 지속성을 얹고 있어 그 차이가 크다.

둘째, 양질의 평화 개념은 적극적 평화와 다루는 요소들에 있어 많이 유사하다. 평화개념에 분쟁이나 국가폭력과 같은 물리적 폭력의 부재를 포함하되 그 원인이 되는 억압, 불평등, 차별, 혐오, 배제 등과 같은 구조적·문화적 폭력의 지양을 다루고 있다는 점에서 그렇다. 그리고 평화의 지향점이 대중의 인간다운 삶이고, 그 연장으로 사회와 세계로 나아가는 점도 공통적이다. 그렇지만 갈퉁의 소극적/적극적 평화는 평화를 이분화했다.[25] 그러면서도 주 관심은 적극적 평화에 편중되어 있다는 비판을 사 왔다. 그에 비해 양질의 평화 개념은 분쟁과 평화를 단계 혹은 특정 영역으로 구분하기보다는 연속체로 본 점에서 앞의 문제를 넘어서고자 한다. 그리고 적극적 평화론이 영역의 확장에 치우친 나머지 그 실행에 무디다는 평이 있는데 비해, 양질의 평화는 예측 가능성과 지속성을 개념에 포함시켜 현실성을 불어넣고 있다.

셋째, 양질의 평화 개념의 구성 요소 중 존엄은 '정의로운 평화' 개념과 관련이 있다. 양질의 평화 개념은 분쟁 후 평화 프로세스에 주목하는데, 분쟁 이전이나 분쟁 과정에서 발생한 전쟁범죄나 반인도적 범죄에 대한 진실 규명과 책임 처리가 문제가 될 수밖에 없다. 정의로운 평화 개념이 이에 특화된 관심을 갖는 데 비해, 양질의 평화는 그 문제를 포함하지만 5개 주 관심사의 하나에 불과하다. 그래서 양질의 평화는 이행기 정의와 관련해서는 정의로운 평화 개념에서 많은 함의와 시사점을 가져와야 할 것이다. 문제는 양질의 평화에서 이행기 정의가 다른 네 관심사들과 어떤 관계가 있느냐 하는 점이다. 양질의 평화가 정의로운 평화로 환원된다면 추가 토의가 필요 없지만 그것은 양질의 평화개념을 포기하는 일이다. 정의로운 평화론에서 그 방향성을 둘러싸고 논쟁이 있는 것은 양질의 평화 개념을 정교화하는 데도 유용하다.

넷째, 양질의 평화는 페미니즘(feminism)과도 관련이 있다. 앞서 소개한 멜란더의 양질의 평화에 관한 절차적 접근 사례가 이 점을 잘 보여주고 있다.

분쟁 후 사회에서 양질의 평화는 억압받고 소외받은 소수자 집단의 억울함을 해결하고 그들이 평화 프로세스의 주체로 참가하고, 결국 그들이 양질의 평화의 (수혜자가 아니라) 개척자로 서는 일을 포함한다. 그래서 양질의 평화는 '모든 이들을 위한 모든 평화'(All peaces for all)라고 말할 수도 있을 것이다. 분쟁과 평화연구에서 페미니즘은 이론과 실천을 통합해 접근하는 강점을 바탕으로 당연해 보이는 관행에 호기심을 갖고 의심하고 은폐·왜곡된 점들을 폭로함으로써[26] 진실을 규명하고 평등한 관계를 추구한다. 페미니즘이 그 정향과 연구 경향에서 보듯이 평화 전략을 제시하기보다는 날카로운 비판과 폭넓은 대화를 추구한다. 그러나 결국 그런 특징이 양질의 평화를 풍부하게 해준다. 이 둘이 더 활발하게 대화하고 공동연구로 나아가면 좋을 것이다.

3. 과제

앞에서 양질의 평화가 신생 개념이라고 말했기 때문에 이 개념에 대한 평가, 특히 개선 과제를 말하는 것은 불공정(?)할 수도 있다. 그러나 이 개념을 제안한 웰렌스틴 팀이 그들의 공동저작(2018) 말미에 향후 과제를 제시하고 있어 그것을 소개하면서 필자의 의견을 보태보고자 한다.

웰렌스틴 팀이 스스로 밝힌 양질의 평화론이 안고 있는 과제는 개념 정의, 평화 프로세스, 맥락화, 방법론 등 크게 네 가지로 묶어볼 수 있는데,[27] 이론과 현실의 문제를 아우르고 있다.

첫째, 양질의 평화에 대한 정의를 정교화하는 과제이다. 양질의 평화를 개념화하는데 세 요소와 다섯 차원이 있다. 안전, 존엄, 지속성을 갖추면 양질의 평화개념이 만들어지고, 다섯 차원이 잘 작동하면 양질의 평화가 달성된다. 여기서 세 요소 각각을 구성하는 세부 요소들, 세 요소들의 상호관계를 제시할 때 이 개념이 더 풍성해지고 더 활발하게 살아 숨쉴 것이다. 그리고 안보, 경제 재건을 비롯한 다섯 개 차원도 개별적으로 다루었지 차원 간 상호관계는 다루지 않았다고 개념 제안자들이 인정하는 바이다. 다섯 차원의 추진 순서와 상대적 비중에 대한 논의 역시 필요한데, 그것은 행위자, 이슈, 구조적 문제 등에 따라 다양하게 나타날 것이다. 다섯 개 차원이 빚어낼 대표적인 경우의 수를 적절한—이 개념의 설명력을 높인다는 의미에서—규모로 설정해 논의할 수 있을 것이다. 여기에 하나 더, 제안자들이 제시한 다섯 개 차원 외에 양질의 평화를 구성할 요소는 없을까 생각해 볼 만하다.

둘째, 양질의 평화를 달성할 평화 프로세스의 디자인 문제이다. 양질의 평화를 증진하는 데 일차적인 필수 조건은 평화 프로세스의 안정적 전개 여부이다. 이 프로세스는 일차적으로 평화협정 이행으로부터 그 성공이 결정된다. 이때 부상하는 문제가 간단하지 않다. 평화구축의 주요 3대 과제인 무장해제, 대중 동원 중지, 무장 집단의 사회 복귀(DDR)가 확실해야 하고, 모든 분쟁 집단이 참여하는 과도정부의 적절한 구성이 평화 프로세스의 전개에 일차적인 변수로 작용한다. 평화 프로세스의 주체와 범위, 이행 전략 등이 평화 프로세스를 디자인하는 데 주요 구성 요소들이다. 그리고 평화 프로세스에 평화협정, 협정에 포함되지 않았지만 고려할 이슈, 그리고 미래를 준비하는 이슈도 포함되어 있느냐 하는 점도 관찰 포인트이다. 그러면 당연히 관련 이슈들 중 우선순위와 이행 순서 문제가 대두할 것이다. 가령, 양질의 평화론에서 거론된 차원들 중 안보와 거버넌스는 평화협정 직후 다루는 주요 문제이고 경제성장은 양질의 평화를 가늠할 주요 과제로 간주할 수 있다. 그렇다면 이행기 정의와 시민들이 살고 있는 지역사회의 위상과 역할은? 결국 양질의 평화 관점에서 평화 프로세스는 '모두를 위한 안보를 동반한 모두를 위한 발전'이라 말할 수 있는데, 이런 원칙과 방향성을 어떻게 실현할 것인가의 문제는 평화 당사자들의 협력 수준에 달려 있다. 다른 면에서 양질의 평화는 한 국가 차원만이 아니라 지역 차원에서도 생각할 필요가 크다. 상호의존이 높아지는 현실과 분쟁의 지역적 맥락 등을 고려할 때 지역 차원에서의 양질의 평화는 웰렌스틴 교수가 처음부터 고민한 문제이기도 하거니와 한반도 맥락에서도 중요한 논제로 남아 있다.[28]

세 번째 과제는 양질의 평화론이 정말로 현실성이 높은 이론이 되려면 대중의 삶의 현장인 지역 상황을 포함해 평화가 구축되는 구체적인 맥락에 주목해야 한다는 점이다. 양질의 평화론은 기존 평화담론이 이상적인 가치를 반복하는 대신 그것을 실현할 구체적인 현장에 대한 이해가 부족한 점에 주목하였다. 가령, 분쟁 종식 이후 평화 프로세스가 전개되면서 대중의 희생 중단과 희생 사실에 대한 규명과 명예회복, 나아가 대중의 안전과 존엄을 실현함에 있어 여러 사항들을 고려해야 할 것이다. 이것은 분쟁이 발생, 지속, 종식된 거시적인 맥락을 무시하는 것이 아니라 그 맥락을 미시적으로도 파악해 종합적인 평가를 하자는 의미이다. 그런 맥락은 분쟁에 직접적인 영향을 받아온 사회집단과 지역 차원에서도 살펴보아야 분쟁의 원인은 물론 평화 프로세스의 길을 더욱 구체적으로 파악할 수 있다. 이에 관한 가장 잘 알려진 예를 들면, 한국전쟁은 거기 가담한 국가들 사이에 정전협정은 1953년 7월 27일 체결되었으나 군대와 경찰 등 국가폭력에 의한 민간인 희생은 70여 년이 지난 지금까지도 그 진상은 일부밖에 파악되지 않고 있다. 이처럼 양질의 평화 개념은 한반도 평화 프로세스에 대해서 기존의 국가안보 패러다임에 대한 비판과 그 대안을 검토하는 데 유용한 시각을 제공해준다.

넷째, 마지막으로 양질의 평화론은 그 참신성에도 불구하고 초기 단계의 담론 수준을 고려할 때 이론을 뒷받침하는 연구방법에 대해서도 개선할 과제들이 있다. 이와 관련해서도 웰렌스틴 팀은 개념에 부합하는, 즉 성공적인 사례를 부각시키는 대신 그렇지 않은 사례는 간과해 왔다고 반성하고 있다. 또 양질의 평화 개념의 한 요소인 지속성을 증명하거나 반증하는 사례에 주목하지 않은 점도 지적하고 있다. 이들 실패, 반증의 사례는 양질의 평화 개념을 부정하기보다는 튼튼하게 해줄 이론적 장치를 개발하게 해준다. 그리고 양질의 평화 개념을 그 요소와 차원 등에서 증명할 측정 수단을 개발하는 것도 과제로 지적할 수 있다. 다행히 『연속체로서의 평화(The Peace Continuum)』의 저자들이 분쟁 후 사회와 정상 사회, 국가 간 관계와 국내적 차원을 관통해 평화와 폭력을 하나의 연속선상에서 그 수준을 세분화하고 그것을 측정할 영역과 지표를 개발하고 검증하는 노력은 좋은 시도이다.[29] 이 문제는 비교연구와 정량적 연구 방법에 전문성을 가진 연구자들과 평화 연구자들 사이의 활발한 대화와 풍부한 사례연구를 통해 해결할 수 있을 것이다.

IV. 한반도에 주는 함의

양질의 평화 개념은 아직 한반도에서 생소하다. 개념이 등장한 것이 얼마 되지 않을뿐더러 이 개념을 한반도에 적용하는 것의 적합성에 대해서도 충분한 토의가 부족하다. 그런 가운데서도 두 개의 선행연구가 있다.

김태균은 개발 논의에 평화구축을 연결 지어 단계적인 접근을 시도하는 논문을 발표하면서 월렌스틴의 이 개념을 소개하였다. 그는 평화구축의 성패가 양질의 평화를 지속 가능하게 만드는 필수요건이라고 하면서 양질의 평화를 구성하는 다섯 차원을 소개하고 있다. 그는 양질의 평화를 적극적 평화, 전략적 평화와 같이 평화구축론의 하나로 소개하고 이들 평화가 발전이라는 필수조건과 상생의 관계를 상수로 가정해야 된다고 주장하고 있다.[30] 그러나 양질의 평화 개념을 국제 개발 문제에 적용하는 연구로 나아가지는 않고 있다.

서보혁은 양질의 평화 개념을 처음으로 한반도 문제에 적용하는 시도를 했다. 접경지역의 평화협력을 평가하고 과제를 논하는 데 이 개념의 세 요소(안보, 존엄, 지속성)를 적용하였다. 그리고 접경지역의 문제가 한반도 전체의 문제와 깊이 관련되어 있다는 판단 하에 한반도와 지역사회, 두 차원에서 양질의 평화를 그리고 있다. 구체적으로 ① 안보 차원에서는 남북 간에 비핵 평화 프로세스 전개, 접경지역에서는 DMZ 평화지대화 추진, ② 존엄 차원에서는 북한 주민의 인권 개선과 이를 위한 국제사회(한국 포함)의 지원, 접경지역에서는 주민들의 안전한 사회경제활동을 통한 삶의 질 제고, ③ 셋째, 지속성 차원에서는 남북 간에 교류협력의 제도화, 접경지역에서는 남북 상생의 공동 개발 사업을 통해 양질의 평화를 전망하였다.[31] 이 연구는 양질의 평화가 역동적인 개념임을 확인한 의의가 있는 반면, 장기 분쟁이 완전 종식되지 않은 한반도에 이 개념을 본격적으로 적용할 수 있는지에 대한 근본적인 질문은 남겨 놓고 있다.

위 논의를 참고해 양질의 평화 개념이 한반도에 주는 함의를 생각해 보자. 무엇보다도 양질의 평화 개념의 한반도 적용 가능성을 검토하지 않을 수 없다. 양질의 평화론이 분쟁의 원인과 분쟁 자체를 논의 배경으로 삼고는 있지만, 이 개념은 분쟁 종식을 전제로 그 이후 평화구축에 주목하는 것은 익히 알고 있는 바이다. 그렇기 때문에 만약 한반도가 분쟁이 종식되지 않았다면 이 개념을 적용하는 데 무리가 있다. 한반도에서 한국전쟁으로 빚어진 고질적 분쟁(intractable conflict)이 종식되었는가? 그에 동의하지 않는 여론과 동의할 수 없는 현실이 충분하다. 한반도에서 고질적 분쟁은 곧 분단 · 정전체제의 장기 작동을 말한다. 그렇지만 그런 한계 속에서도 분쟁 당사자들 일부에서 관계 정상화(한중수교)와 개선(남북)이 이루어져 왔고, 2018년에는 평화 프로세스가 모색되기 시작하였다. 말하자면 한반도는 비록 분쟁의 완전 종식 상태는 아니지만 평화구축에 발을 내딛고 있다고 말할 수도 있다. 정전체제가 장기화되면서 비록 불완전하지만 한반도를 평화 상태로 볼 수 있지 않은가는 의견도 들린다. 군사안보, 특히 억지의 시각에 볼 때 그런 의견도 일리가 없지 않지만, 적어도 양질의 평화 관점에서는 동의할 수 없을 것이다. 한반도 사례는 양질의 평화론에 분쟁 종식 이후가 아니라, 종식을 포함한 평화 프로세스 초기 단계에 주목할 것을 요청하고 있다.

둘째, 위 논의의 연장선상에서 양질의 평화가 한반도 평화 프로세스에 주는 의미는 무엇인가? 2018년 평화무드를 타면서 국내에 다양한 평화담론이 소개되고 있지만 그 이전에는 평화=소극적 평화라는 인식이 전부였다고 해도 과언이 아니다. 양질의 평화는 아직도 생경한 개념이다. 국내에서도 평화 프로세스라는 말을 관련국 정부와 정책연구 집단에서 쓰고 있지만 그것은 대부분 관련국들 주도로 안보 문제 해결을 위한 일련의 대화와 협상을 지칭한다. 양질의 평화도 평화 프로세스에 관심이 높지만 기존의 평화 프로세스와는 다른 차원이다. 즉 양질의 평화에서 평화 프로세스는 대중을 한가운데 위치시켜 평화의 내용과 주체, 그리고 비전을 재구성하고 있다. 이 개념이 시간성을 중시해 평화구축에 역동성을 불어넣고 있다는 점은 앞에서 강조한 바 있는데, 한반도에도 단계와 맥락에 따라 양질의 평화의 내용과 추진 방법이 유연함을 말해준다. 아래에서는 이 점을 안보, 존엄, 지속성 세 측면에서 더 토의하며 이 개념의 의의와 함께 과제를 공유하고자 한다.

양질의 평화에서 안보는 분쟁 종식을 전제로 국가안보와 인간안보를 아우르고 있다. 이 개념이 반드시 내전을 연구 사례로 제한하는 것은 아니지만, 월렌스틴 팀이 주로 내전을 대상으로 개념을 수립한 것은 사실이다. 이 개념에서 평화가 두 성격의 안보를 포함하고 있는 것은 한반도 평화 프로세스를 풍부하게 만들어줄 것이다. 즉 양질의 평화는 ① 국가안보 중심의 안보관을 넘은 안보 개념의 민주화, ② 국가 주도의 평화 · 안보정책 관행을 넘은 국가와 대중의 동반자관계를 제안하고 있다. 그럼에도 고질적 분쟁 상황에서 벗어나지 못한 한반도에서 볼 때 양질의 평화론은 국가안보와 인간안보의 관계를 구체적으로 제시해주지 못하고 있다. 이 점은 양질의 평화론의 발전과 한반도에서 양질의 평화구축, 두 측면에 유익한 과제이다.

또 양질의 평화론에서 존엄은 전적으로 대중의 삶에 주목하는 바이다. 여기에는 물질적 부에서부터 민주주의와 법치, 정의와 인권, 화해, 지속 가능한 발전 등 다양한 가치와 목표들이 포함된다. 이렇게 풍부한 존엄의 내용들 가운데 한반도에 우선 중요한 것과 나중에 추구할 것, 그 이전에 그런 가치들 사이의 상호관계를 정립할 과제가 남아 있다. 접경지역에서 발생하는 대북 전단 살포를 둘러싼 인권과 평화의 대립은 그 단적인 예이다. 거시적으로 볼 때 전쟁과 분단의 책임, 그리고 장기 분쟁 하의 인권 침해 등의 문제를 분쟁 재발 방지, 화해 · 통합의 과제와 어떻게 조화시킬지가 과제로 남아 있다. 이론적으로 볼 때 한반도는 월렌스틴 팀이 주 대상으로 삼은 평화협정 체결을 통한 내전 종식 사례에 아직(?) 해당하지 않는다. 한반도 분쟁은 국제전과 내전 중 어느 하나로만 규정하기 어렵고, 거기에 분쟁이 일방의 승리로 끝나지 않은 채 완전히 종식되지도 않은 경우이다. 그래서 양질의 평화 개념이 상정하는 존엄의 문제가 여기서는 대단히 복잡하게 구성되어 있고, 정치적 민감성이 도드라진다. 결국 한반도는 깨어지기 쉬운 평화 상태라 할 수 있다. 강대국의 권력 정치 자장이 분단체제의 장기화가 맞물려 있는 한반도에서 관련 당사자들의 대화는 양질의 평화는커녕 소극적 평화를 지속하기에도 숨이 차다. 한반도는 일종의 '회색평화' 혹은 '의사평화' 상태라고도 말할 수 있다. 아래 등식은 그 특징을 요약한 것이다.

한반도 회색평화 = (정전체제+체제경쟁) × 장기화 / 평화 협상

그럼 한반도에서 양질의 평화는 한국전쟁의 공식 종식과 적대국들의 관계정상화 이후에나 논의할 성질인가? 평화를 하나의 연속선상에서 본다면 현재 한반도는 전쟁과 평화의 불안정한 중간 어느 지점에 서 있다. 분쟁 재발의 위험과 평화구축에 대한 기대가 공존하는 곳이 한반도이다. 그 변화 가능성에 양질의 평화 개념의 역동성과 개방성이 많은 숨을 불어넣기를 기대해 본다.

양질의 평화는 그 정향상 국가만큼이나 시민사회에도 주목하는데, 한반도 평화 구상에 그동안 소외되어 왔던 시민사회의 위상과 역할을 생각할 기회를 제공해주고 있다. 국내에서는 평화·통일·인도주의·인권·교류 등 다방면에서 시민사회의 움직임이 활발하고 국제연대도 전개하고 있다. 그런 가운데서도 북한 측에서 시민사회가 약하고 안보정책에서 국가 중심성

의 관성이 크게 작용하고 있는 것도 사실이다. 그리고 시민사회 내에서도 다양하고 경쟁적인 시각과 접근이 나타나고 있다. 말하자면 양질의 평화 관점에서 시민사회의 위상 증대는 유의미하지만 국가와 시민사회, 시민사회 내집단 간 관계, 나아가 시민사회와 양질의 평화에서 주목하는 다른 네 차원[32]의 관계 등 검토할 과제가 적지 않다. 그럼에도 한반도 평화 논의에서 시민사회는 더 참여의 기회를 높이고 개방적이고 투명하게 그 움직임이 활발해지는 것은 이상의 과제를 생각할 때도 유익하다. 그리고 한국 사회에서 양질의 평화는 사회 갈등의 합리적 해결을 통한 균형, 공존, 다양성을 추구하는 방향에서도 논의할 수 있을 것이다.

V. 맺음말

양질의 평화론은 대안적인 평화론으로 부상하고 있다. 이 이론은 주로 분쟁 후 사회에서 수준 높고 지속 가능한 평화의 구성 요소들과 그 구현 방향을 제시하는 데 초점을 맞춘다. 양질의 평화는 민주주의, 법치, 정의, 화해 등과 같은 보편가치들과 깊은 관련이 있다. 최근의 연구에서 이 이론은 분쟁을 겪은 사회만이 아니라 일반적인 사회에서도 정치 폭력과 사회 갈등을 지양하고 질 높은 삶을 추구하는 데도 적합함을 보여주고 있다. 그렇게 함으로써 이 이론은 평화론에서 이분법적 사고를 극복하고 대신 평화를 복합적이고 연속선상에서 접근할 길을 여는 데 기여한 바가 크다.

한반도와 같이 확실하게 분쟁 후 사회라고 보기 어려운 경우에 이 이론을 적용하는 것은 도전적인 시도이다. 양질의 평화론의 입장에서는 이론의 적용 범위를 확대해 그 적실성을 높일 수 있는지를 검증하는 중요 사례로 되기 때문이다. 소극적 평화가 확립되지 않은 가운데 그 과제와 양질의 평화를 동시에 추구하는 것이 이 이론에서 가능한지는 논쟁 지점이 될 것이다. 한반도 사례를 양질의 평화로 논의할 경우 안보 대 존엄, 정치 대 경제와 같은 논쟁점을 설정해 좀 더 선명한 논의를 유도해 볼 수도 있을 것이다.

　양질의 안보는 한반도 평화를 구상하는 데 큰 영감을 준다. 기존의 국가, 안보, 결과 중심의 평화론에 양질의 평화 개념은 대중의 안전과 존엄을 중심으로 평화를 다시 디자인하고, 부단한 대화와 협상으로 평화를 과정으로 접근하는 자세의 중요성과 기대효과를 부각시켜 준다. 그렇게 보면 양질의 평화로 남·북의 분단 권력과 관련 국가들의 권력 정치에 기반한 한반도 정책을 비판하는 데 그치지 않고 대안적인 평화 프로세스를 만들어갈 수 있다. 기존의 한반도 평화론은 양질의 평화가 제안하는 다섯 가지 차원의 제안 중 안보로만 구성되어 있고 그것도 양질의 평화에서 말하는 대중의 안전과 거리가 있다. 안보뿐 아니라 협상과 거버넌스, 경제 재건, 이행기 정의와 화해, 시민사회 등 다섯 개 차원은 복합적이어서 한반도 평화 프로세스에 적용할 경우에 난제로 작용할 것이다. 특히, 평화 프로세스가 안착하지 못한 상태에서 다섯 개 차원의 과제를 일괄적으로 추진하려는 시도는 무리일 것이다. 단계적 포괄 접근이 불가피할 터인데, 그 구체적인 길은 학계는 물론 정책 결정 집단과 시민사회를 망라해 충분한 논의가 필요하다. 양질의 평화는 아직 발전도상의 담론이므로 이론을 정교하게 하고 실현 가능성을 높이는 과제가 많은 평화학도와 실천가들의 동참을 기다리고 있다. 물론 평화정착이라는 과제는 정부와 정치사회에 더 큰 역할을 요구하고 있다.

제2부

자유주의 평화를 넘어

제5장

포스트 자유주의 평화

이 성 용

Ⅰ. 들어가는 말

1990년대 초반 이후 국제 평화 지원 활동은 양과 질에서 모두 큰 폭으로 확대되며 중요한 전환기를 맞이한다. 양적인 측면에서 볼 때, 무력 분쟁의 중재를 위한 평화 협상의 수가 두 배 이상 증가하여 이 시기 가장 자주 시도된 전쟁 종결 방식으로 자리매김하였다.[1] 그리고 이렇게 전쟁이 끝난 대부분의 지역에서 대규모의 전후 평화 재건 활동이 실시되었다. 질적인 측면에서는 그동안 소규모 평화유지 활동이나 민간의 긴급구호를 중심으로 협소하게 이루어지던 국제사회의 지원 활동이 안보와 정치, 경제, 사회 거버넌스의 전반적인 개혁을 유도하는 방식으로 대폭 확대되었다. 이러한 변화에 따라 평화 활동에 참여하는 기관도 다양화하여 아프리카 연합(African Union)과 같은 지역 기구와 대규모의 비정부 민간기구(NGO)들이 각종 평화 지원 활동에 참가하기 시작하였다.[2]

평화구축을 위한 국제 사회의 지원 활동이 전방위적으로 확대되면서, 이러한 활동이 보이는 특징과 문제점에 대한 학계의 논의 역시 활발히 일어났다. 이러한 논의 중, 2000년대 초반 이후 일어난 소위 '자유주의 평화'(the Liberal Peace) 담론이 큰 주목을 끌었다. 이 담론은 탈냉전 시기에 실시된 평화구축 활동들이 주로 서구의 사상적 기반과 사회적 제도를 이식하는 방식으로 이루어지고 있다는 점에 주목하였고, 주로 이 평화구축 모델이 추구하는 목표와 그 추진 방식에 대해 근본적인 문제제기를 하였다.

이 장에서는 이러한 맥락에서 1990년대 중반부터 2010년대 중반 사이 등장한 평화학계의 이론적, 규범적 논의들을 소개할 것이다. 먼저 현대 국제 평화 활동의 주요 특징을 아우르는 개념으로 등장한 '자유주의 평화'의 특징을 살핀 후, 이에 대한 성찰적 대안으로 제시된 '로컬 오너십'(local ownership), '하이브리드 평화'(hybrid peace) 관련 담론이 발전시켜 온 개념적 · 이론적 논점들을 소개할 것이다.[3] 그리고 이 장의 마지막 토론에서는 이들 담론과 다른 평화개념 논의 사이의 연계점과, 한반도 평화와 관련해 이 담론의 함의를 고찰하고자 한다.[4]

II. 개념의 등장과 전개
: 자유주의 평화담론과 이에 대한 문제의식

자유주의 평화(the Liberal Peace)는 1990년대 중반 이후 세계 각지에서 실행된 전후 복구 및 평화구축 활동에서 드러나는 자유주의적 특징을 통칭하는 개념이다. 이 시기 국제사회는 기존의 냉전체제 몰락이라는 거대한 전환에 직면했는데, 이러한 혼란의 과정에서 많은 내전이 동시다발적으로 발생하였고 이 전쟁을 수습하기 위한 많은 외부 지원을 필요로 하였다. 그러나 국제 지원 활동의 수요가 급격히 증가하는 데 반해, 그동안 세계 여러 나라들에 물질적 · 외교적 지원을 하던 구소련과 중국이 급격한 내부 혼란을 맞게 됨에 따라, 정작 지원 활동을 할 수 있는 국가들은 서유럽과 북미를 중심으로 한 소수밖에 존재하지 않았다. 그 결과, 현대 평화구축 활동의 새로운 변화는 대부분 유럽과 북미 일부 국가를 대표하는 기관들, 혹은 이들 국가에 활동 기반을 둔 국제기구들에 의해 주도되었고, 이 국가들이 공유하는 자유주의적 사상과 정서가 자연스레 많은 평화구축 프로그램들의 근간이 되었다. 그리고 이들이 보이는 공통적인 평화구축 활동의 특징을 통칭해 '자유주의 평화구축'(Liberal Peacebuilding)이라고 부르기 시작했다.[5]

그렇다면 평화구축에서 구현하고 있다고 주장하는 자유주의(liberalism)의 특징은 무엇이고, 그러한 특징은 현대 평화구축에서 어떤 모습으로 나타나는가? 서구의 계몽주의 시대부터 여러 경로를 통해 진화해 온 자유주의를 한 번에 아우르는 정의를 내리기는 쉽지 않다. 다만, 전후 평화구축 활동의 목표와 직접 관련된 사상적 내용에 주목한다면 크게 아래의 다섯 가지 공통점들을 발견할 수 있다.

- 주권(sovereignty)을 행사하는 기본 행위자로 개인을 상정한다.
- 인간을 합리적 행위자이면서 자기 발전 능력을 갖추고 있는 존재로 간주한다.
- 개인의 다양성과 자유를 기본 권리로 최대한 보장하고자 한다.
- 개인의 사유 재산권을 인정한다.
- 국가와 정부의 역할을 각 시민의 의지를 반영하는 대리인으로 한정한다.

UN을 비롯한 국제기구, 서구 정부기관, 그리고 각종 국제 NGO들이 전쟁을 겪은 국가들의 평화구축 활동을 구상하면서, 이러한 사상적 특성을 그들의 프로그램에 접목시켰다. 그리고 이러한 사상을 구현하는 제도적·절차적 기반들도 대부분 서구의 국가 거버넌스에서 형성된 것을 그대로 이식하는 경우가 많았다. 이렇게 정착된 자유주의 평화구축 프로그램은 크게 아래의 여섯 가지 정책적 요소들을 공통적으로 포함한다.

첫째, 정치 영역의 평화구축 목표로 서구식 자유민주주의 제도 정착을 추구한다. 많은 경우 단기적 우선 과제로 자유롭고 공정한 선거를 통한 새 정부 구성과, 선거의 주기적 실시를 위한 제도 안착을 목표로 삼는다. 중장기적인 목표로는, 많은 평화구축 프로그램들은 경쟁적이되 평화로운 다당제적 정치구조로의 전환과 국가의 활동을 효과적으로 모니터링할 수 있는 시민사회의 육성을 추진하였다.

둘째, 안정적인 치안 확보를 위해 안보 부문 개혁(security sector reform)을 추진하면서, 국가 거버넌스를 통제할 수 있는 최고 권위체로 '국가'를 상정하는 서구의 '근대국가' 모델을 표준으로 삼는다. 이 모델에 근거한 안보 개혁은 안보와 관련한 모든 역량을 국가의 체제 안으로 통합하고, 군사 행정과 관련한 변화의 초점을 국가 제도 개혁에 집중하는 형태로 이루어졌다. 그러나 이렇게 일률적으로 규정된 안보 개혁의 방향으로 인해 다수의 평화구축 프로그램들이 현지의 특징을 반영할 수 있는 유연하고 문화적으로 민감한 접근 방식을 채택하지 못하는 문제들을 자주 드러냈다.

셋째, 사적 재산권에 기반한 자유 시장 경제를 지향한다. 세계은행, IMF 및 아시아 개발 은행과 같은 대부분의 국제 금융 기관은 민간 산업의 지원과, 부의 공정한 분배 추구를 통해 국가 경제의 지속 가능한 발전을 촉진하고자 노력했다. 그러나 이 과정에서 형성된 경제체제는 대부분 해외 자본의 급격한 유입과 성장 중심의 경제 구조, 그리고 자본에 대한 국가 통제 실패 등의 문제를 야기하는 경우가 많았다. 특히 사적 소유권의 개념에 익숙지 않은 신생 정부가 무분별한 자본의 활동에 적절한 대응을 하지 못해 발생하는 극단적 피해가 빈번히 발생하였다.

넷째, 사회의 질서는 특정 지도자의 자의적 통치보다는 공평하고 확립된 규칙에 의해 이루어져야 한다는 법치에 대한 자유주의적 접근법을 근간으로 한다. 이러한 법치의 관점은 많은 평화구축 프로그램에 직접적으로 반영되어 헌법 제정, 사법 시스템 구축, 전범 재판을 위한 법정 설치, 진실과 화해 위원회 등의 활동을 태동시켰다. (사진 참조) 그리고 이러한 프로그램들은 대부분 핵심 목표로 '사법부의 독립성 보장'과 '사회적 약자들의 사법 시스템 이용 통로 확보'를 추구하였으나, 실제 평화구축 실천 과정에서 이 목표들이 제대로 달성된 경우는 많지 않았다.

다섯째, 서구적 인권의 가치를 평화구축 활동의 가장 중요한 철학적 · 규범적 바탕으로 삼고 있다. 인권에 대한 여러 측면들 중, 특히 정치적 자유권과 사회적 소수(여성, 아동)의 권리, 그리고 기회의 평등이 강조되었다. 이 분야에서 일반적으로 수행되는 프로그램 유형에는 식량 안보를 보장하기 위

캄보디아 내전 후, 과거 국가폭력 문제를 처리하기 위해 설치된 특별 법정(출처: ⓒExtraordinary Chambers in the Courts of Cambodia, CC BY-SA 2.0, 위키미디어 커먼스)

한 즉각적인 지원, 난민 송환을 위한 효과적인 메커니즘 구축, 포괄적 초등 교육 제공, 공중 보건 시스템 구축을 들 수 있다.

여섯째, 평화를 '거버넌스'(governance)의 관점에서 접근하려는 경향 역시 1990년대 중반부터 두드러진 자유주의 모델의 특징이다. 그 이전의 평화와 관련한 논의는 주로, '관계'와 '개개인의 내적 평화', 혹은 '안보'라는 측면에서 논의되었다. 그러나 세계 여러 지역에서 동시다발적으로 일어난 내전과 테러 등의 문제가 일종의 '국가 실패'(state failure)의 문제로 인식되면서, 사회 거버넌스의 기본 가치가 지켜지는 사회를 만드는 것이 중요한 화두로 등장하였다.[6] 이런 배경 하에 현대 평화 활동에서는 책임감(accountability), 투명성(transparency), 형평성(equality/equity), 민주주의(democracy) 및 청렴성(integrity) 등이 주요한 평가의 지표로 강조되었다.

이와 같은 정책 목표들은 많은 탈냉전 시대 평화구축 활동에서 핵심과제로 추진되었다. 예를 들어, 약 75% 정도의 평화구축 활동에서 앞서 언급한 형태의 민주주의 추진과 안보 부문 개혁이 시도되었고,[7] 같은 기간에 시행된 대부분의 전후 평화 재건 프로그램에서 세계은행과 IMF와 같은 국제 금융기관의 주도로 시장경제를 확립하기 위한 각종 프로그램들이 수행되었음을 알 수 있다.[8] 그리고 이러한 자유주의 평화 모델이 국가 건설과 갈등 피해 사회의 폭력 수준 감소에 많은 기여를 한 것은 분명하지만, 이 모델의 한계 또한 분명했다. 특히, 서구와 북미의 역사적·문화적 흐름 속에서 탄생한 여러 거버넌스 시스템들이 비서구권 국가들에 일률적으로 외삽되면서 발생하는 문제들이 두드러졌다.[9] 민주적 거버넌스 확립의 일환으로 실시된 선거가 과거 분쟁 당사자 간의 무력 충돌을 야기하는 촉진제 역할을 하기도 했고(앙골라), 선거 과정을 통해 전쟁 전보다 훨씬 권위주의적 통치 체제가 정당화되기도 했으며(라이베리아), 특정 인종 혹은 민족에 대한 대량 학살을 야기하는 등(르완다) 심각한 한계를 드러냈다. 극단적인 폭력의 재발을 피한 다른 국가들에서도 장기적인 치안 부재, 극단적인 경기 불황, 인종 집단들 사이의 갈등과 같은 사회 문제들이 더욱 심화되거나 장기화하는 등의 문제가 흔히 나타났다.[10]

1990년대 말 무렵부터 자유주의 평화구축이 실패하고 있다는 증거가 대량으로 확인되자, 학계에서도 평화에 대한 서구적 접근 방식에 대한 비판적 성찰이 적극적으로 제기되었다. 현대 국제 평화 지원 활동은 어떤 평화를 이루고자 하는가? 이러한 활동들은 그 대상이 되는 지역사회에서 어떻게 받아들여지고 있는가? 그리고, 그 과정에서 형성된 평화구축 모델은 그 사회의 안정적인 평화 재정착에 기여하고 있는가? 이러한 질문들과 관련해, 일부 실용주의적 입장을 취한 학자들은, 자유주의 평화의 장점들을 고수하되, 평화구축이 이루어지는 지역의 특성과 사회적 맥락을 고려하고, 그 평화 활동의 주체가 되어야 할 지역 주민들의 견해를 받아들일 수 있는 여러 장치들을 통해 기존 모델의 단점을 보완할 것을 주장했다.

반면 보다 비판적인 입장을 취하는 학자들은 자유주의 평화 모델 뒤에 내재한 서구 중심주의의 문제점을 더 근본적으로 개혁하지 않는 한, 장기적인 평화 정착은 불가능하다고 주장했다. 그중 일부 학자들은, 서구식 평화 모델이 세계 각지의 전후 복구 과정에 모두 도입되는 이 상황이 "(서구) 지배 권력의 가치와 규범을 전파하는 이데올로기적 목적을 가진 거대한 헤게모니 프로젝트"이고,[11] 본질적으로 과거 서구 제국주의와 다르지 않다고 역설하며, 이러한 평화구축 프로그램들이 마치 "UN 왕국"을 수립하는 과정 같다고 묘사하기도 하였다.[12]

III. 포스트 자유주의 담론의 특징과 의의

2000년대 초반에 이르자, 학계와 정책 결정자들의 논의는 문제점에 대한 비판을 넘어, 그동안 자유주의 중심의 평화구축 방식에서 감춰져 있던 전후 사회의 여러 요소들을 정확히 이해하고, 그에 맞는 대안을 제시하려는 움직임이 일어났다. 이 과정에서 등장한 다양한 논의들을 묶어 평화학계의 '평화구축에 대한 포스트자유주의 담론'(post-liberal discourse on peacebuilding)이라고 통칭한다. 이러한 관점에서 등장한 여러 이론적 대안들 중 특히 주목할 만 한 것으로 이 장에서는 '로컬 오너십'(local ownership)과 '하이브리드 평화'(hybrid peace) 개념을 소개한다.

1. 로컬 오너십

로컬 오너십과 관련한 담론의 저변에 흐르는 아이디어는 간명하다. 제대로 된 평화구축을 위해서는 그 사회에 전쟁이 일어나게 된 배경과, 그런 배경의 이면에 있는 사회 구조적 문제, 그 문제 해결에 쓰일 수 있는 그 사회 내적 역량, 그리고 평화구축이 그 사회에서 가장 적절하게 발현될 과정과 형태 등의 사안에 대한 정확한 이해가 필수이다. 그런데, 이러한 사안을 누구보다 잘 알고 있는 것은 바로 지역주민이고, 내적 자원들을 평화구축을 위해 활용할 수 있는 역량을 가진 것도 그들이다. 따라서 그동안 일방적인 수혜자 혹은 수동적인 참여자에 머물러 있던 지역사회가 평화구축 활동의 중심으로 설 때, 가장 효과적이고 부작용이 적은 평화구축이 이루어질 수 있다는 것이다.[13]

이러한 생각을 바탕으로, 많은 국제기구들은 기존 평화구축 활동의 문제점을 보완하기 위한 방법으로 지역 주체성 확립을 수용하기 시작했다. 특히 UN은 지역 혹은 국가의 오너십이 "역량 강화 프로그램의 효과를 결정하는 가장 중요한 단일 요소"[14]라면서 UN이 실시하는 각종 프로그램들에 적용할 기본 원칙이라고 천명하였다. 이러한 기조에 따라, 평화구축 프로그램을 운영하는 많은 관련기관들 역시 현장 활동가와 지역 사회의 참여를 확대할 수 있는 다양한 전략을 모색하였다. 예를 들어 UNDP와 EU는 정부 공무원 및 지역 엘리트의 거버넌스와 관련한 역량 강화에 초점을 맞추는 프로그램을 캄보디아, 우간다 및 모잠비크와 같은 국가에서 적극적으로 추진했고,[15] 옥스팜이나 월드비전과 같은 국제 NGO는 지역 커뮤니티의 주민들과 소통을 강화할 수 있는 방안들을 모색하였다. 이런 과정을 거치면서, 2000년대 중반 무렵부터 로컬 오너십의 증진은 내전 지역 평화구축 프로그램을 운영하는 단체들 사이의 핵심 활동 원칙으로 자리 잡기에 이르렀다.[16]

로컬 오너십이 평화구축의 화두로 등장하면서, 관련 학술 논의에서 '로컬(local)은 누구인가?'라는 개념적 문제도 중요하게 부각되었다.[17] '로컬'은 특정 지역에 정체성을 두고 살아가는 토착민을 가리키는 용어로 일반적으로 사용되지만, 그 여러 로컬 구성원들은 저마다 나름의 이해관계와 관점을 가지고 있기 때문에 그 공통적인 기반을 찾기가 쉽지 않다.[18] 또한 여러 정치 담론과 국제기구의 정책적 논의에서 로컬이 지방 엘리트나 국가 권력, 심지어 아프리카와 같은 한 대륙을 아우르는 용어로 쓰이기도 했다. 개념을 사용하는 사람과 그 적용 목적에 따라 로컬의 의미가 크게 달라지는 문제가 발생했다. 따라서 로컬 오너십과 관련한 최근의 학술 논의에서는 로컬이 지칭하는 구체적 대상을 명확하게 정의할 것을 요구하고 있다.[19] 반면, 평화구축 실

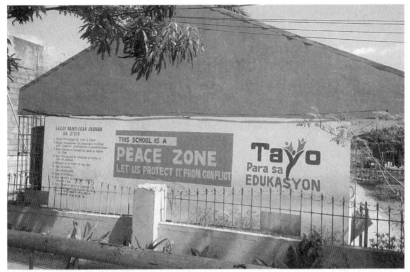

'평화 지역'임을 표시한 필리핀의 학교. 필리핀에서는 만연한 폭력에 대한 대응책의 일환으로, 1990년대 이후 지역민과 지방 정부, 지역의 비정부기구들이 중심이 된 '평화 지역' 만들기 운동이 활발히 일어났다. (출처: 위키미디어 커먼스)

무 차원에서는 로컬을 특정 지방에 오랫동안 살아온 지역 커뮤니티와 그 지역의 지방 정부 기관, 그리고 시민사회를 통칭하는 용어로 정의하는 경우가 많다(사진 참조).

한편, 최근의 연구 중에 '토착문화가 평화구축에 반드시 긍정적인 기여를 할 것'이라는 전제의 위험성을 경고하는 연구도 나오고 있다는 점도 주목할 필요가 있다. 예를 들어, 분쟁 지역 국가들 중 상당수는 장기간의 식민지배와, 연이은 전쟁의 여파로 인해, 자기 본래의 문화·사회적 자원들을 잃어버린 상태에서 전후 복구의 상황을 맞게 된다. 이런 경우, 국제사회에서 '로컬'을 중심으로 한 평화구축 모델을 개발하려 하여도, 정작 지역사회 내부에서 공유할 수 있는 내적 자원이 턱없이 부족한 경우도 많다.[20] 다른 사례에서는,

분쟁 지역의 엘리트나 주민들이 평화구축에 유용하게 활용할 수 있는 상세한 지식과 자원을 가진 것은 사실이지만, 동시에 이들 중 상당수가 "권력 비대칭, 가부장제 및 특권"[21]의 혜택을 누리는 집단인 상황을 주목한다. 결국 이런 엘리트들은 그 사회의 전쟁을 촉발시켰던 여러 구조적·문화적 억압 기제를 유지해 왔고, 이 '로컬'들의 생각에 따라 평화구축을 설계할 경우 그동안 고통받아온 사람들의 희생을 오히려 연장하는 데 기여할 위험이 발생하는 것이다. 또, 현지에서 활동하지만, 사실상 외부 기관의 물질적 원조를 받는 것에 집중한 탓에, 지역 사회의 평화구축에 필요한 일을 하기보다는 외부 원조기관의 기대에 부응하는 데 더 노력을 기울이는 NGO도 많이 있다.

따라서 지역사회 구성원들의 인식과 이해관계를 제대로 반영하는 평화구축을 이룩하기 위해서는, 지역사회에 주도권을 이양하는 과정에 더 세심하고 체계적인 과정이 필요하다. 이와 관련해 일부 연구에서는 평화구축의 오너십을 발휘한다는 것이 정보 공유, 상담, 성공 모니터링 및 평가와 같은 다양한 문제를 포함하는 복잡한 행위이므로, 단순히 외부에서 지원을 하는 것만으로 로컬 오너십 강화가 이루어질 수 없다고 주장한다. 오히려 외부 원조기관들이 오너십 고양과 지역사회 참여를 위한 아이디어를 피상적으로 적용할 경우 여러 문제가 야기될 수 있다는 것이다. 또한, 전쟁이 끝난 직후부터 초기 정착이 이루어지는 '전환기'의 여건에 성급한 지역 주체성 추구가 가져올 문제점에 대해 경고하며, 적절한 과도기 전환 관리가 필수적이라는 점을 강조하였다.[22]

2. 하이브리드 평화

　평화구축에 대한 대안적 논의는 2000년대 중반 하이브리드(hybrid) 개념이 도입되며 더욱 활발해졌다. 혼종, 복합 혹은 융합으로 번역되는 하이브리드는 문화인류학 및 사회학의 논의 중, 탈식민지 과정에서 나타나는 토착문화와 식민지 문화의 혼합 및 변화를 분석하기 위해 자주 논의되는 개념이다. 기존에 진행되던 '로컬 오너십'과 관련한 논의가 평화구축을 서구 모델 - 현지 모델의 대립이라는 이분법적 관점으로 단순화시키는 문제점이 있었다. 하이브리드 평화개념은 이 문제점을 극복하는 유연하고, 역동적인 과정으로서의 평화구축을 이해하는 쪽으로 학술 논의를 발전시키는 데 큰 기여를 하였다.

　하이브리드 평화의 관점은 일반적으로 전후 사회에서 형성되는 평화가 그 사회 내의 행위자, 구조, 문화적 맥락 및 외부의 영향과 같은 다양한 요인들의 복합적 영향 속에서 탄생한다는 점을 강조한다. 그리고 여러 층위의 융합 과정 중 평화학자들이 특히 주목한 것은 서구 모델과 현지 토착 모델들의 결합이었다. 이 연구들은 거대 국제기구나 해외 원조 기관들이 설정한 자유주의 평화 모델들이, 실질적인 제도화 및 실행 과정에서 지역 내의 엘리트와 주민들의 저항에 부딪히고, 지속적인 개입과 저항의 상호작용 속에서 새로운 융합형 평화 모델들이 만들어져 가는 과정을 분석하였다.[23] 예를 들어, 캄보디아에서 내전이 종식된 이후에 진행된 민주화 과정의 경우, 겉으로는 마치 서구식의 제도적(선거) 민주주의를 캄보디아 사회에 이식한 것처럼 보이지만, 실질적인 운영 시스템은 서구식 통치 구조와 캄보디아의 개인-집단간의 수원-수혜(patron-client) 지배 방식의 공존을 제도화한 것으로 볼 수 있다.[24]

전후 평화구축은 대부분 이러한 공존과 혼합의 과정을 거치기 때문에, 그 결과물인 평화 모델 역시 정도의 차이가 있을 뿐 모두 어느 정도의 복합적 형태를 띠게 된다. 그러나 각 사회가 가지는 문화적·사회적 여건과 외부의 평화 지원 기관들이 제공할 수 있는 평화구축의 물질적·지식적 자원들 사이에서 적절한 균형점을 찾는 과정이 중요하면서도 어려운 일이다. 따라서 어떤 평화 모델이 '하이브리드'인지 아닌지를 따지는 논의보다는, '어떤 하이브리드'인가 하는 질문이 중요하다. 이와 관련해 그동안 평화학계에서는 수많은 실천 방안을 제시하고 또 토론해 왔다. 그 중 몇 가지 예를 들어보면, 바누아투, 솔로몬 제도와 같은 태평양의 섬나라의 특징들을 분석한 한 보고서는, 공식 국가 기구와 전통 권위체, 비공식적 경제 주체들 사이의 능동적인 협치를 통해 지속 가능한 평화를 만들어낼 수 있는 방안을 제시하였고,[25] UNDP의 평화를 위한 기반(Infrastructures for Peace) 프로젝트를 검토한 연구는 성공적인 융합은 어떤 결과물을 만들어내는가보다, 외부 행위자와 국내 행위자 간의 끊임없는 대화와 중재를 어떤 과정을 통해 만들어내는가에 주목해야 한다고 주장하였다.[26] 또 다른 연구에서는 긍정적인 평화구축을 위해서는 지역 사회의 요소와 국제사회 의제가 단순히 공존하는 것이 아니라, 지역사회의 더 적극적인 참여를 보장하는 것이 필요하다는 점을 분석하였다.[27]

IV. 다른 평화개념과의 공통점과 차이점

자유주의 평화 개념에 대한 비판적 성찰과 그 대안에 대한 담론은 현대 평화구축 모델의 한계를 지역 사회 구성원들의 내적 역량을 통해 극복할 수 있는 방안에 대한 연구를 촉발시켰다. 이때부터 지역사회와 토착(indigenous) 문화 내부에 존재하는 평화구축을 향한 잠재력과 이들 지역사회의 삶 속에 내재한 평화 활동을 재조명할 수 있는 평화개념도 적극적으로 논의되기 시작하였다. 그동안 제도 중심의 평화구축 활동에서 그 중요성이 제대로 평가받지 못했던, 지역 주민들의 일상에서 이루어지는 수많은 갈등 방지 및 해결을 위한 노력의 의미를 제대로 평가하기 위해서는 거기에 걸맞은 새로운 분석틀이 필요했던 것이다.

이 책의 7장에 소개된 일상적 평화(everyday peace) 개념의 발전 과정도 이 학술적 담론과 맞닿아 있다. 기존의 자유주의 평화 관점을 통해 분석할 때 내전을 겪은 모든 국가들은 다양한 형태의 '국가 실패'(state failure) 모습이 부각되고, 마치 그 국가는 총체적인 안보 부재 및 평화 부재의 상황인 것처럼 보이게 마련이다. 그러나 일상적 평화라는 이론적 관점에서는, 이러한 총체적 내전과 국가 실패 상황에서도 최소한의 평화를 유지하고 자신들의 생명을 지키기 위한 명시적·묵시적 활동이 지역단위에서 활발하게 일어나고 있음을 확인할 수 있다. 그리고 이러한 활동을 추동하는 지역 사회 내부의 역량은 정치군사적 상황이 안정된 이후 평화구축을 위한 더 큰 역할을 할 수 있다. 다만 이런 지역 커뮤니티의 일상에서 일어나는 평화유지 활동은 거기에 합당한 관점을 가지고 조명하지 않으면, 그저 무의미하게 스쳐 지나가는 일상의 여러 행위들과 구분하기가 쉽지 않다. 일상적 평화담론은 바로 이때 필요한 관점들을 개발해 나가는 학술적 노력으로 이해할 수 있다.

또한, 4장에서 소개된 양질의 평화(quality peace)와 관련한 논의의 출발점 역시 자유주의 평화 모델에 기반한 전후 복구 과정과 직접 관련이 있다. 대부분의 현대 평화구축 과정이 불완전하고, 불공평하며, 복잡한 특성을 지닌 평화로 귀결됨에 따라, 소극적·적극적 평화와 같은 기존의 단순화한 개념 틀로는 이러한 전후 평화의 성격을 제대로 분석할 수가 없었던 것이다. 또한 그 사회에 대한 이해가 부족한 외부 기관들이 비교적 짧은 기간 동안의 평화-개발 협력을 통해 만들어 낼 수 있는 변화들에 대해 과도한 기대를 가져서는, 국제평화지원활동의 의미를 제대로 짚어낼 수 없다는 문제의식이 있었다. 이런 맥락에서 2010년대 중반부터 전개되고 있는 양질의 평화담론의 한 축은, 이러한 불안정하고 불완전한 전후 사회의 평화를 더 현실적이고 체계적으로 이해하기 위한 개념과 평가 지표를 발전시키는 것을 목적으로 한다.

V. 한반도에 주는 시사점

그렇다면 이러한 자유주의 평화 및 포스트 자유주의 담론은 한국의 평화구축 활동에 어떤 시사점을 제시하는가? 이와 관련한 여러 논점 중, 이 절에서는 포스트 자유주의 담론의 함의를 남북한 협치와 관련해 살펴보고자 한다. 앞서 언급한 것처럼 포스트 자유주의 담론은 단지 서구적 모델의 적용성의 한계에 대한 비판을 넘어서, 특정 평화 모델을 일종의 '표준'으로 삼고 사회적-문화적 특성이 서로 다른 여러 지역에 일률적으로 추진하는 방식과 과정의 문제점을 비판한다. 그리고 기존 자유주의 평화의 문제점을 보완하기 위해서는 UN과 같이 외부에서 평화구축을 위한 물질적·비물질적 지원을 하는 국제 지원 기구/단체와 현지에서 평화구축 활동을 직접 이행하는 당사자들 사이의 좀 더 협력적인 관계를 형성해야 한다는 점을 강조한다.

평화구축에 관한 이러한 접근법은, 현재 한국 사회에서 이루어지고 있는 남북한 간 협치 및 통일의 방향과 관련한 기존의 논의를 되짚어보게 한다. 그동안 남북한 간의 공식 선언에서, 과도적 통일 모델로 '연합-연방제'가 이미 남북한 사이의 공통 목표라는 점이 여러 차례 재천명되었다. 남과 북이 동등한 통일의 당사자로, 상호 존중의 자세에 입각해 남북 각각의 체제적 특징과 요구들을 수용할 수 있는 과도적 체제(혹은 장기적 통합 체제)를 구축하려는 것이다. 그런데 이러한 목표 하에 제시된 많은 통일 한국의 정치 제도는 대부분 양원제 도입, 새로운 다당제의 형성, 선거제도 개선, 전국적 연방 체제 형성 등과 같은 정치의 상위 구성 요소에 집중되었다.[28] 따라서 이러한 통합의 과정에서 필요한 정치 제도의 하부 구성 요소 및 이들 하부 요소가 남북한의 사회문화적 갈등 요인들을 수용·반영하는 과정에 대한 연구는 부족한 현실이다.[29]

평화구축에 관한 포스트 자유주의 담론에서는, 이러한 제도의 성공적인 정착 여부는 그 제도 자체의 특성뿐만 아니라, 그 제도에 대한 지역사회의 인식과 수용 과정이 결정적인 역할을 한다는 점을 잘 보여준다. 무력을 동원한 전격적 저항에서부터 소극적이고 간접적인 회피까지 그 표현 방식은 다양하지만, 지역주민들은 자신들이 이해하지 못하거나 동의하지 못하는 정책적 결정에 대해서는 부정적인 의사를 표시한다. 많은 경우 이러한 저항은 특정 반감에 대한 표출이 아니라, 낯설거나 납득이 안 가는 정책을 회피하고 싶어 하는 마음을 반영한다. 그동안 수많은 평화구축 프로그램이 선한 의도와 좋은 프로그램 이행 계획에도 불구하고, 그 실행 과정에서 실패했다.[30]

평화구축의 구체적인 모델이 지역사회의 주체성이 최대한 강화된 모습으로 나타나든 외부와 내부 모델이 융합된 형태가 되든, 양측이 상호 존중하고 협력하는 관계 형성 없이 이러한 평화구축 노력이 성공할 수 없다는 점을 이 연구들은 공통적으로 지적한다. 또한 이를 위한 실행 방안으로, 일부 연구에서는 지역사회 활동가들이 외부 기관과 상시적으로 소통을 할 수 있는 창구를 열거나,[31] 이들 사이에 향후 건설할 평화와 관련한 공통의 사상적 기반을 마련하기 위한 평화교육을 실시하고,[32] 여러 관계 기관들이 동시에 대화를 실시할 수 있는 다양한 형태의 '포럼'을 정례화하는 안을 제시하기도 하였다.[33]

이런 연구 결과를 미뤄볼 때, 안정적인 북한의 평화 정착 및 남북한 협치모델을 만들기 위해서는, 특히 협치 초기에 나타나는 다양한 과도기적 메커니즘을 만드는 과정에서 이러한 북한 방식의 이해와 수용은 중요한 성공의요체라는 점이 강조될 필요가 있다. 가령 중장기적인 관점에서 볼 때, 한국의 체제적, 정치적, 경제적 관점이 북한 주민들에게 이해·수용되고, 또한그들의 인식을 반영하여 재조정되는 여지를 만들기 위해서는, 북한 주민들과의 효과적이고 직접적인 소통 채널을 구성할 필요가 있다. 북한 사회에 존재하는 종적 거버넌스 체제, 그리고 그 단위들 사이의 일방적인 의사소통 방식을 인정하면서도, 그 속에서 지역 주민들의 생각과 요구를 파악하고 협의해 나갈 수 있는 논의 구조를 고안할 필요가 있다. 이러한 구체적인 방법 구상에, 그동안 여러 내전 지역에서 활용된 건설적인 소통의 채널과 관련한 여러 모델들은 중요한 시사점을 줄 수 있을 것이다.

VI. 나가는 말

 이 장에서는 현대 평화구축의 지배적 모델을 형성한 자유주의 평화의 개념과 이에 대한 비판적 관점에서 진행되어 온 포스트 자유주의 논의를 개괄적으로 소개하였다. 자유주의 평화구축 활동은 탈냉전 시기부터 본격화된 국제사회의 평화 지원 활동의 특징을 잘 보여준다. 긴급한 위기에 내몰린 사람들을 지원하는 활동이나 진행 중인 전쟁을 중단시키는 수준을 넘어선, 전쟁의 근본적인 원인을 다스리는 것을 목표로 광범위한 국가 제도 및 사회구조의 변화를 꾀한 현대 국제 평화구축 활동은 그동안 전쟁을 겪은 국가들의 재건 및 평화 육성에 크게 기여하였다. 그러나 이러한 평화 활동의 주축을 이루었던 자유주의 모델은 크게 (1) 서구 국가들의 자원과 힘의 우위를 바탕으로 한 일방적 · 편향적 실행 양태, (2) 특정 사회 구조 및 사상이 중심이 되는 단일한 모델의 일괄적 적용, 그리고 (3) 자유주의 거버넌스 자체의 문제점들로 인해 여러 결함을 노출하였다.

 포스트 자유주의 평화와 관련한 학계의 개념화와 논의 과정은, 서구의 사고방식과 사회 운영 모델에 기반하여 추진되어 온 기존 평화 지원의 문제점을 보완하고 포괄적, 성찰적, 협력적인 평화구축 모델을 모색하려는 현장 활동가와 연구자들의 노력을 반영하고 있다. 다만, 많은 국제기구와 대규모 원조 단체들이 원론적으로는 로컬 오너십의 중요성을 강조했으나, 상당 부분의 구체적 실행 원칙들은 현장의 프로그램에 제대로 반영되지 못한 채 사라지거나, 실행의 과정에서 주체성 확보를 위한 지역사회의 역량강화(capacity building)라는 이름하에 오히려 외부 지원 단체들의 영향력을 더욱 확대하는 결과로 나타나기도 하였다. 따라서 기존의 이론적 · 규범적 논의를 통해 발전되어 온 포스트 자유주의적 평화구축 모델이 좀 더 정책적 · 실천적 차원에서 구체화될 수 있도록 하는 방안을 면밀히 연구할 필요가 있다.

제6장

해방적 평화

강 혁 민

Ⅰ. 들어가는 말

지난 60년간 평화학은 인간사회에 만연한 비평화를 인식하고 평화부재의 근본 원인을 분석하며 변혁하기 위한 비판적 학문으로 발전해 왔다. 그동안 평화학의 1세대 학자들, 가령 요한 갈퉁(Johan Galtung)과 디터 젱하스(Dieter Senghaas) 등은 인간을 억압하고 불평등과 부정의를 생산하는 폭력적 구조를 밝히고 평화적 수단을 통한 평화 문명을 이룰 것을 제안했다. 평화를 향한 이들의 선구적인 연구 성과는 평화를 원한다면 전쟁의 부재에 만족할 것이 아니라 인간을 진정으로 자유롭게 하는 변혁적 해방의 과제를 이루라는 요청이었다. 엄밀한 의미에서 이들의 평화기획은 해방의 세계와 맞닿아 있었다. 하지만 평화학이 서구사회를 넘어 아시아는 물론 아프리카 대륙으로 퍼져가는 동안 평화의 해방적 기획은 그 구심력을 오래 지속하지 못했다. 특히 탈냉전 시기 곧, 평화학의 발흥기에 전개된 평화구축을 둘러싼 문헌들 속에서 해방에 대한 관심은 크게 떨어졌다. 학자들은 평화가 왜 인간 해방의 필수조건인지에 대한 물음에 소극적인 태도를 취했고 그 보다는 평화구축이라는 기술적 서술에 더 관심을 쏟는 듯했다. 그러는 동안 평화구축의 행위주체(agency)들 사이에 존재하는 억압과 힘의 논리가 수면위로 떠올랐음에도 이를 적절히 설명하려는 시도들도 부족했다. 그럼에도 해방은 여전히 평화논의의 핵심적인 위상을 갖는다. 해방적 상상력은 비평화를 적극적으로 인식하게 만들고 그것을 구현하는 과정에서 기미한 자극을 줄 수 있기 때문이다."

이 장은 평화인식론의 하나로서 해방적 평화를 소개한다. 이 용어가 낯설지 않은 것은 이론과 실천의 영역으로서 해방이 이미 비판사회학이나 탈식민주의 담론을 연구하는 학자들을 통해 우리에게 알려졌기 때문이다. 하지만 평화학에서 회자되는 해방은 여전히 낯설다. 두 용어의 조우가 낯설 뿐만 아니라 개념적으로도 추상적이기 때문이다. 다행히도 2000년대 중반 들어 발전한 포스트 자유주의 평화론을 주장하는 학자들을 중심으로 이 개념의 중요성이 부각되고 있다. 이들은 공통적으로 분쟁 후 사회(Post-conflict Societies)를 재건하는 과정에서 자유주의 접근법이 제안하는 방법론이 서구의 헤게모니를 재생산하기 때문에 해당 사회의 로컬 주체들의 해방이 평화적 방법론의 핵심 의제가 되어야 한다고 주장한다. 이러한 관점을 통해 발전되는 해방적 평화는 구조적 폭력 또는 평화라는 이름으로 자행되는 억압의 구조를 낱낱이 드러낸다. 그리하여 평화는 해방을 대체하는 개념이 아니라 '더불어 함께' 비평화를 폭로하고 평화적 공존을 이루려는 적극적인 의지라고 강조한다. 이로써 해방적 평화는 평화의 본질적인 인식론이자 방법론 그 자체가 된다.

이 개념을 설명하기 위해 필자는 먼저 프랑크푸르트 학파의 비판이론에서 나타나는 해방의 여러 개념들을 간략히 살펴볼 것이다. 이 학파의 주요 관심이 칼 마르크스를 계승한 인간 해방이었다는 점을 차지하고라도 해방의 개념을 가장 널리 발전시켜 왔기 때문이다. 이것은 해방의 개념이 어떻게 평화논의와 융합될 수 있을지 보여준다. 이후 올리버 리치몬드(Oliver

Richmond)와 게짐 비소카(Gëzim Visoka)를 중심으로 논의되는 해방적 평화를 설명한 후, 이 개념이 다른 평화 개념들과 어떤 관계를 맺을 수 있는지 살펴 도록 한다. 마지막으로 한반도 평화와 관련한 비판적인 논의 지점을 살펴보 도록 하겠다.

II. 개념의 등장과 전개

독립된 개념으로서 '해방이 평화와 함께 논의되기 시작한 것은 최근의 일은 아니다. 비평화를 지탱하는 사회정치적 구조가 지속되고 그로부터 특정 집단이나 문화, 종교, 인종 등이 억압적 상태에 놓이게 될 때, 해방은 억압된 인간을 억압 이전의 상태로 되돌려 놓으려는 저항적 인식론이자 행위로 이해된다. 저항에 대한 다양한 관점을 차치하고라도, 수많은 이론가들 특히, 탈식민주의 또는 비판이론가들은 거대한 억압적 구조에 대한 저항이 인간의 조건 또는 평화의 조건임을 주장해 왔다. 전통적인 비판학자들, 가령 프란츠 파농(Franz Fanon)은 탈식민적 인간 의식의 해방을, 가야트리 스피박 (Gayatri Spivak)은 서발턴의 해방을, 칼 마르크스(Karl Marx)는 자본이라는 폭력의 원천으로부터 무산계급의 해방을 외쳤다. 1960년대 라틴아메리카를 중심으로 전 세계적으로 부흥한 해방신학은 폭력적 사회구조와 인간 해방에 대한 종교적 관심을 대표한다고 할 수 있겠다. 그런가 하면 해방의 문제를 반테러리즘이나 평화주의 운동과 연계하는 최근의 문헌들은 인간의 억압을 비폭력적 저항으로 구현해 내려는 이론적 시도들이다.[1] 그 밖의 수많은 사상가들도 미학과 정치학, 그리고 문화의 영역에서 인간의 억압 상태와 해방적 전망을 그들의 중심 논의로 발전시켰다. 요컨대 해방은 그 자체로 여러 학문 분야의 주요 관심 주제였으며, 학자들은 저마다의 관점과 분석을 통해 해방을 평화와 관련시켜 이해했다.[2]

그 중에서도 비판이론가들은 평화학자들이 사유하는 해방에 대한 초석을 놓았다. 이들은 기능주의적 사회와 그로부터 발생하는 불평등과 힘의 불균형 등을 분석의 주요 대상으로 삼아 인간사회에서 발생하는 억압적 구조를 민주적이고 해방적인 차원으로 발전시키고자 했다. 이들의 사유에 근거해 평화학자들은 평화구축 행위와 과정에서 발생하는 식민주의적 메커니즘을 인식하고 그 목적론과 방법론을 비판하기에 이른다. 따라서 비판이론에서 논의된 해방의 개념을 살피고 그로부터 해방적 평화개념의 출현과 특징을 이해하는 것이 보다 효과적인 서술 방법일 것이다.

1. 비판이론과 해방

프랑크푸르트 학파의 전성기를 구가한 제1세대 비판학자들은 해방을 어떻게 이해했을까? 먼저 막스 호크하이머(Max Horkheimer)는 '전통적 이론과 비판이론'에서 해방을 고통으로부터 탈피된 인간과 행복의 증진으로 이해했다.[3] 인간의 사회구조와 문화, 그리고 언어적 공간 안에서의 주체적 인식을 연구한 비판이론은 인간을 인간 그 자체(man as such)로 이해하기보다는 물질적이고 조건적 상황 안에 있는 존재(man in situation)로 이해했다.[4] 호크하이머는 인간의 해방은 인간이 처한 특정한 상황을 고려함으로써 이해될 수 있다고 보았으며 이것은 마르크스 식의 해방과 거의 유사한 방식이었다. 노동과 생산의 방식이 자본주의적 양식이라면 인간의 해방은 소원해진다. 이를 두고 호크하이머는 대안적 사회를 모색하고 이 사회의 운영 체제는 사회주의적 방식이며 그것이 이성적인 사회, 올바른 사회, 또는 자기 주체적 사회로 변화될 수 있다고 주장한다. 호크하이머가 말하는 사회 내의 내재적 비판(immanent critique)은 이러한 공동체적 이성과 사회주의적 계획에 기반한 해방에 대한 희망을 나타낸다. 하지만 『계몽의 변증법』에서 아도르노(Theodor Adorno)와 호크하이머는 그들이 초기에 제시한 인간 사회의 변혁과 발전을 스스로 비판하면서, 해방에 대한 인식도 수정했다.[5] 이들은 개인의 주체성이 자기의 이기심을 대변하는 도구적 이성으로 전락했음을 드러내는데, 이것은 근대적 합리성 자체에도 큰 영향을 주게 된다. 호크하이머가 해방된 사회를 합리적 이성과 사회주의적 관점에서 진보된 사회의 희망으로 주장했다면, 『계몽의 변증법』에서 아도르노와 호크하이머는 진보하는 인간 사회를 거부하고 인간 본성 그 자체에 대한 해방을 주장하기에 이른다. 따라서 해방은 인간의 본성을 넘어 존재하는 것이 아닌 본성에 대한 것이고 본성과의 화해를 추구함으로써 가능해진다.[6] 이후 위르겐 하버마스(Jürgen Habermas)는 대화적 공간과 합리적 이성에 의한 해방을 주장했으나 여러 가지 비판점들을 남기게 되었다.

비판이론에서 해방의 문제를 체계적으로 정리한 것은 리처드 윈 존스(Richard Wyn Jones)다. 윈 존스는 호크하이머, 아도르노, 하버마스가 해방의 문제를 천착하는 데 있어 사회 변화의 실질적인 대안을 제시하지 못한다고 평가한다. 해방이 불평등한 사회구조 또는 인간의 천성에 대한 온전한 자유를 추구하는 것이라면 그것은 이론뿐만 아니라 실천적인 행위를 제시할 수 있어야 한다. 윈 존스는 비판이론 학자들, 특히 하버마스의 제안이 실천적인 영역에서는 너무 추상적인 해방의 개념을 제시했다고 강조했다.[7] 이 비판을 바탕으로 윈 존스는 해방을 위한 정치적인 행위를 그람시(Antonio Gramsci)의 작업에서 발견했는데, 그람시는 지식인 계급의 비판적 인식과 그로부터 발생하는 인간 해방을 강조했다. 그람시에 따르면 누구나 지식인이 될 수 있지만 누구나 진정한 지식인은 아니다.[8] 진정한 지식인 계급은 사회의 불평등을 인식하고 주체적인 행위를 통해 변화를 추구하는 집단이다. 인간의 해방은 이러한 지식인 계층의 정치적 참여에 의해 앞당겨질 수 있다.[9] 왜냐하면 지식인들의 자발적 참여가 기존의 헤게모니에 저항하고 그 구조를 변혁할 수 있는 실질적인 견인차 역할을 하기 때문이다. 더 나아가 해방의 작업은 교육적 과업을 통해 달성될 수 있다. 윈 존스는 그람시의 해방에 대한 제

미국 버지니아주 리치몬드 브라운 아일랜드에 2021년 9월 22일에 설치된 해방과 자유의 기념비
(출처: ⓒWomenArtistUpdates, CC BY-SA 4.0, 위키미디어 커먼즈)

안이 이전의 프랑크푸르트 학파가 열렬히 비판하던 진보에로 회귀한다고 평가했다. 그람시는 인간 해방을 위해 혁명을 실천하려는 보편 계급을 기대하고 있다는 것이다.[10] 요컨대, 윈 존스는 그람시가 말하는 지식인 계급의 교육적 수단을 통한 정치적 혁명이 억압된 사회 구조를 변혁하여 인간 해방을 달성하는 방법이라고 주장하는 것이다.

한편, 켄 부스(Ken Booth)는 해방을 안보와 관련하여 이해했다. 그가 안보와 해방의 문제를 천착하기 시작하는 것은 탈냉전 시대에서 구상된 세계 질서가 안보라는 이름으로 새롭게 주장되어 왔으나 이 안보론은 사실상의 초강대국들의 힘과 권력, 그리고 질서의 구도를 새로 짜는 신자유주의적 안보 체계라는 인식 때문이었다. 현실주의 이론가들의 안보관은 무력에 의한 힘의 균형이며 필수적으로 군비경쟁을 수반한다. 안보의 딜레마는 세계 질서의 평화를 추구하면서도 이러한 군비경쟁을 필연적으로 확대시킨다는 것이다. 이것은 초강대국들의 경제적 관심사와도 무관하지 않다. 또한 안보가 추구하는 질서 역시 강대국에 의한 세계 질서이며 이것은 결국 새로운 억압과 힘의 불균형을 가져올 수밖에 없다. 켄 부스의 안보에 대한 비판적 인식은 케네스 볼딩(Kenneth Boulding)이 주장한 '안정적 평화'에서 말하는 안보공동체, 즉 사회정의와 공동의 선을 공유하는 인간적 안보 집단 개념을 받아들이게 하고 이로써 민주주의와 자유라는 가치를 새롭게 인식하게 하였다. 그리고 켄 부스는 국제관계의 지형 안에서 정치사회적 정의에 대한 공간이 바로 해방의 공간이라고 주장하게 된다.[11]

해방은 진정한 안보의 촉진제다. 켄 부스에 따르면, '해방은 힘과 질서라는 주류 담론을 대표하는 안보보다 우선시되어야 한다. 그것은 특권을 가진 집단의 힘과 질서가 그렇지 못한 집단들이 치르는 대가이기 때문이다'라는 소넨펠트 독트린을 인용하면서 진정한 안보는 다른 사람과 집단들의 힘과 소유권, 주체성을 박탈하지 않는 방식으로 달성될 수 있다고 주장한다.[12] 더 나아가 "안보가 위협의 부재라면, 해방은 개인과 집단의 자기들이 행사하고자 하는 의지에 대한 물리적 제약이 없는 자유로운 상태"라고 강조했다.[13] 이 것은 오늘날 세계 시민들이 행사하고 있는 반핵운동, 탈식민, 여성, 인권, 동성애, 사상의 자유에 대한 광범위한 투쟁이라고 할 수 있는 것이다. 전통적인 국제관계론이 주장하는 안보가 국가와 국가의 힘의 균형과 질서에 대한 것이라면, 비판이론가들이 추구하는 안보는 자유라는 보편적 가치가 국제 정치적인 지형에서 받아들여지며, 이로써 억압의 상태에 있는 인간들을 해방하는 것이다. 따라서 부스가 주장하는 해방은 이상적이며 유토피아적 평화를 보장하는 안보로 이해할 수 있다.[14]

이상의 이론가들의 해방에 대한 관점은 직간접적으로 해방에 대한 비판이론의 관점을 공유한다. 상이한 관점에도 불구하고 이들이 일관되게 주장하는 것은 해방은 억압된 인간이 평등과 자유, 그리고 정의를 향유하는 것이며 여기에서 비판적 지식의 역할은 사회와 정치적 구조를 변혁함으로써 개인과 집단의 삶을 향상시키는 것이다.[15] 그럼에도 불구하고 비판이론가들이 해방을 어떻게 이룰 것인가에 대한 실질적인 해결책을 제시하는 데에는 무기력하고 이론의 역할에 치중하고 있는 것은 사실이다.

2. 포스트 자유주의적 비판

비판사회학자들을 통해 본 해방의 개념은 억압 구조에 대한 인간의 비판적 인식론을 요청한다. 억압은 인간 사회를 불안과 폭력으로 몰아가는 구조주의적 현실체이며 인간은 그것으로부터 온전한 자유를 얻어내기 위한 저항과 연대의 과제를 갖는다. 그렇다면 비평화로부터 평화를 달성하려는 평화구축에 있어 해방은 어떤 의미와 특징을 가지고 있는가? 평화구축에서 이해하는 억압은 무엇이고 그것으로부터 탈피하려는 해방적 노력은 무엇인가? 이러한 질문들은 바로 해방적 평화에 대한 본질적 물음으로 안내한다.

평화학에서 해방적 평화가 독립된 개념으로 논의되기 시작한 것은 비교적 최근의 일이다. 이를 위해서는 먼저 자유주의 평화와 이에 대한 비판을 이해해야 한다. 자유주의 평화란 이 책의 5장에서 이성용이 명시한 바와 같이 1990년대 중반 이후 세계 각지에서 진행된 전후 복구 및 평화구축 활동에서 드러나는 자유주의적 가치와 행위들을 통칭하는 말이다. 자유주의 평화는 전통적 자유주의가 강조하는 개인의 자유, 법치주의, 인권, 책임 추궁, 기관의 역할, 초국적 거버넌스 등을 통해 평화를 구축하는 것을 의미한다. 이 평화의 개념은 주로 서구식 근대 국가를 표방하면서 전쟁이나 폭력 이후 철저한 안보를 구축하고 자유민주주의와 시장경제에 의한 평화구축을 가리킨다. 따라서 자유주의 평화구축의 행위자들은 반드시 분쟁 지역에 속한 행위자일 필요는 없으며, 오히려 분쟁과 관련이 없는 제3의 행위자들의 개입을 중심으로 해당 지역에 대한 국제 원조와 규범들을 이식하는 방식으로 평화구축 활동이 전개된다. 그러나 자유주의적 평화구축에 대한 끊임없는 비판들이 제기되어 왔다. 가령, 파리스(Ronald Paris)는 자유주의 평화는 "서구 지배 권력의 가치와 규범을 전파하는 이데올로기적 목적을 가진 거대한 헤게모니 프로젝트"[16]라고 비판하고 다른 학자들은 로컬의 주체성과 문화적 특수성을 충분히 고려하지 않는 비효과적이고 억압적 평화구축이라고 주장하기도 한다.[17]

이러한 비판들을 인식하고 대부분의 평화학자들은 자유주의 평화구축의 패러다임을 넘어서는 포스트 자유주의적 평화를 제안하기 시작했다.[18] 포스트 자유주의 평화는 로컬의 주체성을 좀 더 인정하고 그들의 평화구축을 위한 역량을 확대하는 아래로부터의 평화 방법론이라고 할 수 있다.[19] 그 중에서도 올리버 리치몬드(Oliver P. Richmond)는 평화를 해방의 관점에서 발전시키는데 결정적인 역할을 했다.[20]

그는 자유주의 담론 자체가 탈냉전 시대 서구 세계가 장악하고 지배해 온 불균형적 세계 정치 지형을 반영한다고 주장하는 탈식민주의 관점을 적극적으로 받아들인다. 자유주의 행위자들이 행하는 평화구축은 민주주의와 개인의 자유, 법치주의 등의 진보된 가치를 표방한다고 할지라도 서방세계의 통치성(governmentality)의 본질과 습성, 또는 그에 상응하는 궤적으로부터 완전히 자유로울 수 없다.[21] 탈식민 이론가들이 그토록 주장했던 서구의 식민 세계와 제국주의의 그림자가 평화구축이라는 이름으로 새로운 억압의 구조를 만들어 내고 이러한 과정에서 자유 시장경제 논리는 제1세계 서방 국가와 그 밖에 주변화된 국가들의 신자유주의적 질서를 만들어 내는 것에 불과한 것이다. 그리하여 유엔을 중심으로 전개되는 세계평화프로젝트와 그 밖의 글로벌 영역의 다양한 평화구축의 시도들은 단기적이고 비문화적이며 때로는 갈등을 오히려 악화시키는 의도치 않은 결과를 가져오기도 했다.[22] 따라서 리치몬드는 포스트 자유주의는 (신)자유주의 사회에서 집행되는 거대 권력, 법적 제도, 세계주의적 규범과 평화 논리로부터 갈등의 일상에 깊이 내재되어 있는 행위자의 주체성과 정체성을 더 반영하고 그로부터 평화를 이루어 내는 해방의 정치학이라고 주장하기에 이른다.[23]

III. 개념의 정의와 특징, 그리고 평가

위에서 서술한 리치몬드의 자유주의 평화구축에 대한 포스트 자유주의적 비판은 국제사회의 부정적인 영향을 최소화하고 자주적인 방식으로 평화를 구축하려는 로컬의 해방적 비전을 암시한다. 비판학자들이 주장한 바와 같이 해방이 인간을 억압으로부터 탈피시키는 것이라면 평화는 평화를 억압하는 세력과 그 영향으로부터의 탈피가 된다. 아이러니하게도 자유주의 평화가 이루고자 했던 세계 사회의 평화형성과 그 방식이 도리어 갈등 사회에 대한 억압과 힘의 불균형, 그리고 경제적 종속을 불러일으킴에 따라 평화구축의 해방의 대상은 바로 자유주의적 행위자들과 그 방법론 자체가 된 것이다.

그리하여 평화론에서 논의되는 해방적 평화란 분쟁 후 사회를 재건설하는 과정에서 나타나는 억압적 구조와 이를 재생산하는 외부집단의 개입이나 국가권력에 저항하고 갈등의 당사자인 로컬 집단의 주체성(subjectivity), 자치권(autonomy), 그리고 자기결정권(self-determination)에 의해 만들어지는 평화라고 정의할 수 있다.[24] 그럼에도 해방적 평화가 반드시 외부 개입을 완전히 배제하는 것은 아니다. 평화구축을 위한 로컬의 역량의 한계점이 명확할 때, 오히려 그러한 외부적 개입은 긴박한 유혈분쟁을 종식하고 사회의 안정망을 구축하는데 필수적이다. 그리하여 비소카와 리치몬드는 해방적 평화를 다음과 같이 설명한다: "해방적 평화는 외부적 개입이나 소수 엘리트들이 점유하는 평화의 방식을 지양하고 자주적이며 평화로운 방식의 평화구축을 의미한다. 그러나 때로는 평화와 안보, 그리고 책임 추궁 등에 대한 내부적 역량이 부족할 경우 외부적 필요를 이용할 수도 있다."[25]

이때 개입의 목적은 자유주의적 관심이 아니라 로컬의 역량과 자주적 문제해결의 강화가 되어야 한다. 가령, 로컬의 행위자들이 그들의 권리를 강화하고 물질적 필요를 충족시키며, 안보와 정체성을 보전할 수 있는 방식이 되어야 한다.[26] 그렇지 않을 경우 개입은 결국 신자유주의적 결과만 불러일으킬 뿐 지속가능한 로컬을 형성하지 못할 가능성이 매우 크다.

1. 해방적 평화의 특징

이렇게 이해되는 해방적 평화는 세 가지 주요 특징을 갖는다.

저항(Resistance): 해방은 억압에 대한 저항이다. 평화구축에서 주목받지 못했던 로컬이 그 중심 요체가 되는 과정에서 저항은 해방은 주요 특징이 된다. 하지만 이 평화구축에서 저항은 비폭력 이론에서 말하는 정치적 주짓수(political ju-jitsu)라고 할 수 있는 실용적 저항을 넘어 좀 더 구조적인 패러다임의 변화를 위한 주도적인(proactive) 저항이라고 할 수 있다.[27] 해방을 위한 저항은 평화구축의 비주체 영역이었던 로컬의 연대이며,[28] 적극적인 참여를 요청한다.[29] 이것이 바로 로컬의 행위 주체성(local onwership)이 된다.

혼종성(Hybridity): 그렇다고 해서 해방의 주체가 고립될 수는 없다. 해방적 평화구축의 과제는 저항 그 자체라기 보다는 로컬 행위주체성이 더 발현되는 것이므로 로컬의 역량이 부족하면 제3의 개입은 불가피하다.[30] 이것은 호미 바바(Homi K. Bhabha)가 주장한 지배자와 비지배자, 글로벌과 로컬이라는 중간의(in-bewteen) 공간에서 공존하는 혼종성이라고 할 수 있다.[31] 해방은 불가피한 혼종의 공간과 정체성을 받아들이지만 결코 매몰되지 않는 방식으로 평화구축을 행사한다.

인간안보(Human Security): 해방적 평화는 인간안보를 그 최종 목적으로 한다. 비판학자들, 특히 켄 부스는 탈냉전 시대에도 세계 질서가 강대국을 중심으로 재편되면서 군비경쟁과 불확실성이 강화되었고 해방의 과제는 그러한 폭력의 구조를 전복시켜 인간안보를 달성하는 것이라고 주장했다. 리치몬드도 해방의 실현은 자유주의자들이 말하는 힘의 논리가 아닌 아래로부터 실천되는 개인과 공동체의 안위와 안녕, 그리고 웰빙을 강조하는 인간안보라고 강조한다.[32]

이로 미루어 볼 때, 해방적 평화는 로컬 평화 또는 로컬 평화구축과 분석의 대상을 공유하거나 핵심논제가 된다. 다시 말해 로컬 평화가 로컬 차원의 갈등 해결과 평화구축에 있어서 그들의 합목적성, 적법성, 그리고 사회적 합의에 의한 평화를 주장한다면, 해방은 로컬 평화의 인식론이자 목적론, 그리고 방법론이 된다. 따라서 해방적 평화와 로컬 평화 사이의 관계는 상호보완적 관계라고 할 수 있다.

2. 이론적 비판

해방적 평화에 대한 이론적 비판점들은 주목할 만하다. 먼저 해방적 평화가 지향하는 인간 해방 그리고 지속 가능한 평화가 실제 평화구축에서 얼마나 현실성 있는 행위들을 제안하는지에 대한 의구심이다. 예를 들어, 파리스는 해방적 평화가 그 실행적 측면에서 공허한 주장이라고 했다.[33] 평화구축의 과제가 갈등을 해결하는 실질적인 제안들을 요구한다면, 해방적 평화는 그러한 응답에 충분한 답을 주지 못한다고 비판한다. 크라우즈(Keith Kruase)도 해방적 평화 행위들이 사회적 변혁을 위한 구체적이고 대범한 행위들과 충분히 연계하지 않는다는 점을 들었다.[34] 해방이 로컬의 저항과 참여를 요구하지만 실제 사례에서 그러한 예들은 거의 발견되지 않으며 이론화 과정에서도 무엇이 해방을 유도할지에 대한 구체적인 방안도 마련되어 있지 않다. 따라서 해방적 평화에 정교하고 실질적인 이론화 작업이 요구된다.

두 번째로 챈들러(David Chandler)는 해방적 평화 개념의 본질적인 딜레마를 포착한다.[35] 그것은 해방을 위한 '혼종성'이라는 양가적 특성인데, 챈들러는 혼종성이 해방성에 필수불가결한 측면임에도 불구하고 해방이 의도하는 저항의 측면을 오히려 감소시킨다고 평가한다. 분쟁 후 재건의 과제를 수행하는 사회는 대부분 갈등에 의해 사회정치적 역량이 완전히 소진된 사회다. 이러한 상황에서의 역량의 부족은 필연적으로 제3의 힘에 의한 개입이나 중재를 필요로 하는데, 거부할 수 없는 개입의 상황에서 로컬의 해방을 달성한다는 것은 서구 행위자들의 구조, 제도, 자본으로부터 완전히 벗어날 수도 변혁할 수도 없는 과제인 것이다. 이러한 조건에서 로컬의 주체성은 희석되며 해방의 비전은 무기력할 수밖에 없다.

두 비판점들이 온전히 인정된다고 하더라도 해방적 관점이 평화와 평화구축에 던지는 울림마저 희석되는 것은 아니다. 해방은 그 자체로 평화의 핵심가치이자 평화구축의 성패 기준이 된다.

IV. 다른 개념들과의 공통점과 차이점

이 장에서 소개한 해방적 평화는 이 책에서 소개하는 다른 평화개념들과 어떤 관계를 맺을까? 이 질문에 대답하기에 앞서 재차 강조해야 할 것은 해방적 평화는 구체적인 방법론이라기보다는 인식론에 더 가깝다는 것이다. 많은 평화학자들과 실천가들이 폭력과 갈등의 구조를 해결하기 위한 실용적 제안을 하는 동안 인간 해방을 주장한 학자들에게 해결의 문제는 행위 주체자의 관점과 인식의 문제였다. 엄밀한 의미에서 평화는 기술의 문제가 아니라 인식의 문제이며 삶의 형식이기 때문이다. 평화구축 과정에서 행위자들의 해방과 평화에 대한 관점은 그들이 제안하는 정책의 문제까지 변화시킬 수 있다. 따라서 해방적 평화를 주장하는 학자들은 갈등의 구조를 전환하기 위해 그것이 답습하는 근원적 문제를 인식하라고 요청한다.

해방적 평화가 개념적으로 가장 많은 빚을 지고 있는 것은 포스트 자유주의 평화론이라고 할 수 있다. 이 책의 5장에서 소개된 포스트 자유주의적 관점은 평화유지(Peacekeeping), 평화조성(Peacemaking), 그리고 평화구축(Peacebuilding)의 과제가 지난 수십 년 동안 주로 유엔과 서구 사회를 중심으로 전개되었으며, 이것이 로컬의 영역에서는 지속 가능한 평화를 거의 생산하지 못했을 뿐만 아니라 억압적 메커니즘을 재생산한다고 보았다. 로컬 주체성의 관점에서 평화는 평화 헤게모니를 향유하던 기존의 주체들의 억압적 방식을 폭로하고 저항한다. 따라서 해방의 과제가 자유주의/포스트 자유주의 평화의 이론적 궤도를 훨씬 넘어가고 있다고 해도 평화학에서 논의되는 해방의 과제는 포스트 자유주의의 비판과 깊이 관련되어 있다. 하지만 해방적 평화가 반드시 포스트 자유주의 평화의 하위개념으로만 이해될 수 있는 것은 아니다. 아무리 비판(평화)학자들이 로컬리티의 개념을 해방과 관련 짓는다 해도 평화구축의 과제에서 해방에 대한 관심이 충분히 확장된 것은 아니기 때문이다. 그뿐만 아니라 로컬의 영역에서도 억압의 문제가 발생할 가능성이 있다. 해방적 평화를 이해할 때 그것의 논지가 반드시 포스트 자유주의의 궤적을 염두에 둘 필요는 없다. 해방적 평화의 관심사는 갈등에 기인한 불평등과 억압 그 자체일 뿐이다. 그러므로 이 이론의 개념적 확장성은 포스트 자유주의를 기꺼이 넘어선다.

둘째, 해방적 평화는 정의로운 평화와 닮아있다. 다른 평화개념들보다 두 개념이 억압과 부정의의 문제를 가장 예민하게 포착하고 평화의 중심 주제로 삼았다는 점에서 그렇다. 또한 정의의 문제를 둘러싼 이론적 구심력이 해방의 문제와 크게 다르지 않다. 용어상으로도 정의와 해방은 양립할 수 있는 개념이기에 그 이론적 외연은 조우할 수 있다. 그럼에도 불구하고 해방적 평화와 정의로운 평화가 궁극적으로 지향하는 바는 상이하다. 이 책의 2장에서 김상덕은 정의로운 평화를 정당한 전쟁론에 대항하고 평화주의의 맹목성을 극복하려는 이론으로서 전쟁을 반대할 뿐만 아니라 좀 더 폭넓은 정의론, 곧 회복적 정의와 화해를 포괄한다고 말한다. 이 관점은 정의와 평화라는 이분법적 도식을 거부하고 비평화에 대한 총제적인 전환을 시도한다. 그런가 하면 해방적 평화는 정의로운 평화의 추상성을 거부한다. 해방은 비평화의 구조를 더욱 구체적으로 폭로하고 행위 주체들의 급진적 인식과 행위의 변화를 요청한다. 해방이 평화구축의 과제가 될 때 해방적 주체들은 기존의 억압 구조에 대해 더 폭로하고 저항한다. 또한 정의로운 평화가 종교적 운동과 내러티브로 발전되어 왔다면 해방적 평화는 종교적 내러티브마저 억압적 분석의 대상으로 삼는다. 해방은 가치 편향적 평화론을 지양하는 방식으로 평화적 근본 조건을 묻는다.

V. 한반도에 주는 함의

해방적 평화는 한반도의 비평화를 분석하고 평화구축을 연구하는데 어떤 함의를 주는가? 해방이 인간을 억압하고 있는 구조와 상태를 폭로하고 그로써 진정한 의미의 자유와 평화를 지향한다고 할 때 한반도 평화 논의에서 주요 논의 대상은 무엇이 될까? 필자는, 이미 많은 학자들이 지적했듯이, 한반도의 비평화를 유지 내지 재생산하는 총체를 분단의 구조라고 이해하며,[36] 해방은 한반도에 거주하는 모든 사람들을 억압하고 있는 분단폭력으로부터의 탈피라고 생각한다. 물론 비평화의 문제는 매우 다양한 방식으로 발생하고 그것이 반드시 분단의 문제와 직접적으로 관련이 있는 것은 아니다. 예를 들어 난민 문제, 젠더 갈등, 학교 폭력과 같은 문제가 분단의 구조와 직접 맞물려 있다고 주장하는 것은 논리적 비약이다. 그러나 역사적으로 한국 사회는 분단이 설정해 놓은 이분법적 삶의 양식과 조건으로 사회, 정치, 문화적 행동에 제약을 받아왔고 타인에 대한 혐오의 감정과 배타적 정체성 등을 일상에서 경험해 왔다. 급기야 학자들은 이러한 부정적 타자에 대한 습성이 사회 전반에 노출되어 분단의 아비투스(habitus)를 생산해왔다고 주장하기에 이르렀다.[37] 그뿐만 아니라 한반도를 둘러싼 강대국들의 이권과 무기 경쟁, 군사주의 등은 한국인들에게는 너무나 자연스러운 것이어서 그것이 근본적으로 공동체의 안녕과 안보에 위협이 될 수 있다는 감각조차 하지 못하는 위기의식의 부재는 바로 한반도 비평화의 대표적인 예라고 할 수 있다. 김병로와 서보혁은 이를 두고 분단폭력이라고 명명했는데 이들의 문제의식에 의하면 분단폭력은 "분단으로 야기된 폭력적 활동과 구조, 그리고 이를 뒷받침하는 문화와 담론"을 총칭한다.[38] 그것은 "분단의 이름으로 자행되는 수많은 폭력적 살상과 인권 유린, 억압을 한반도 비평화의 중심 개념"이며 "자본주의, 공산주의라는 이념과 정전 체제를 비롯한 각종 법체계, 대립적 남북관계에 의해 매우 공고하게 구축되어 있다."[39] 그러므로 분단의 아비투스와 분단폭력이라는 사회정치적 조건에서 인식되어야 할 해방의 문제는 물리적인 분단 극복뿐만 아니라 사람들의 양분된 분단의식을 넘어서는 것이라고 할 수 있다.

　좀 더 구체적으로 살펴보자면, 분단폭력으로부터 해방적 평화를 주장하기 위해서는 분단구조에 의해 소외된 집단들, 즉 분단의 서발턴들을 적극적으로 찾아내야 한다. 여기서 비판 평화학자들이 강조했던 해방이 단순히 폭력을 중지하는 것이 아닌 구조적 폭력 안에서 억눌린 집단들의 해방이라는 것을 알아차리는 것은 중요하다. 서발턴의 존재는 해방의 이유이며 평화에 대한 실존적 행위를 불러일으킨다. 그렇다면 분단의 서발턴은 누구인가? 그들은 아마도 분단이 지난 70년 동안 생성해 온 국민국가라는 사회 구조의 밖에서 일상을 살아가야 했던 '비국민'을 지칭할 것이다. 분단을 이유로 남과 북의 정상들이 권력을 위한 정당성을 반공과 반미주의로 강화시키고 있을 때, 그 이념에 동조하지 않는 국민들은 존재하지만 존재하지 않는 위험한 집단들이 되었다.[40] 국가폭력의 피해자들과 그 가족들, 비전향 장기수, 사상범들과 북한 이탈 주민들 등은 이러한 배타적 국민국가의 경계에 있다. 비국민들에 대한 공공연한 차별과 억압은 분단의 내적 동력이 되었고 그것은 곧바로 한국 사회의 일상으로 흡수되었다.[41] 해방의 주체는 이러한 분단의 내적 동력에서 소외된 자들이 되어야 한다. 해방적 평화에 대한 온갖 신경은 남북의 정상들이 국제사회에 펼쳐 보이는 평화 프로세스와 평화 합의라는 화려한 수식어에 머물지 않는다. 해방적 평화는 분단의 서발턴들이 겪어온 폭력의 메커니즘에 주목하고 삶의 현장을 살핀다. 진정한 평화는 이들에 대한 부정의와 억압이 완전히 인정되고 다시는 동일한 폭력이 되살아나지 않을 때다.

해방적 평화는 분단이 가져온 의식을 문제 삼는다. 구조주의자들에 따르면 인간의 의식은 구조에 기인한다. 구조는 인간의 의식과 행위를 구성하는 결정체이며 구조를 벗어난 인간 현상은 무의미하다. 분단은 한반도에 거주하는 코리언들뿐만 아니라 한국인 정체성을 공유하는 디아스포라 코리언들에게도 영향을 미친다. 이들에게 분단은 상수로서 정체성을 형성하는 데 중요한 수단으로 작용한다. 분단구조에서 코리언들이 형성한 정체성과 의식은 무엇일까? 안승대는 분단의 구조가 분단의식을 지배한다는 데 동의하면서 분단의식이란 부정적 타자를 생성하는 상징계에 무의식적으로 노출되어 분단의 감정과 정체성을 형성해가는 분단인으로 이해했다.[42] 그에 따르면, "상징계의 분단인은 … 분단의식으로 세뇌당한 분단 주체이다." 여기에서 분단의 권력은 분단인으로 하여금 분단언어를 강요하고 반공주의 회로 판을 통해 주체적 자아를 맹목적 자아로 전이시킨다.[43] 분단인은 자신의 언어로 자신을 정의하지 않고 타인의 시선에 의해 자기 자신을 설정하는 비주체적 인간으로 전락한다.[44] 김종곤은 이러한 의식의 형태를 분단 적대성이라고 이해했고[45] 이병수는 분단의 트라우마라고 칭했다.[46] 이와 같은 분단의식은 일차적으로는 분단, 이차적으로는 분단권력에 의한 억압의 결과라고 할 수 있다. 분단인의 의식이 억압인 것은 타자를 편견 없이 이해할 수 있는 주체성을 상실했기 때문이다. 북한에 대한 의식과 탈북민에 대한 의식을 국가가 제공하는 정보와 상징에 따라 동조할 뿐이다. 반공주의에 대한 트라우마가 역사적으로 강하게 자리 잡고 있는 이상 분단인의 의식은 결코 주체적일 수 없다. 안타깝게도 이 의식적 억압은 세대 간 의식으로 전이된다. 분단인들의 의식은 이전의 그것을 바탕으로 발전할 뿐이다. 이처럼 의식은 유기적이며 고질적이다. 해방적 평화는 바로 이러한 분단의식의 파멸성과 고질성을 폭로한다. 인간의 해방은 분단구조와 체제의 변화에서 멈출 수 없다. 의식의 변화까지 동반되어야 한다. 그러나 파농이 경고한 대로 식민화된 인간의식이 지향하는 것은 식민의식 그 자체일지도 모른다. 다시 말해 분단인이 벗어나려는 분단의식이 되레 분단의식을 더 강화시키는 아이러니가 될 수 있다. 그러므로 해방적 평화는 억압적 분단의식의 탈피마저도 그 분석의 대상으로 삼아야 한다.

VI. 나가는 말

이 장은 여러 가지 평화의 개념 중 가장 급진적이고 변혁적 이론이라고 할 수 있는 해방적 평화 개념을 소개했다. 이 개념은 본래적인 의미에서 분쟁과 구조적 불평등을 인간을 노예 상태로 옭아매는 억압으로 이해하고 평화구축을 인간의 해방적 과제로 설명한다. 인식론으로서 해방적 평화는 억압으로부터의 탈피에, 방법론으로서는 평화구축의 행위 주체들에 집중한다. 이 이론은 우리의 관심사를 어떤 평화를 세울 것인가 뿐만 아니라 누가 그것을 수행할 것인가에 대해 예민하게 반응하도록 한다.

> "이제 가라. 이스라엘 자손의 부르짖음이 내게 달하고 애굽 사람이 그들을 괴롭히는 학대도 내가 보았으니 이제 내가 너를 바로에게 보내어 너에게 내 백성 이스라엘 자손을 애굽에서 인도하여 내게 하리라." (출애굽기 3: 9-10. 개역개정)

이집트에 억류된 히브리인들의 경험은 해방과 평화, 곧 샬롬의 세계에 대해서 상상하게 해준다. 그들의 실존적 울부짖음은 애굽이라는 거대 권력에 대한 폭로이였고 비판이었다. 해방은 억압적 체제를 완전히 벗어나는 출애굽이였고 비주체적 공동체로 감금되었던 히브리 공동체를 주체적으로 바꾸었다. 출애굽으로부터의 단절과 떠남은 그들의 희망을 샬롬의 세계로 완전히 열어젖혔다. 평화는 폭력에 대한 순응과 동화에서 발생할 수 없으며 적극적인 폭로와 저항으로부터 시작한다. 억압을 정당화하고 비평하는 데 기생하는 모든 의식과 행위와의 단절이 평화적 수단에 의한 평화인 것이다. 여기에 대해서는 조금의 타협도 거부한다. 해방적 평화는 출애굽의 상상력을 우리의 일상에 구현케 한다. 그것은 우리를 의식적으로든 무의식적으로든 억압해 온 폭력의 현실을 기민하게 알아차리게 한다. 평화의 이름으로 우리를 억압해 온 모든 권력과 부정의, 불평등, 그리고 식민주의적 의식을 낱낱이 파헤치도록 설득한다. 한반도에서는 분단폭력은 물론 그 극복을 명분으로 정치집단이 만들어낸 평화/안보 담론도 비판적으로 볼 때 해방적 평화를 상상할 수 있을 것이다.

제7장

일상적 평화

허 지 영

I. 들어가는 말

그동안 한국 사회에서 평화와 관련한 논의는 통일 담론이 주를 이루었다. 오랜 분단 기간을 생각하고 분단이 사회에 미친 영향력을 고려할 때 일견 당연해 보인다. 그렇지만 통일만 이루어진다면 한반도에 평화는 도래할 것인가? 상호 적대성을 바탕으로 상이한 정치·경제 체제와 문화에 적응한 남북한 주민의 통합이 자연스럽게 이루어질 것인가? 이 책에 소개된 다양한 평화개념은 갈등을 전환하고 평화를 구축하는 과정은 매우 다층적이며 다양한 행위자의 참여가 필요하다는 것을 잘 보여준다. 한반도에 평화를 정착하는 과정에도 이러한 평화의 복잡하고 다면적인 특성이 고려될 필요가 있을 것이다.

이번 장에서는 갈등사회를 살아가는 평범한 사람들이 일상에서 주체적으로 만들어가는 평화의 중요성에 주목하는 '일상적 평화'(everyday peace) 이론을 소개하고 한반도에 적용하여 살펴보고자 한다. 포스트 자유주의 평화(post-liberal peace)[1] 담론 가운데서도 가장 개인적이고 미시적인 차원에서 이루어지는 일상적 평화는 갈등에서 벗어나 평화로의 전환기에 있는 탈분쟁(post-conflict) 사회나 갈등이 만성화된 사회에서 정치·사회적인 혼란에도 불구하고 일상에서 최소한의 평화를 유지하는 개인들의 역량과 사회성에

주목한다. 그동안 사회의 구조적 측면에 집중하는 거시적인 평화 논의에서
배제되었던 일상의 평범하고 미시적인 친평화적 관행과 사고방식을 연구한
다는 데 의의가 있다. 일상적 평화는 미시적 차원의 평화 활동과 거시적 차
원에서의 평화구축의 상관성에 관한 연구로 확장되며 '구조 대 행위자', '글
로벌 대 로컬'의 이분법적 사고의 한계를 넘어 거시적 구조와 미시적 차원을
연결하는 평화의 구성성에 관한 연구로 발전하고 있다. 일상적 평화는 기존
평화 논의에서는 분쟁이나 갈등의 피해자로만 인식되었던 평범한 사람들이
평화구축의 주체성을 지닌 행위자로서 평화구축의 과정에서 수행하는 역할
에 주목하는 개념이다. 국가나 국제기구가 주도하던 평화구축 방식에서 경
시되어 왔던 갈등사회를 살아가는 평범한 대중이 경험하는 일상에서의 갈
등과 평화 문제를 깊게 다룬다는 점에서 중요한 의미가 있다.

II. 이론적 배경과 특징

1. 등장 배경과 정의

일상적 평화는 북미와 유럽 중심으로 구성된 국제기구나 비정부 기구들
이 서구의 역사를 배경으로 발전된 정치 · 경제체제를 탈분쟁 지역에 일률
적으로 적용하는 방식으로 진행된 자유주의 평화구축(liberal peacebuilding)[2]
의 한계와 문제들에 대한 비판적 관점을 바탕으로 등장한 포스트 자유주의
평화담론 중 하나이다. 지속 가능한 평화를 구축하기 위해서 전쟁이나 폭력
적 갈등이 발생한 지역의 역사적 배경이나 정치, 사회, 문화적인 구조를 제

동아프리카 국경지대 평화구축 활동에 참여한 지역여성대표들(출처: https://www.flickr.com/photos/usaidafrica/24768119937/)

대로 이해할 필요가 있으며, 이를 가장 잘 이해하는 지역 주민의 참여를 강조한다.

일상적 평화는 분열이 심각하고 갈등이 만성화된 사회의 일상에서 평범한 개인들이 평화로운 삶을 영위하기 위해 활용하는 일련의 사회적이며 평화적인 행동 양식과 사고방식으로 정의된다.[3] 외부 행위자의 평화구축 노력과는 별개로 지역사회에 이미 존재하고 있는 규범이나 관행에서 비롯되는 평범한 개인들의 친평화적 사고방식과 작은 행동이 일상에서 갈등을 감소시키고 평화를 유지하는 데 기여할 수 있다는 것이다. 갈등의 근본 원인이 되는 종파, 인종, 민족의 경계를 초월하여 이루어지는 평범한 개인들의 평화적인 상호작용을 연구하는 일상적 평화는 자유주의 평화구축에서는 수동적인 해외 원조의 수혜자나 갈등의 피해자로 인식되던 평범한 대중이 평화구축 과정에서 발휘하는 역할과 행위주체성(agency)에 주목한다.[4]

일상에서의 관행과 사고방식은 배경이 되는 정치, 사회, 문화, 역사적 맥락과 연결하여 생각할 때 의미가 있다.[5] 특히 갈등이 심각한 사회의 일상에서 당연하고 정상적인 것으로 받아들여지는 행동 양식이나 사고방식은 그렇지 않은 사회에서는 비정상적인 것일 수 있다. 일상적 평화는 거시적 현상이 발생하는 '배경'으로서만 '일상'을 인식하는 관점에서 벗어나 일상을 사회적 세계(social world)로 인식하며 일상 자체의 의미에 주목한다. 일상의 모든 장소와 발생하는 모든 일들은 정치적인 의미가 있으며[6] 일상의 미시적인 활동이나 사고방식은 일상과 전혀 관련이 없어 보이는 거시적인 체제의 한 부분이자 동시에 체제를 구성하는 요소이다.[7] 다시 말해 일상은 사회체제나 규범 그리고 질서와 같은 구조적 차원과 개인들의 지극히 일상적인 행동 양식과 담론이 교차하며 상호작용이 발생하는 사회적 공간이다. 이처럼 평화구축과 일상을 결합하여 생각하는 것은 평화구축이 바텀업 프로세스라는 것을 주장하기 위한 것은 아니다. 다만 평화구축의 과정에서 일상이라는 공간과 일상에서 벌어지는 관행이나 담론을 이해하고 주목할 필요성을 강조하는 것이며 평화구축이 곧 국가 건설(statebuilding)로 이해되는 자유주의 평화 모델을 넘어 평화를 만들어내는, 더 지역적이고 미시적인 과정에 주목하려는 시도이다.[8]

일상적 평화는 심각하게 분열되고 갈등이 만연한 사회를 살아가는 개인들이 사회적 긴장 상태가 폭력으로 확대되지 않도록 일상에서 상대 집단의 사람들과 사회적 관계를 형성하고 평화를 유지하는 능력, 즉, 일상에서 이루어 가는 "작은 평화(small peace)"에 관심이 있다.[9] 이처럼 미시적이고 개인적인 차원에 집중하는 일상적 평화의 특성으로 인해 일상적 평화는 적극적인 평화구축 행위가 아니라 개인들의 위험이나 갈등의 상황을 모면하기 위해 취하는 일시적인 갈등 진정(conflict-calming)이나 갈등 회피의 수단이라는 지적을 받기도 한다. 하지만 갈등으로 극심하게 분열된 사회에서는 개인적 차원에서 갈등의 상대집단에 소속된 사람에게 베푸는 사소한 행동일지라도 해당 사회를 지배하는 분열과 대립의 경계를 넘어야 하기 때문에 상당한 용기와 결단을 요구하며 때로는 평화적 행동으로 인한 대가를 치러야 할 수도 있다. 따라서 일상적 평화의 관행과 사고방식은 근본적으로 갈등사회를 지배하는 갈등 문화와 구조에 대한 개인들의 저항을 바탕으로 한다. 이런 관점에서 일상적 평화는 단순한 갈등 진정 수준을 넘어 더 궁극적인 "갈등 와해(conflict disruption)"에 기여하는 적극적인 평화구축 행위라고 할 수 있다.[10] 이처럼 일상적 평화는 국가나 국제사회가 주도하는 탑다운 방식의 평화구축과 평범한 사람들이 일상에서 이루어가는 바텀업 방식의 평화구축 사이의 관계성과 상호작용에 주목하며, 빌리그(Billig)가 제시한 일상의 "평범성(banality)"[11]과 유사한 관점에서 평범해 보이는 개인들의 일상적인 생각이나 관습의 정치적인 의미와 역할을 강조한다.[12]

2. 범위와 특징

좁은 의미에서 일상적 평화는 갈등사회를 살아가는 개인들의 일상에 내면화된 대응 기제나 생존 전략을 의미한다. 평범한 사람들이 자신을 표현하고 일상의 삶을 살아내는 방식에 담겨 있는 일종의 전략적 행동으로 인간의 성장 과정에서 중요한 역할을 하는 가족이나 가까운 또래 집단을 통해 사회적으로 학습된 행동 양식이다. 구체적인 유형으로 위험이나 갈등 상황을 모면하기 위해서 사용하는 "회피(avoidance)", "모호함 유지(ambiguity)", "의례적인 예절(ritualized politeness)", "식별(telling)" 또는 "책임회피(blame deferring)"

와 같은 사회적 관행이나 생존 전략이 있다.[13]

　가장 흔하게 사용되는 대응 기제는 "회피"로, 논란이 되는 예민한 주제들을 피함으로써 갈등에서 벗어나고자 한다. 또는 자신의 신념이나 정체성을 드러내어 맞닥뜨릴 수 있는 위험한 상황을 피하거나 상대 집단과의 접촉과 교류 자체를 거부하기도 하며 내 집단의 급진주의자들과의 만남을 피하는 행동으로 나타나기도 한다. 또한 회피는 갈등이나 갈등 문제 자체에 관심을 보이지 않거나 폭력과 갈등의 기억을 억누르며 현재의 삶에만 집중하는 태도로 드러날 수도 있다. "모호함 유지"는 특정 집단과의 유대관계를 드러내지 않기 위해서 정체성이 드러날 수 있는 특정 의상이나 억양 등을 감추거나, 반대로 상대의 정체성을 의도적으로 인지하지 못한 척하여 갈등에서 벗어나고자 하는 행동 양식이다. "의례적인 예절"은 주로 "모호함 유지"와 함께 사용되며 상대의 기분을 상하게 하거나 위협을 증가시킬 만한 행동이나 언어 사용을 피하고 집단 간 이미 형성된 예절 체계에 따라 행동하여 갈등이 발생할 수 있는 상황을 피하고 일상적 평화를 유지한다. "식별"은 상대의 외모나 이름, 습관, 의상, 언어 사용 등을 통해 직관적으로 상대의 정체성을 판단하고 이에 따라 자신의 행동을 적절히 조절하는 대응 기제이다. 예를 들어, 오랫동안 갈등했던 신교도와 구교도가 함께 섞여 살아가는 북아일랜드 사회에서 억양이나 이름과 같은 특징을 통해 상대의 정체성을 직관적으로 파악하고 상대 집단으로 식별되는 경우 위협이 될 수 있는 언행을 피하며 예민한 경계심을 바탕으로 적절하게 행동을 조절하는 것을 의미한다. 거주지가 분리되거나 종교에 따라 정체성을 나타내는 전형적인 특징이 있는 경우에는 비교적 쉽게 식별할 수 있지만, 일반적으로 식별은 개인의 직관적인 관찰과 판단력을 바탕으로 이루어진다. 마지막 유형은 "책임회피"로 내 집단의 문제를 외부나 소수 집단 탓으로 돌림으로써 내 집단의 유대를 강화하고 갈등을 회피한다.

이와 같은 일상적 평화의 대응 기제나 행동 양식은 위험으로부터 자신을 보호하기 위한 일시적인 행동에 불과하거나 갈등이 존재하지 않는 것처럼 보이도록 허울을 유지하는 방편적인 행동으로 보이기도 한다. 이처럼 일반적으로는 위험과 갈등의 상황을 모면하기 위한 개인적인 목적에서 일상적 평화는 시작되지만, 사회의 갈등을 완화하고 평화를 구축하고자 하는 더 공익적인 목적에서 비롯되기도 한다. 사소한 말이나 행동으로 인해 사회적 긴장 상태가 폭력 사태로 확대될 가능성이 항상 존재하는 갈등사회에서는 갈등의 상대 집단에 속하는 개인이나 공동체 간에 이루어지는 사소한 일상적 평화의 언행일지라도 갈등사회를 지배하는 갈등 구조나 갈등 내러티브에 대한 저항을 요구하며 실행하는 과정에서 개인의 창의성과 즉흥성 그리고 행위 주체성이 발휘될 필요가 있고 때로는 개인적인 손해나 위험까지도 감수해야 한다는 점에서 단순한 대응기제 이상의 의미가 있다.[14]

일상적 평화 이론이 지역적이고 미시적인 차원에서 이루어지는 작은 평화에 주목한다고 해서 국가나 국제기구가 주도하는 탑다운 방식의 평화구축의 중요성을 무시하는 것은 아니다. 탑다운 방식의 평화구축은 갈등 지역에서 물리적이고 법적인 안전과 안보를 제공하는 것과 같은 중요한 역할을 담당한다. 다만 일상적 평화는 탑다운 방식으로 이루어지는 평화구축 과정에서도 갈등사회의 잠재적인 위험에도 불구하고 최소한의 평화가 유지되고 안전한 삶을 영위하기 위해 평범한 사람들이 취하는 행동 양식과 사고방식이 고려될 필요가 있다는 점을 강조한다. 적극적 평화나 인권, 또는 갈등 전환과 같은 개념들은 갈등사회의 구조적이고 관계적인 변화의 중요성에 주목한다면 일상적 평화는 다양한 갈등에 내포된 초국가적이고 거시적인 구조적 측면을 고려하는 동시에 미시적이고 개인적인 차원에서의 평화구축이 함께 고려될 때 평화의 지속성을 담보할 수 있다고 본다.[15]

일상적 평화의 행동 양식은 갈등사회의 배경 상황에 따라 각기 다른 형태로 나타난다. 갈등 집단 간 물리적 장벽이 존재하는 분쟁 지역에서는 일상적 평화의 실행이 아예 불가능할 수도 있으며 상대 집단에 속하는 사람과의 개인적인 우정이나 친밀함을 표현하는 사소한 행동이나 말로 인해 내 집단의 강경파들과 갈등이 발생할 수도 있다. 또한 일상적 평화의 구체적인 행동 양식은 집단 내 또는 집단 간 갈등 관계에서 상황을 판단하고 그에 맞는 적절한 행동을 결정하는 개인의 인지 능력과 감성지능에 따라 달라지며, 순간적인 동정심이나 연민과 같은 감정적 요인을 바탕으로 이루어질 수도 있어 객관화가 어렵다. 일상적 평화의 관행과 규범은 어느 사회에나 보편적으로 존재하지만, 심각하게 분열된 사회에서는 불필요한 갈등을 회피하거나 감소시키려는 일상의 관행이나 규범은 특별히 중요한 의미와 역할이 있다. 갈등이 만성화된 사회에서는 작은 사건이나 지극히 개인적인 행동이 폭력 사태로 확장되거나 사회 전체를 혼란으로 몰아갈 위험이 크기 때문이다. 그뿐만 아니라 직접적 폭력 갈등이 일어나는 현장에서도 일상적 평화는 이루어질 수 있는데, 예를 들어 전쟁터에서 적에게 인간적인 자비나 동정을 베푸는 군인들의 행동이 대표적 사례이다.

최근 연구들에서 일상적 평화의 범위는 평화적인 행동뿐만 아니라 평화적인 사고나 추론의 방식을 포함하며 좀 더 넓은 관점에서 이해되기 시작했다. 따라서 개인이 세상을 이해하는 방식에 결정적인 영향을 주는 세계관 또는 위협적 상황을 합리적으로 판단하여 갈등을 피하고 평화를 추구하는 개인의 사고 체계까지도 일상적 평화에 포함된다. 또한 미시적 차원의 평화 활동과 거시적 차원에서의 평화구축의 상관성에 관한 연구를 포함하며 범위가 확장되고 있다.[16] 이와 함께 갈등 지역의 여성 또는 청소년이나 청년과 같은 사회적 약자들을, 폭력 갈등의 주된 피해자이지만 동시에 행위 주체성을 가지고 다양한 방식으로 일상에서 갈등을 완화하고 평화를 만들어 가는 주체적인 평화구축 행위자로서 인식하며, 그들의 평화 역량에 관한 연구들도 활발히 이루어지고 있다.[17]

일상적 평화는 형식적인 제도권의 수면 아래에서 이루어지는 비공식적이며 즉흥적인 행동 양식으로 시민사회단체의 활동이나 평화구축 프로젝트보다 더 미시적인 차원에서 이루어지며 지극히 개인적인 멘토링이나 훈계도 일상적 평화 행위에 포함된다. 따라서 앞서 언급했듯이 표준화나 프로그램화되어 다른 지역에 이식하거나 거시적 차원에서 확산되는 데 어려움이 있는 것이 사실이다. 하지만 사회 체제나 규범과 같은 거시적인 구조와 개인들의 일상적 행동 양식과 담론은 긴밀히 연결되어 있으며 일상적 평화의 관행은 "수직적 확장(scaling-up)" 또는 "수평적 확장(scaling out)"의 방식으로 확장될 수 있다.[18]

지역적 관행을 전문화하고 표준화하는 것을 의미하는 수직적 확장은 한 지역에서 폭력 감소에 효율적으로 증명된 일상적 평화 활동이 외부 평화구축 단체나 전문가들에 의해 다른 지역으로 확산되는 방식을 의미한다. 전문가들의 참여로 즉흥적이고 비규범화된 관행이 표준화되고 다른 조직이나 네트워크와 연결되어 공식적이고 표준적인 프로세스로 만들어지는 것이다. 하지만 일반적으로 유기적으로 지역적 또는 개인적인 차원에서 이루어지는 일상적 평화활동은 외부 전문가의 개입이 필요한 수직적 확장과는 어울리지 않는 측면이 있다. 따라서 제도권 아래에서 비공식적인 형태로 이루어지는 일상적 평화는 수직적 방식보다는 수평적 방식으로 전파될 가능성이 더 크다.

수평적 확장은 모방이나 구전을 통한 전파를 뜻한다. 수평적 확장에서는 특히 고위층과 풀뿌리 차원을 연결하는 중간 지도자층과 사회운동가들의 역할이 중요하다. 예를 들어 갈등사회에서 개인이나 소집단이 취하는 친사회적인 행동 양식이나 관습이 이웃 지역의 사회운동가에 의해 모방되며 수평적 방식으로 확장될 수 있다. 수평적 방식으로 확산되는 일상적 평화의 관행은 사소해 보이며 갈등의 규모나 심각성을 고려할 때 엘리트가 주도하는 대규모 평화구축 프로젝트나 국가적 차원에서 실행되는 평화정책들에 비해 효과가 없는 것처럼 보이거나 매우 미미하게 보일 수도 있다. 하지만, 일상적 평화의 관행들이 유기적으로 그리고 수평적으로 확장되며 점진적으로 구조적 차원의 갈등에 영향을 줄 수 있다. 예를 들어, 갈등 지역의 주거지나 시장과 같은 평범한 공간에서 일상적으로 발생하는 개인들 간의 교류나 협력은 사소해 보이지만 오랜 시간에 걸쳐 점진적으로 지역적 차원에서 갈등이 완화되는데 영향을 줄 수 있다.

일상적 평화의 관행과 사고방식은 수직적 또는 수평적 방식의 확장을 통해 갈등사회를 지배하는 갈등 문화나 갈등 내러티브의 논리에 저항하고 거시적이고 구조적인 차원의 갈등을 와해하는 데 영향을 미칠 수 있다. 개인이나 공동체는 평화구축의 주체적인 행위자로서 평화를 실제로 실행하여 평화에 생명력을 불어넣는다. 이러한 미시적인 차원에서의 평화적인 태도나 발화 행위가 반복되며 궁극적으로 공동체와 지역의 분위기를 변화시키고 실질적인 평화를 가져올 수 있다.

3. 개념의 전개

그렇다면 갈등사회에서 물리적인 위험이나 사회적 비난을 감수하면서까지 개인들이 친평화적 행동을 선택하는 사고방식은 어떤 가치를 바탕으로 형성되는가? 일상적 평화의 친평화적 관행과 사고방식을 구성하는 주요 가치는 사회성(sociality), 호혜성(reciprocity)과 연대(solidarity)로 이러한 가치를 보유한 개인일수록 위험과 손해를 감수하면서라도 인종, 종교, 민족과 같은 갈등의 경계를 초월하여 사회적이고 평화적인 관계를 형성할 가능성이 크다.[19] 예를 들어 오랜 "고질갈등(intractable conflict)"[20]으로 여전히 갈등이 발생하고 대립과 분열이 심한 이스라엘 사회에서 유대인과 팔레스타인인 간 종교 및 인종적 갈등의 경계를 넘어 개인적인 우정이나 사회적 관계를 형성하는 개인들의 평화적 사고방식과 행동의 기초가 되는 가치들이라고 볼 수 있다.

1) 사회성, 호혜, 연대

사회성과 호혜 그리고 연대를 하나로 묶는 가치는 평화의 관계적 본성(relational nature)이다. 즉, 평화는 우리가 다른 인간 존재로 구성된 세계에 살고 있다는 사실을 인정하는 것으로부터 시작된다. 일상적 평화를 "첫 번째 평화(the first peace)"이자 "마지막 평화(the last peace)"라고 하는데, 집단 간 팽팽한 긴장 상태가 물리적인 폭력으로 치닫는 상황을 막는 최후의 수단이라는 점에서 마지막 평화라 할 수 있다.[21] 반면 직접적 폭력과 갈등이 종식된 이후 사회를 정상화하고 재건하는 과정의 첫 단계로서 사회의 접착체(social glue) 역할을 하며 궁극적으로 화해라는 목표에 도달할 수 있도록 도와준다는 점에서 첫 번째 평화이다.

일상적 평화를 뒷받침하는 주요 개념 중 하나인 사회성은 공감, 이타주의, 호혜성, 공정함이나 협력과 같은 정서적인 요소로 구성되어 명확히 규정하기 어렵지만, 다른 사람들로 구성된 세계에서 살고 있다는 사실을 인정하는 평화의 관계적 본성과 연결해 생각해 보면 사회성은 기본적으로 다른 사람들과 관계를 맺으려는 성향이라고 볼 수 있다. 사회성은 해당 사회의 문화나 갈등을 유발한 사회정치적 맥락에 따라 다른 형태로 표현되며 인종, 성, 나이, 계층 등 다양한 요인에 의해 영향을 받는다. 사회성을 이해하는 데 도움이 되는 몇 가지 특징을 살펴보면, 우선 사회성은 감정의 영역에서 발생한다. 또한, 개인 그리고 개인들로 구성된 집단은 항상 "이성적이고 단일한" 존재가 아니다.[22] 따라서 사회성은 항상 변화하고 때로는 실험적이기도 하다. 사람들은 공유된 관습이나 문화, 또는 익숙함에 따라 행동하기도 하지만 상황에 따라 완전히 새로운 형태의 접촉점을 형성하고 사회성을 발휘할 수 있는 주체적인 공간을 만들기도 한다. 상황을 분석하고 적절한 행동을 결정하는 과정에서 개인의 창의적이고 주체적인 사회성이 발휘된다. 하지만 분열과 갈등이 만연한 사회에서는 사회성을 발휘하고 적절한 행동 양식을 결정하는 데 필요한 정보 자체가 부정확할 수 있고 부정확한 정보를 바탕으로 결정된 행동은 위험을 초래할 가능성이 있다. 이것은 갈등사회에서 사회성은 발휘되는 시점이 중요하다는 특징과 연결된다. 갈등 고조기에는 사회성을 발휘하는 것이 아예 불가능할 수도 있는 반면, 갈등이 완화되는 시기에 들어서면 사회성을 발휘하기에 유리한 환경이 조성되기도 한다. 이렇게 갈등사회에서 사회성을 발휘하는 시기와 상황을 판단하는 것은 개인적인 능력에 달려 있기 때문에 개인의 능력에 따라 사회성 발휘 여부는 달라진다. 또한 소셜미디어와 같은 새로운 의사소통 수단의 등장이 전통적인 사회성의 수단을 완전히 대체하지는 못한다. 신기술의 시대에도 일상적 평화의 바탕이 되는 사회성은 여전히 인간의 감성과 상황 판단 능력 그리고 대인관계 능력을 필요로 한다.

일상적 평화 행위의 기초를 형성하는 또 다른 중요 개념은 호혜성으로, 호혜 또한 매우 다양한 형태와 강도로 나타난다. 이타적인 호혜는 특정 보상에 대한 기대 없이 이타적인 목적에서 비롯되거나 언젠가는 보상을 받을 수 있으리라는 막연한 기대를 바탕으로 하지만, 반면 전략적 호혜는 특정한 보상을 바라는 이성적인 판단이나 이해타산에 따라 이루어진다. 그러나 설사 이기적인 동기에서 시작된 선의의 행동일지라도 결과적으로 사회에 긍정적 영향을 줄 수 있다는 점에서 호혜는 중요하다. 특히 갈등이 만연한 사회나 폭력 갈등에서 벗어난 직후에는 작은 평화적인 언행도 중요한 역할과 의미가 있다. 유대인이 팔레스타인 여성을 위해 문을 잡아 주는 것과 같은 사소한 행동이 반복되면 두 집단 사이의 긴장을 낮추고 관계를 정상화하는 데 긍정적 영향을 줄 수 있을 것이다. 호혜의 행동은 단순한 물적 자원의 교환이나 호의적인 행동을 교환하는 차원을 넘어, 어떤 사회를 만들어 갈 것인지에 대한 판단에 영향을 미치며 공통 규범을 형성하고 상호 의존도를 높이고 유대와 사회성을 발전시킬 수 있다. 특히 갈등이 오래 지속된 사회에서는 흔히 상대 집단을 비도덕적이며 악한 존재로 묘사하는 갈등 내러티브가 발전되고 유지된다. 호혜의 행동은 이렇게 갈등사회를 지배하는 갈등 내러티브와 이분법적 세계관 그리고 갈등 문화에 저항하며 상대와 접촉점과 관계를 형성한다. 갈등 사회의 배경 상황에 따라 호혜의 행동이 위험을 초래할 수도 있지만 이런 작은 노력들이 협력의 문화를 정착시키는 시작점이 된다. 이런 관점에서 일상적 평화는 '첫 번째 평화'이다.

마지막으로 연대는 매우 행동 지향적인 개념이다. 단순한 공감이나 동조와 같은 수준을 넘어 확실한 행동을 요구한다. 갈등사회에서는 저항 세력이나 무장단체와 같은 집단이 연대나 공동의 감정을 적극적으로 활용하는데, 이처럼 연대는 정체성에 따른 갈등을 유발하거나 유지하는 수단으로 쓰이며 정체성에 따른 차별과 갈등을 확대하는 부정적인 형태로 나타날 수 있다. 반면, 상대 집단에 소속된 사람들과 개인적 차원에서 긍정적인 연대를 형성할 수 있으며 사회를 관통하는 분열의 규범을 초월하는 연대의 행동을 실천하기 위해서는 상당한 용기를 필요로 한다. 전쟁이나 폭력적 갈등을 멈추고 평화를 선언하는 것은 정치 지도자들이지만, 사회에 구체적으로 어떤 평화를 만들어 가느냐 하는 문제는 사회를 구성하는 평범한 사람들의 일상적인 사고방식과 행동에 달려 있다.

2) 회로와 회로망

앞서 설명한 바와 같이 일상적 평화이론은 포스트 자유주의 평화개념 중에서도 최근에 등장한 개념으로 갈등을 회피하거나 관리하는 차원을 넘어 갈등하는 집단과의 관계를 개선하고 갈등사회의 헤게모니적인 갈등 문화와 구조를 전환하는 데 미치는 영향에 관한 연구로 계속해서 발전되고 있다. 그렇다면 미시적 차원에서 발생하는 일상적 평화와 거시적인 구조나 사회는 어떤 관계가 있는 것일까? 이와 관련하여 이 절에서는 일상적 평화와 거시적 맥락 사이의 연결성과 상호 영향을 주고받는 메커니즘을 설명하기 위해 등장한 "회로(circuits)"와 "회로망(circuitry)" 개념을 소개한다.[23]

일반적으로 국제관계학에서 세계는 개인, 국가, 그리고 국제사회의 층위로 나누어 이해된다. 국가는 폭력으로부터 개인을 보호하고 대신 개인은 국가에 충성을 약속하고 일정 권리를 양도한다. 힘의 논리가 지배하는 국제체제 안에서 국가는 철저히 생존을 목적으로 행동한다. 회로와 회로망의 개념은 이러한 전통적인 국제관계학의 위계적인 세계관에서 벗어나 다층적으로 구성된 세계를 이해하도록 도와준다. 〈그림 1〉은 갈등과 분열이 심각한 국가의 회로망을 도식화한 것으로 회로의 개념은 세상을 '지역 대 세계' 또는 '행위자 대 구조'와 같이 이해하는 이분법적이고 위계적인 사고방식에서 벗어나 평화와 갈등의 복잡하고 역동적인 성격과 사회의 상관성(interconnected nature)을 보여주는 데 유용하다. 회로망 구조에서 보면 개인과 집단의 일상은 사회의 체제나 구조와 동떨어져서 존재하는 것이 아니며, 따라서 개인이나 소집단 차원에서 이루어지는 평화적 행동은 국가와 같은 거시적인 차원의 체제와 구조와 상호 영향을 주고받으며 변화한다. 같은 맥락에서 국가나 국제적인 차원의 거시적인 갈등은 평범하고 일상적인 삶의 방식과의 관계 속에서 이해될 필요가 있다.[24]

〈그림 1〉 갈등에 영향을 받은 사회의 회로망

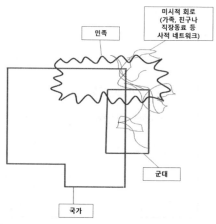

출처: Mac Ginty (2021), p. 46.

다양한 회로들은 서로 다른 층위, 즉 세계적, 지역적 또는 미시적이고 개인적인 차원에서 동시에 운영되며 이 과정에서 서로 겹치기도 하고 융합되거나 경쟁한다. 예를 들어 직업 군인인 개인은 군대 회로에서는 그에 맞는 규범에 따라 행동하지만, 국가의 통제에서 벗어나 가족이나 친구들과의 개인적인 회로에서는 국가에 대한 불만족을 표현하는 등 제도적이고 공식적인 회로에서와는 다른 행동 양식을 따를 수 있다. 또한 〈그림 1〉에 있는 회로들은 거시적인 층위의 국제적 또는 초국가적인 회로에 포함된다. 이처럼 비형식적이며 지극히 개인적인 차원의 회로들도 회로망의 전체적인 구조에서 바라보면 국제적이고 초국가적인 회로들과 중첩되거나 연결되어 있다.

　회로를 통해 미시적인 일상적 평화와 거시적인 구조의 상관관계를 이해하고자 할 때 얻게 되는 유익이 몇 가지 있다. 우선 일상적 평화에 대한 모든 것을 이해할 수 없다는 한계를 인정하게 된다. 회로의 복잡성, 예상치 못한 경로와 연결, 물질적이고 비물질적인 속성과 같이 회로에서 일어나는 다양한 현상은 때로는 인간의 이해를 초월하여 발생한다. 결국 우리 사회에서 발생하는 갈등과 평화의 관계를 이해하려 노력하지만 모든 것을 이해할 수 없다. 또한 회로는 사람, 사상, 힘, 상품이나 자본의 끊임없는 움직임과 이동이 이루어지는 사회의 인프라를 표현하기에 적합하다. 일상적 평화의 인프라는 주로 사회적인 동시에 비형식적이다. 일례로 갈등사회에서 개인 간 우정을 바탕으로 하는 네트워크는 사회적인 동시에 비형식적인데, 회로를 통해 이런 비형식적이고 사회적인 관계를 표현할 수 있다. 또한 회로는 끊임없이 변화하고 개선된다. 물리적 회로뿐만 아니라 비물리적 회로도 시간이 지남에 따라 손상되거나 변화된다. 이러한 회로의 특징은 우리 사회의 "갈등회로"도 시간이 흐름에 따라 손상되거나 변화되고 따라서 대안적인 "평화적이고 친사회적인 회로"가 형성될 가능성은 늘 존재하며 궁극적으로 대안적인 평화체제가 갈등 규범이나 문화를 해체할 수도 있다는 것을 의미한다. 또한 회로를 형성하고 유지하며 운영하는 과정에는 행위자의 주체적인 판단이 개입된다. 따라서 회로는 행위주체성(agency)이 잘 드러나는 공간이다. 예를 들어 전자회로에서 정보의 이동을 통제할 것인가 허용할 것인가와 같은 수많은 결정을 내리기 위해서는 행위자의 판단이 개입될 필요가 있다.

한편 회로는 일정한 질서를 형성하고 이를 통해 사회를 통제하고 정해진 질서에 따라 움직이도록 유도한다는 점에서 경로 의존적이다. 회로의 경로 의존적인 특징은 국가나 사회의 통치 체제에서 발견되는 질서와 규칙성을 잘 나타낸다. 하지만 동시에 회로는 기존 질서에 분열과 전복을 가져오는 행위자의 주체성이 발휘되는 공간이다. 즉 행위자의 주체성이 회로를 강화하기보다는 분열시키고 현재 존재하는 회로에 변화를 가져오며 새로운 질서를 만들어내는 방향으로 발휘될 가능성이 항상 존재한다. 따라서 경로의존적인 복제의 공간인 회로가 때때로 혁신의 공간이 된다. 이런 관점에서 회로는 기존의 갈등 규범을 해체하고 평화에 헌신적인 새로운 규범이 들어설 수 있는 공간이 될 수 있으며 이는 주체적인 행위자들에 의해 만들어진다. 갈등을 재생산하고 유지하는 기존 질서와 문화를 파괴하고 일상적 평화의 새로운 개념과 관습이 형성될 수 있도록 행위자들은 주체적으로 판단을 내리고 회로를 변화시킬 수 있다.

또한 회로망은 미시적인 지역 차원에서 형성된 회로들이 거시적 차원의 회로와 연결되어 있다는 것을 보여주는 데 유용하다. 회로는 여러 층위에서 존재하고 운영되며 다른 회로들과 여러 방법으로 연결되고 각기 다른 형태로 형성된다. 목적, 기능, 목표가 서로 다른 다양한 회로들이 존재한다. 예를 들어 공유무역이나 외환 거래와 같은 금융 회로는 자동화되어 짧은 순간에 교환이 발생하고 제한적인 인간의 개입을 필요로 하지만, 종교와 같이 영적인 영역이나 신념 체계를 다루며 인간의 개입이 최대화되는 회로도 있다. 이처럼 회로의 개념을 도입해 일상적 평화의 미시적인 차원과 거시적 구조와의 관련성을 이해하려는 시도는 다소 생소하지만, 다층적으로 구성된 세계와 구조와 행위자, 글로벌 차원과 로컬 수준의 맥락과 같은 여러 요인들 간의 끊임없는 상호작용을 통해 이루어지는 평화의 행위나 사고방식의 구성성을 이해하는 데 도움이 된다.

III. 일상적 평화 개념의 한계와 의의

1. 한계

일상적 평화 개념의 차별화된 특징으로 인해 오히려 일상적 평화 개념의 한계를 지적하는 비평이 있다.[25] 우선, 앞서 언급한 것처럼 일상적 평화는 개인적 차원에서 갈등을 회피하거나 최소 수준으로 관리하려는 최소주의 평화로 인식될 수 있어 일상적 평화를 통해서는 궁극적인 평화에 도달할 수 없다는 회의적인 시각이 있다. 특히 사회구조적 차원에서 발생한 갈등이나 국제적 또는 초국가적 차원에서 해결되어야 하는 문제의 경우 개인적이고 지역적 차원에서 행해지는 일상적 평화가 갈등의 궁극적인 해결에 미치는 영향이 미미하거나 거의 없을 수 있다. 이에 따라 일상적 평화의 관행이 엘리트 수준, 즉 정치적인 차원의 정책이나 평화운동과 연결되지 않으면 갈등 상황의 근본적인 변화를 가져오기에는 불충분할 수도 있다. 또한 갈등사회에서 상대 집단과의 개인 차원의 미시적인 접촉이 오히려 갈등을 지속시키거나 악화시키는 요인이 될 수 있다는 비판도 있다. 이 외에도 일상적 평화는 갈등이 발생한 사회정치적 상황이나 지리적 또는 문화적 특성에 따라 매우 다른 형태로 나타나기 때문에 일상적 평화의 개념을 적용할 수 있는 범위가 제한적이다. 이와 더불어 감성지능과 같은 개인의 예민한 지각과 직관적인 반응 능력에 의존적인 일상적 평화 활동은 표준화나 프로그램화가 힘들고 일상적 평화가 행해지는 원칙 또한 명시적으로 설명하기 어려운 한계가 있다. 따라서 한 지역에서 적용된 일상적 평화의 관행을 다른 지역에서 그대로 적용할 수 없고 또한 갈등을 발생시킨 정치, 사회적 상황이나 지리적 위치나 조건 등에 따라 일상적 평화의 관행과 규범은 상당히 달라지기에 이론화가 어려운 것이 사실이다.

2. 일상적 평화의 의의와 다른 평화개념과의 관련성

이러한 일상적 평화 개념의 한계에도 불구하고 그 중요한 의의는 외부 전문가가 개입하여 프로젝트 중심으로 이루어지는 자유주의 평화구축 모델의 한계를 보완할 수 있다는 점이다. 일상적 평화는 평화구축에 있어 로컬의 중요성에 주목하는 포스트 자유주의 평화담론 중 하나이며, 지역주민을 일방적으로 이식되는 평화구축 계획이나 원조를 수용하는 수동적인 수혜자가 아니라 적극적인 평화의 행위자로서 인식한다는 점에서 다른 평화개념과 차별된다. 평화학 연구에서 흔히 발견되는 '원조국과 수혜국', '글로벌과 로컬', '구조와 행위자'와 같은 이분법적이고 위계적인 사고방식을 뛰어넘고자 하는 시도이자 일상적이고 친숙한 사회적 관습의 평범성이 내포한 정치적이고 사회적인 기능과 역할을 탐구한다는 점에서 중요한 의의가 있다.

무엇보다 일상적 평화는 사회적 세계의 유동성을 중요하게 고려하는 개념이다. 일반적으로 사회갈등 논의에서 갈등의 경계나 정체성과 같은 개념들이 마치 고정적이며 불변인 것처럼 생각되는 경향이 강하지만, 우리가 사는 사회는 실상 매우 유동적이다. 따라서 평화와 갈등 연구에서도 개인이나 집단, 그리고 그들의 행위의 유연성을 고려할 필요가 있는데, 일상적 평화는 사회의 유연성과 단일해 보이는 집단의 이질성을 최대한 고려하고 반영한다. 집단이란 일정 수준의 동질성을 유지하려는 성향이 있지만, 집단 내에도 다른 생각과 의견들이 공존하며 상당한 이질성이 내포되어 있다. 결국 집단은 행위주체성을 가진 개인들로 이루어진 집합이며 개인들은 상대 집단과의 교류와 상호작용에 대해 각기 다른 태도를 취할 수 있다.

국제사회는 인종, 종교, 민족과 같은 거대 갈등 요인에 주로 관심을 두며 이에 따라 외부 전문가의 평화구축 활동도 거시적인 갈등 요인 해결에 치중하기 쉬운데, 이것이 오히려 지역에 다른 갈등을 야기하는 요인이 되기도 한다. 일상적 평화는 국제사회의 개입으로 이루어지는 평화구축 활동에서 경시되어온 로컬의 복잡한 사회적 규범이나 관습 등을 통해 평화구축의 방법을 발견해내는 개인이나 소집단의 능력에 집중함으로써, 개인의 행위주체성과 창의성이 평화구축 활동에서 차지하는 중요한 역할을 발견하고 외부 평화구축 활동이 종료된 이후에도 지속 가능한 평화를 만들어나가는 로컬의 능력을 연구한다는 점에서도 의미가 있다. 일상적 평화 이론에서 개인은 사회를 지배하는 갈등 문화나 질서에 순응하는 피행위자(subject)이기도 하지만, 동시에 주체적 행위자(agent)로서 창의성을 발휘한다. 갈등사회의 평범한 사람들은 사회적 규율이나 질서에 순응하기도 하지만 행위주체성을 바탕으로 기존의 갈등 질서에 저항하고 평화로운 관계를 만들기 위해 즉흥적이고 창의적으로 행동할 수 있다는 것이다. 갈등이 일상화된 사회에서도 의외로 종파, 인종, 민족과 같은 분열의 경계를 넘어서는 상호작용이 일상적으로 존재하며 유무형의 경계에서 이루어지는 평범한 사람들의 일상적 활동이 정치나 사회의 구조와 질서를 구성하고 변화시키는 데 상당한 역할을 한다는 사실에 주목하는 일상적 평화는 기존의 평화개념에서 다루어지지 않았던 미시적 차원 그리고 미시적 관행과 거시적 구조의 상관성을 연구한다는 점에서 중요하다.

IV. 한반도 평화구축과 관련된 함의

일상적 평화이론을 통해 한반도 평화를 논의할 때 얻을 수 있는 가장 큰 유익은 한반도 평화담론의 확장이라고 할 수 있다. 평화를 통일을 이루는 정치적 과정으로서만 이해하는 협소한 인식을 넘어 평화의 개념을 확장하고 다양화할 수 있다. 한국 사회에는 갈등의 경계가 뚜렷하지는 않아도 '남남갈등'이라는 용어에 나타나듯이 여전히 유무형의 경계에 따라 만성화된 갈등 현상이 나타난다. 일상적 평화 개념은 우리 사회의 다양한 분열과 대립의 경계를 넘어 이루어지는 평범한 사람들의 평화적 행동과 사고양식에 관한 논의로 평화담론을 확장하는 데 기여할 수 있다. 예를 들어 남한에 거주하는 북한 이탈 주민 연구나 한국전쟁기 민간인 학살 사례 등에 일상적 평화를 적용한다면 기존 통일담론에서 주로 분단 체제의 피해자로서만 인식되었던 남북한의 평범한 사람들이 평화구축의 주체적 행위자로서 보유한 평화 역량에 관한 논의로 평화연구의 범위가 확장될 수 있을 것이다.

한반도에서 남북한 주민의 직접적 접촉이나 교류는 사실상 불가능하지만, 남한에 정착한 북한 이탈 주민의 수는 상당하다. 사실상 여전히 북한과 적대관계에 있는 남한에서 살아가는 북한 이탈 주민과 남한 주민의 일상적 접촉과 만남에는 미묘한 긴장과 갈등이 존재할 수밖에 없다. 따라서 남한 사회에서 경험하는 일상의 긴장과 갈등을 해소하기 위해 갈등을 회피하고 평화로운 관계를 유지하기 위한 북한 이탈 주민 나름의 사고방식과 행동 양식이 존재한다. 한 예로 김수경이 수행한 서울의 교육열이 높은 학군에 위치한 초등학교에서 일어나는 북한 이탈 주민과 남한 주민 간의 상호작용에 관한 선행연구에서 분석된 두 집단의 행동 양식과 사고방식은 일상적 평화의 실증적 사례라고 볼 수 있다.[26] 문화적으로나 계층적으로나 이질성이 분명한 두 집단이 학부모로서 초등학교라는 공동의 공간에서 자주 접촉하고 교류하며 서로 경계하고 때로 충돌하지만 갈등과 봉합의 과정을 반복하며 서서히 상호 적응한다. 이 과정에서 북한 이탈 주민 학부모가 취하는 관찰과 모방의 행동이나 남한 학부모들이 북한 이탈 주민과 좀 더 자유롭게 소통할 수 있는 기회가 마련되기를 바란다는 희망에 담긴 평화적인 사고방식은 일상적 평화의 행동 양식이자 사고방식이다. 또한 학교는 두 집단 간 긴장이 발생하는 장소이지만 동시에 상호교류와 이해의 기회를 제공하는 일상적 평화구축의 공간이 된다.

일상적 평화를 적용하여 유의미한 시사점을 발견할 수 있는 또 다른 사례로 한국전쟁기 마을 단위에서 발생한 민간인 학살 연구를 들 수 있다. 일상적 평화이론의 관점에서 한반도에서 발생한 학살 사례를 분석한 연구는 전무하며 민간인 학살에 관한 다양한 선행연구들은 대부분 과거사 청산의 측면에서 논의가 이루어져 왔다. 하지만, 필자는 이미 발표된 민간인 학살 사례들에서 전쟁 이전부터 자리하고 있던 공동체 문화나 개인의 주체적이고 친평화적 행동과 사고방식을 통해 학살의 피해가 최소화되고 학살이 발생한 이후 마을의 평화를 유지했던 사례들을 발견할 수 있었다. 예를 들어 아산지역 민간인 학살 사례에서는 점령군의 동일한 학살 지침에도 불구하고 마을에 따라 학살의 규모와 특징이 다르게 나타나는데,[27] 이미 존재하고 있던 지역의 공동체 문화나 지도자의 개인적인 신념이 학살을 이행하는 과정에 영향을 주며 다른 결과로 이어진 것이다. 전쟁 이전부터 지주와 소작농 간 갈등이 자주 발생했던 마을에서는 대량 학살이 발생했지만,[28] 서로 돕고 사는 공동체 문화가 형성되어 있었던 마을에서는 점령군 또는 국가의 학살 명령에도 불구하고 마을 지도자나 명령 수행자가 개인적인 결단으로 마을 주민을 보호하며, 학살 피해는 최소화되었다.[29] 로컬에 본래 자리하고 있던 평화적인 문화와 규범, 그리고 개인의 평화적인 사고방식이 전쟁의 상황에서도 학살 명령에 저항하며 갈등을 최소화하고 일상의 평화를 유지하는 데 중요한 역할을 한 것이다. 국가의 명령에도 불구하고 개인적이고 주체적인 판단에 따라 학살을 막고 이웃과 연대의 행동을 보여준 마을 지도자의 결단과 행동은 개인의 행위주체성이 발휘된 대표적인 일상적 평화구축의 행동이다. 또한 대량학살이 발생한 이후 대부분의 마을에서는 학살의 가해자나 피해자들이 마을을 떠났거나 갈등이 다양한 형태로 지속된 반면, 비록 드물기는 하지만 학살 사건에도 불구하고 공동체를 유지하고 비교적 평화롭게 주민들이 공존한 사례에서 일상적 평화의 사고방식과 관행을 발견할 수 있다. 아산 음봉면의 한 마을은 강력한 중재자의 존재로 인해, 예산 광시면의 마을은 다수의 희생자가 발생한 집안 측에서 가해자들을 집단적으로 용서하는 결단을 내림으로써 이후 다시 마을에 평화 문화가 정착하고 공동체를 유지할 수 있었다.[30]

　일상적 평화의 관점을 통한 학살 연구는 극단적인 폭력의 상황에서도 사회성과 호혜, 그리고 연대의 가치를 바탕으로 이루어진 평범한 사람들이 실행했던 친평화적인 행동 양식과 사고방식에 대한 새로운 시사점을 제공한다. 주로 과거사 청산이나 사법적 정의의 관점을 중심으로 이루어진 기존 학살 연구에 다른 관점을 제공하여 한반도에 존재했던 미시적이고 개인적인 차원에서의 평화적 관행과 사고방식에 관한 연구로 발전시킬 수 있을 것이다.

V. 나가는 말

　일상적 평화는 거시적인 구조에 치중하여 갈등 해소와 평화구축을 설명하는 평화 논의에서 벗어나 혼란스러운 정치사회적 환경 속에서도 일상을 살아내며 갈등을 최소화하고 평화를 만들어가는 평범한 개인들의 행동 양식과 사고방식을 연구한다는 점에 다른 평화개념과 차별성이 있다. 또한 지역적이고 미시적인 차원에서 발휘되는 개인이나 소집단의 평화적 역량과 거시적 사회구조나 체제와의 상관성이나 평화의 구성성에 관한 시사점을 제공한다는 점에서 중요한 의미가 있다.

　따라서 통일을 이루는 거시적이고 정치적인 과정이 곧 평화로 이해되는 평화담론을 확장하는 데 일상적 평화이론이 기여할 수 있을 것이다. 일상적 평화 개념의 관점에서 한국전쟁기 정치적 혼란과 분열에도 불구하고 평범한 개인들이 학살의 위기에 처한 이웃의 생명을 구하고 마을의 평화를 위해 행동한 사례를 찾아볼 수 있다. 또 일상적 평화 개념으로 남한 사회에 여전히 존재하는 냉전 논리의 적대성을 넘어 남한 주민과 공존하며 살아가는 북한 이탈 주민들의 행동 양식과 사고방식에 관한 연구 등으로 평화연구의 지평을 확장해나갈 수 있다. 이를 바탕으로 남북한의 오랜 고질갈등과 분단으로 인해 남북한 사회에 굳어진 갈등 문화와 구조를 초월하여 발휘되는 개인들의 평화적 역량을 발견할 수 있을 것이다. 이 책에서 소개된 다양한 평화 개념들과 함께 일상적 평화 개념은 한반도에 평화를 이루어가는 과정에서 평화의 다층적인 특성을 고려하고 다양한 행위자의 참여와 역할을 강조함으로써 평화와 통일담론을 다양화할 수 있으리라 기대된다.

제8장

경합적 평화

강 혁 민

I. 들어가는 말

　자유민주주의자들에게 분쟁(armed conflict)은 해결이 가능한 것이었다. 사회 구성원의 참여와 토론, 그리고 정치적 절차는 분쟁을 해결할 수 있는 가장 민주적인 방법이었다. 모두가 동의할 수 있는 합의는 분쟁 사회가 항구적인 평화로 이행되기 위한 필수조건이었다. '자유'와 '민주'는 인류 사회가 추구해야 할 보편적이고 본질적인 가치이며, 평화는 이러한 가치가 올바로 구현될 때 나타나는 것이었다. 자유주의적 신념은 평화구축과 갈등 해결을 이해하는 평화학자들의 인식론에 지대한 영향을 끼쳤다.[1] 학자들은 민주주의 사회에서 발생하는 분쟁이란 비정상적인 상태이며 갈등하는 집단이 공동으로 합의하는 선언 또는 그러한 과정을 이루어가는 평화 프로세스를 통해 극복될 수 있다고 보았다. 필요에 따라서는 제3의 중재자나 유엔과 같은 국제기구의 개입을 통해서라도 국민투표를 실시함으로써 평화적 합의를 이끌어 내야 하는데, 이들에게 이러한 개입은 인도주의적 책무와 같은 것이었다.[2] 따라서 평화로운 사회를 건설하기 위해 우선적으로 해야 할 일은 무력 분쟁을 종식시키고 뒤따라오는 다층적 갈등을 관리할 수 있는 만장일치의 합의와 선언을 도출해 내는 것이었다.

　그러나 지난 수십 년간 분쟁 후 사회(post-conflict societies)를 관찰해 온 양적 데이터들은 이러한 자유주의 신념을 보기 좋게 반박했다. 자유주의 방식에 입각한 평화협정들은 단기적으로는 폭력을 중지시킨다는 점에서 효과적이나 장기적인 관점에서는 그 지속성을 담보할 수 없었다. 그뿐만 아니라 협정이 맺어진 후 항구적인 것은 평화적 공존이 아닌 갈등하는 집단들의 적대적 관계였던 것이다.[3] 콜롬비아나 예멘, 그리고 필리핀의 사례에서는 평화협정이 거부되거나 폐기되었고, 북아일랜드와 남아프리카공화국에서도 평화협정 이후에 발전하는 종파주의나 인종주의로 인해 사회 구성원들의 양극화가 심화되었다. 비록 무력 사용은 잦아들었지만 일상적 메커니즘은 오히려 서로를 더 증오하고 불신하게 만드는 고질적 형태로 변형되었다. 요컨대 분쟁 후 지속되는 다양한 양태의 갈등은 자유주의 가치를 신뢰해 온 평화학자들로 하여금 기존의 인식론을 수정하거나 폐기하도록 했다.

평화를 위한 민주적 합의와 선언 이후에도 갈등이 지속되는 이유는 무엇인가? 갈등이 사라지지 않는다면 평화는 어떻게 이루어질 수 있는가? 이 장은 이 두 가지 질문에 대한 응답으로 경합적 평화를 설명한다. 경합주의는 급진민주주의 이론으로 분쟁 사회의 결코 소멸되지 않는 갈등의 내구성을 인정하고 집단들 사이의 차이와 적대를 정치적 방정식으로 교환하여 비폭력적 공존의 방식을 찾는 이론이라고 할 수 있다. 이 개념은 갈등 해결의 문제를 비정치적인 영역으로 이끌고 간 근대적 사유를 비판하고 다시 민주적인 방식으로 끌어들일 것을 요청한다.

이 이론을 분석하기 위해 필자는 샹탈 무페(Chantal Mouffe)의 경합적 다원주의를 차용하며 이것이 어떻게 평화학자들에 의해 수용 및 변형되는지 서술할 것이다. 샹탈 무페의 경합적 다원주의는 정치적인 것에서 적대의 개념을 적극적으로 받아들임으로써 다원적 공존을 주장하는데, 경합적 평화는 바로 이 다원적 공존을 둘러싼 다양한 메커니즘과 직접적으로 관계한다. 이후 경합적 평화의 주요 특징과 한계를 살펴봄으로써 이 개념이 갖는 이론적 위치를 조명할 것이다. 마지막으로 이 개념이 한반도 평화 논의에 줄 시사점을 살펴봄으로써 평화연구에 새로운 관점을 제시할 것이다.

II. 개념의 등장과 전개

1. 경합적 다원주의란 무엇인가?

경합적 다원주의란 무엇이고 이것이 왜 평화를 연구하는 데 유용한 것일까? 이 질문에 적절히 답하기 위해서는 먼저 경합주의(또는 아고니즘, agonism)를 이해할 필요가 있다. 경합은 본래 그리스어 아곤(ἀγών; agōn)으로부터 발전된 개념인데, 이것은 끊임없이 되풀이되는 경쟁이나 논쟁을 의미한다.[4] 아곤은 고대 그리스 사회에서 행하던 축제나 올림픽에서 대중들 앞에서 펼쳐진 경쟁관계를 상기시킨다. 또한 아곤은 당대 문학가들과 시인들에게도 무수한 영감을 주었는데, 그들은 인간의 갈등 관계와 그것을 풀어나가는 등장인물들의 관계를 그들 작품의 주요서사로 삼았다.[5] 곧, 주인공(protagonist)과 적대자(antagonist)의 경합이 그들 문학의 대서사가 되었다.

경합의 의미를 민주주의 이론으로 본격적으로 끌어들인 대표학자는 샹탈 무페(Chantal Mouffe)였다. 급진민주주의 이론가인 무페는 경합을 현대 민주주의를 이해하는 핵심 개념으로 차용했는데, 그녀는 경합이 정치적인 것의 속성을 이해하지 못하는 자유민주주의자들의 인식을 대체할 수 있는 개념으로 받아들였다. 무페가 경합주의를 민주주의 이론에 적용한 근원적 계기는 현실 공산주의의 몰락이 가져온 질서가 자유민주주의의 승리가 아닌 '정치적인 것'(the political)의 몰락이라는 깨달음이었다.[6] 그녀가 보기에 자유민주주의자들은 탈냉전 이후 급속도로 발전하는 지역주의와 서구 보편주의에 대한 도전, 그리고 적대의 출현에 아무런 답을 주지 못했고 오히려 이러한 현상을 예외적인 것으로 간주함으로써 정치적 사유의 무능력을 드러냈다.[7] 이에 대해 무페는 "정치적인 것의 본성을 제대로 이해하지 못하는 자유주의 사유의 무능력, 적대의 환원 불가능한 특성에 대한 이해의 부족"은 "민주주의 정치를 황폐하게 하는 결과를 가져올 수 있다"[8]고 주장했다. 자유민주주의의 특징을 서술하면서 무페는 갈등은 정치적인 것이며 정치적인 사유 안에서만 다루어질 수 있다고 보았다.[9] 이 경합 개념을 수용한 광범위한 학자들은 갈등을 다음과 같이 인식한다. 갈등은 (1) 인간사회에서 필연적인 것이며 (2) 민주주의 정치의 핵심 요소일 뿐만 아니라 (3) 그 해결의 과정은 구성적인 것이다.[10] 이와 같은 공통된 인식을 토대로 평화에 대한 경합적 이해가 시작될 수 있다.

　무페의 '정치적인 것'(the political)[11]에 대한 이해는 경합주의를 이해하는데 있어 핵심 주제인데 이것은 탈근대적(post-modern) 사고에 기인한다. 그동안 북미와 서구 유럽을 중심으로 정치적 헤게모니를 향유해 온 자유민주주의는 본질적인 가치들을 인정하는 근대적 사고를 토대로 '자유'와 '민주'의 이념을 발전시켜 왔다. 자유주의 이론가들은 근대 사회가 집단적 이성에 기초한 보편성과 합리성에 의해 질서가 유지될 수 있으며 사회구성원들이 만들어 낸 민주적 합의가 그 사회를 이끌어갈 수 있는 원동력이 된다고 보았다. 민주주의 정치는 사회를 근대 이전의 역사로부터 해방시키고 진보시킬 수 있으며, 이 체제 안에서 개인들은 이성적으로 문제 해결을 추구하는 합리적 주체로 재탄생된다. 그들이 보기에 민주주의의 실현은 본질적인 가치들 곧, 개인의 자유와 권리, 사회적 정의와 평등을 완성하므로 인간사회가 마땅히 추구해야 할 정치의 원형이다.

근대성과 자유민주주의에 대한 낙관적 전망에도 불구하고 무페를 포함한 수많은 비판가들은 이 계획의 위험성을 고발했다. 무페는 근대적 자유민주주의가 합의와 보편에 심취해 있을 때 정치는 반정치화되었고 다양성과 차이는 묵살되었다고 보았다. 바우만이 근대성을 '정원사'에 비유하여 계획적이고 예측이 가능한 정치적 사회구상을 의도했다는 점을 지적했을 때,[12] 무페도 역시 이러한 근대적 단일성을 비판하고 탈근대적 다원성을 정치적인 것의 근본 테제로 다시 조명하고자 했다. 그렇기에 그녀가 말하는 경합적 민주주의의 시작은 "정치에 대한 근대적 사고에 내재한 계몽주의적 토대와 정치적 주체의 본성을 합리성과 이성의 토대로 고정시키려는 보편주의적이고 본질주의적인 믿음을 비판하고, 그러한 인식을 비판적으로 극복하는" 것에서 출발한다.[13]

무페는 또한 근대 사회가 포착하지 못한 정치적 주체들의 비균질적이며 유동적인 정체성에 대한 긍정을 통해 정치적인 것에 대한 탈근대적 사고를 더욱 확대했다. 근대 이후 사회는 다원적이며 경계가 허물어진 탈경계의 시대다. 더 이상 국민국가라는 구상이 개인과 사회적 집단들에 결정적일 수 없었고 오히려 세계시민적 정체성으로 교체되었다. 정치의 주체들은 다원적 사회에서 결코 본질적이거나 결정론적인 정체성을 가질 수 없으며 오히려 예측이 불가능하고 다층적 계급들의 마주함 속에서 복합적인 특성을 갖는다. 무페는 이러한 다원적 주체들의 복합적 정체성이 민주주의를 구성하는 탈근대적 속성이라고 보았다. 민주주의가 다시 정치적인 것으로 돌아가기 위해서는 주체들의 다원성을 정치적으로 사유하고 그로부터 발생하는 경합을 인정해야 한다.[14] 근대 사회에서 자유민주주의가 추구한 보편과 본질은 주체들 사이의 차이를 포착하지 않으며 필연적으로 배제를 수반하기에 엄밀한 의미에서 정치적인 것이 될 수 없다. 그보다는 다원성을 인정하고 주체들의 다양한 신념과, 가치, 그리고 담론들이 등가적으로 교환되는 것이야말로 민주적 경합이고 급진적 정치라고 할 수 있다.[15] 그렇기에 무페는 탈근대 사회에서 발전하는 민주주의는 다원성을 인정하는 경합적 다원주의(agonistic pluralism)의 준칙에 기반해야 한다고 주장한다.

2. 심의 민주주의 비판

경합적 다원주의는 민주주의의 핵심 테제로서 심의 민주주의와의 비교를 통해 더 명확히 드러날 수 있다. 심의 민주주의(deliberative democracy)란 동등한 권리를 가지는 시민들의 공적 심의(public reasoning)를 통한 민주적 의사 결정을 말한다.[16] 심의 민주주의에서 시민들은 완전히 동일한 권리와 자유로운 의사소통을 통해 공익의 실현을 기대하며, 그들의 결정에 대한 공동체적 책임을 가진다. 동일한 지위를 부여받은 사회의 모든 구성원들은 심의를 통해 결정된 정책이나 제도에 함께 영향을 받기 때문에, 누구나 동의할 수 있는 의사 결정은 이 형태의 민주주의적 핵심이다. 구성원들은 개인의 선호에 맞게 의사를 결정할 뿐만 아니라 공동체 모두가 받아들이고 납득할 수 있을 만한 결정을 내리게 된다. 이론가들은 시민들의 의사 결정이 정치적인 상호작용을 통해서 이루어지기 때문에, 이 과정에서 그들의 선호는 언제든지 뒤바뀔 수 있다고 생각한다.[17] 이때 중요한 것은 누구나 이성적으로 수용 가능한 합의에 도달하는 과정이며 이를 도출하는 데 참여하는 시민은 예외 없이 동일한 권리를 지니며 공익을 고려하는 이성적 개인이다.[18]

심의 민주주의를 주장하는 여러 학자들 중에서도 위르겐 하버마스(Jürgen Habermas)는 개인들의 '공적 공간'(public sphere)에서의 정치적 교환, 특히 대화의 과정을 통한 의사 결정을 강조한다.[19] 하버마스식 민주주의의 의사 결정 과정은 권리의 평등과 언어적 행위의 균형이 보장된 공적 영역에 시민들이 참여하고, 합의를 이루어 가는 과정에서 질문할 수 있는 권리, 그리고 그 결정이 도출되는 과정과 그것이 실행되는 과정에서 다시 숙고할 수 있는 권리를 포함한다.[20] 요컨대 심의 민주주의의 핵심은 대화의 과정을 통한 집단 이성적 합의는 사회의 구성원이라면 누구나 수용이 가능한 해결점이 될 수 있다는 것이다.

그러나 주지하듯 경합적 다원주의는 심의를 통한 합의와 과감히 절연한다. 다원적 주체들 사이의 경합은 반드시 정치적인 것의 중심에 자리 잡아야 할 뿐만 아니라 경합을 지속하려는 의지 자체가 정치적인 것의 조건이기 때문이다.[21] 만장일치를 추구하는 민주주의는 엄밀한 의미에서 민주주의라고 할 수 없으며 근대적 본질주의의 덫에 걸려 있을 뿐이다.

더 나아가 무페는 심의 민주주의가 주장하는 시민들의 동등한 권리라는 전제를 반박한다. 그녀는 정치적인 영역에서 개인들은 어떤 형태로든 완전히 동등한 지위를 향유할 수 없으며 힘의 논리 안에 속박되어 있음을 알아차렸다. 무페는 심의 민주주의가 고려하는 공적 영역은 헤게모니가 작동하는 공간이며 서로 다른 개인과 집단들의 비대칭적 힘이 교환되는 현장이므로 권리와 힘의 균질로부터 합의가 가능하다는 도식은 허구라고 비판한다.[22]

갈등은 이러한 헤게모니의 독점으로부터 발생하고 정치적인 것은 헤게모니의 영향을 애써 삭제하려는 시도가 아니라 그것을 정치적 조건으로 받아들이는 것이다. 또한 무페는 심의 과정에서 출현하는 언어의 작동을 인식하고 그 안에서 발생하는 언어 게임을 고려하지 못했다고 비판한다.[23] 합의란 합의된 것들에 대한 언표인데, 언표를 둘러싼 언어와 의미의 작용은 결코 힘의 논리와 불가분의 관계에 있지 않다. 대화적 공간에서도 나타나는 언어적 헤게모니 또한 참여자들의 동등성을 반드시 보장할 수 없다. 따라서 자유민주주의가 그토록 주창한 공정한 합의는 그 절차와 규칙을 구성하는 언어적 방법론에 의해 해체된다.

3. 적대에서 경합으로

요컨대 무페가 지향하는 정치적 기획은 다원적인 가치와 주체들의 경합을 재조명하는 것이다. 경합이야말로 다원주의를 가장 잘 표현하는 것이며 그것을 다루는 과정이 민주주의의 본질이기 때문이다.[24] 여기서 중요한 점은 경합적 다원주의가 '적대'의 개념을 적극적으로 수용한다는 것이다. 무페에게 있어 적대는 정치적인 것의 본질이다. 적대는 결코 제거될 수 없으며 다른 가치들과 교환이 불가능하다. 오히려 경합적 다원주의는 더 이상 줄어들지 않고 제거되지 않는 적대와 그것으로부터 기인한 갈등과 불일치를 지속적인 조정의 과정을 통해 해결하는데 집중한다. 여기에서 말하는 해결이란 합의를 통한 화합이나 조정이 아닌 경합할 수 있는 조건으로 만들어 내는 것을 뜻한다.[25] 왜냐하면 "정치적 정체성들 간에 필연적으로 존재하는 적대의 관계가 합의나 동의를 위한 정치적 과정에서 배제되거나 억압되는 것이 아니라, 그것들이 민주주의를 파괴하지 않는 범위에서 중단 없이 대면하고 서로 경합할 수 있어야"[26]하기 때문이다.

따라서 경합주의는 심의를 통해 시도된 의견의 균질성을 포기하고 다원성 자체를 수용하면서 민주적 합의를 향해 돌진하자고 설득한다. 적대가 존속한다면 민주주의가 해야 할 것은 파괴적 적대를 좀 더 온건한 적대로 변형시키는 것이다. 이것이야말로 비정치적인 해결 과정을 다시 정치적인 것의 본질로 되돌려 놓으려는 시도다.

4. 경합적 평화

이제 우리의 관심은 경합적 다원주의가 어떻게 평화론에 적용될 수 있으며 그로부터 파생되는 평화적 전망이 무엇인지 탐구하는데 있다. 사실 무페 스스로는 평화 또는 평화구축 자체에 의도적으로 관심을 두지 않았는데, 그것은 그녀가 보기에 평화 지향적 가치나 화해는 그녀가 비판한 본질주의적 궤적에서 크게 벗어나지 못했다고 보기 때문일 것이다.[27] 하지만 그녀의 경합적 다원주의가 지난 20년간 평화학자들에 직간접적으로 영향을 주었다는 사실에는 이견이 없다. 경합주의 이론이 무페 한 사람의 고유한 주장은 아닐지라도 그녀의 정치적인 것의 의미와 적대의 해석은 평화학자들이 관심하는 다원주의적 평화구축에 큰 기여를 했기 때문이다.[28] 따라서 경합의 관점을 받아들이는 학자들은 무페의 경합적 다원주의로부터 또는 그것을 넘어 평화[29]를 이해한다.

평화학자들이 경합의 관점을 수용하게 된 것은 자유주의 평화에 대한 포스트 자유주의적 비판으로부터다.[30] 포스트 자유주의 비판가들은 분쟁 (후)

사회를 위한 평화 프로세스와 평화구축이 자유주의적 보편주의와 심의를 통한 합의 도출에 몰두하는 동안 폭력과 갈등의 당사자들이 일상에서 경험하는 존재론적 위협과 안보를 충분히 포착하지 못했다고 보았다. 이들이 보기에 분쟁 사회에서 도출된 평화합의 이후 발전하는 것은 집단들 간의 급진적 차이와 불일치였다.[31] 분쟁을 둘러싼 다층적인 정체성들은 쉽사리 화해되지 못했고 사회의 구조는 우리/그들이라는 이분법적 정체성을 강화시켰다. 사회정치적 삶으로 더 파고든 분쟁의 여파는 만성화되어 단기적으로 해결하기 어려운 고질적인 것이 되었다. 이러한 비판적 인식 위에 경합적 평화 이론가들은 평화를 단편적 행위와 합의의 이행으로 축소시켜 이해하는 자유주의적 방법론과 인식론을 포기한 뒤, 그들의 시선을 존속하는 갈등과 적대의 문법에 놓았다.

이들이 새롭게 인식한 것은 쟁투(strife)를 통한 경합의 순환적 과정이었으며 정치적 선택에 의한 타협과 절충이었다. 하지만 경합이 어떻게 평화와 조우될 수 있는가? 평화협정과 평화 프로세스가 정치적 과정일 뿐이라면 그것이 왜 평화의 관점으로 이해되어야만 하는가? 이러한 물음들은 경합주의가 평화론으로 수용되기 위한 중요한 질문들이다. 엄밀히 말하자면, 경합주의 이론가들은 요한 갈퉁의 적극적 평화 또는 회복적 차원의 화해와 같은 개념들을 거부한다.[32] 적대는 정치적인 것이며 정치적인 문법 안에서만 다루어질 수 있기 때문이다.

평화학자들이 받아들인 경합주의는 다음과 같다: 갈등은 반드시 적대성을 수반하며 언제라도 다시 폭력적 갈등으로 전환될 수 있는 가능성을 내포하므로 갈등하는 집단들이 인식해야 하는 것은 적대성을 완전히 극복하거나 새로운 가치로 대체시키기보다는 갈등을 그대로 인정하면서 폭력적 위협을 경합성으로 바꾸어 나가는 일이다.[33] 적대가 결코 길들여지지 않는 것일지라도 그것의 파괴적 습성을 덜 파괴적이거나 건설적인 정치경합으로 전환하여 가야 한다. 경합의 목적은 집단 사이의 폭력을 방지하고 비폭력적 공존을 가능하게 하는 것이기 때문이다.[34] 더욱이 최종적 화해가 사실상 불가능하다는 인식은 평화를 무기력하게 하지 않는다. 그것은 오히려 평화를 개방적이고 유동적이며 미래 지향적 과정으로 이해하도록 돕는다.[35] 개방적 과정으로서 평화 이해는 경합적 관계에 있는 모든 집단이 다른 집단과의 차이를 서로 인정하며 존중하고 이를 통해 새로운 형식의 정치공동체를 구상한다.[36]

요컨대 경합적 평화는 존재론적 안보의 위협이 되는 폭력과 분쟁의 요소를 정치적인 영역 안에서 경합하게 함으로써 비폭력적 공존을 가능하게 하는 갈등 전환의 과정이다.[37] 달리 말하면 집단 간의 양립이 불가능한 차이를 인정하여 폭력의 요소가 되는 것들을 최소화시켜 나감으로써 한 사회 안에 다원적 공존이 가능한 조건을 만드는 것이다.[38] 이러한 관점에서 평화구축의 과제는 다원성의 폐기가 아닌 차이의 인정과 포함의 가치에 기반하고, 불일치의 정치(politics of disagreement)를 받아들이면서 적대적 관계를 경합적 다원주의로 전환하는 것이다.

III. 개념의 특징, 평가, 그리고 의의

1. 경합적 평화의 특징

이 평화론은 네 가지 주요한 특징을 갖는다. 첫째, 힘의 균형을 상정하지 않는다. 경합이 지속될 수밖에 없는 것은 갈등하는 집단 사이의 힘이 균등하지 않기 때문이다.[39] 대부분의 분쟁 (후) 사회나 이행기 사회에서 발생하는 폭력이나 갈등은 정치사회적 분열을 발생시킨다. 또는 정치적 폭력의 경우 폭력의 수행 주체 집단이나 피해자 집단 간의 분열을 만든다. 평화구축은 이러한 다양한 종류의 갈등을 극복하고 사회적 안정화를 추구하지만, 갈등하는 집단 사이에 존재하는 비대칭적 힘에 의해 평화협상이 좌초되는 경우가 많다. 이에 대해 협의주의(consociationalism)나 권력분담(power-sharing)을 이론화하는 학자들은 갈등의 해결을 위해서 정치적 집단들 사이의 힘을 최대한 균등하게 맞출 것을 주장한다. 이들에게 평화는 대칭성과 투명성에 의해 실현되는 것이며 민주사회의 기본 요건이기 때문이다`.[40] 그러나 대다수의 학자들이 지적하듯이, 이러한 형태의 협의나 권력 분담은 협정 이후에 존속하는 힘의 논리를 배제할 뿐만 아니라 집단들 사이에 발생하는 급진적 불일치에 대해서는 무기력하다.[41] 경합주의는 힘의 비대칭이 경합의 근본적 이유라고 설명한다. 갈등은 정치적 헤게모니를 둘러싼 쟁투의 과정이므로 결코 극복될 수 없다. 힘이 균등하지 않다면 경합은 어떻게 가능한가? 이론가들은 상대 집단에 대한 정치적 인정과 존중이 경합을 가능하게 하는 최소한의 조건이라고 말한다. 경합이 평화적 과정이 되려면 정치적 인정과 존중은 반드시 필요하며 인정과 존중 그 자체가 경합의 목적이 되기도 한다.

경합적 평화의 두 번째 특징은 다원적 내러티브의 공존이다. 애드리안 리틀(Adrian Little)에 따르면, 집단 간의 경합은 그것을 인식 가능케 하는 언어적 재현(linguistic representation)이나 언표(statement)로 구현된다.[42] 사실 분쟁은 복수의 집단들이 빚는 마찰이라고 할 수 있으며 그것을 이해하고 서술하는 방식이 분쟁 해결에 핵심적인 요소다. 정치적인 영역에서도 내러티브는 집단성을 형성하는 근원적 메커니즘이며, 분쟁 안에서 파생된 우리/그들이라는 이분법적 집단성은 그것을 구성하고 있는 내러티브에 크게 영향받는다.[43] 그렇기에 내러티브가 내 집단의 정체성을 훼손하지 않고 이익을 대변하고 있는지는 정치적 경합에서 매우 중요한 요소가 된다. 따라서 학자들은 서로 다른 내러티브의 공존이 평화와 직접 맞닿아 있다고 본다. 이에 대해 경합적 평화 이론가들은 갈등을 기억하고 서술하는 단수의 내러티브를 경합을 통해 다원화해야 한다고 주장한다. 과거에 대한 기억은 현재 서술하는 정치적 관점과 불가분의 관계에 있기 때문에 모두가 동의할 수 있는 내러티브를 생산하는 것은 정치적인 과제가 아니며,[44] 특정 집단의 이념과 역사적 해석을 대변하거나 또는 어떤 해석도 재현하지 못하는 것이 될 수 있기 때문이다.[45] 따라서 불일치의 정치를 고려하여, 다원적 집단들의 다양한 입장을 재현하는 언어의 경합(linguistic contestation)과 공존이 경합적 평화의 주요 특징이라고 할 수 있다.

세 번째, 경합이 집단들 사이에 급진적 불일치를 인정하고 내러티브를 통해 공존의 방식을 찾는 것이라면, 경합의 순간들은 특정한 이벤트와 공식적 담론에 제한될 수 없다. 오히려 경합적 다원주의는 언어를 전달하고 교환하는 대화적 공간 안에서 더 자주 발생한다.[46] 언어적 교환은 교환을 하는 생생한 현장과 그것을 지켜보는 무리의 정치적 참여이기 때문이다. 이것은 하버마스의 심의의 과정에서 말하는 언어적 공간과 같은 차원이다. 그러나 이미 기술했듯이 경합적 대화의 공간이 심의적 공간과 다른 결정적 차이는 전자가 대화를 통해 모두가 합의할 수 있는 하나의 안을 추구하는 것이라면 후자는 양립할 수 없는 다름을 인정하고 그것을 확인하며 상대의 입장을 존중하는 것을 명시적으로 표현한다는 데 있다. 경합적 대화 공간에서 경합의 과정은 적대성을 줄여 나가는 과정으로 전개될 수 있다.

경합적 평화의 마지막 특징은 종말론적 공동체를 추구하는 것이다. 갈등이 결코 해결될 수 없다면 정치의 목적은 무엇인가? 평화가 갈등을 전환하려는 공동체적 노력이라면 해결될 수 없는 갈등이라는 전제를 어떻게 이해해야 하는가? 만일 갈등이 결코 해결될 수 없고 경합만이 유일한 길이라면 평화에의 의지는 허무할 뿐이다. 확실히 이 점은 경합적 평화 이론의 맹점 중 하나다. 하지만 명심해야 할 것은 경합주의 이론이 최종적 화해를 거부한다고 해도 그것이 평화에의 의지 자체를 폐기하는 것은 아니라는 것이다. 정치적인 것은 적대의 인정이지 적대의 추구는 아니기 때문이다. 무페도 인정하듯이, 경합의 목적은 적대를 경합으로 전환하는 것이므로, 평화는 바로 이러한 전환적 의지와 관련된다. 이에 대해 앤드류 샤프(Andrew Schaap)는 경합을 공동체적 희망에 의해 돌진하는 정치적 활동이라고 보았다.[47] 경합의 의미가 누구나 동의할 수 있는 온전한 합의를 도출해 내는 것이 아닌 적대성을 경합성으로 변용해 가는 긴 과정을 의미한다고 하더라도, 그 과정은 평화적 미래가 가능할 것이라는 집단적 희망에 근거한다는 것이다. 샤프는 이를 정치적 우리성(political we-ness)이라고 부르는데, 경합의 최종 목표는 바로 미래에 회복될 '우리, 그러나 언제나 아직 아닌'(the we which is always not yet) 공동체의 설립이다.[48] 중요하게도 '우리 그러나 언제나 아직 아닌' 공동체는 바로 그 자체로 내러티브이며 이 내러티브를 통해 집단들의 정치적 의지 곧 경합에의 의지를 발생시킨다. 이것은 시민적 정치의 문법이자 경합적 화해의 목표이기도 하다. 경합적 관계는 불일치하는 집단들의 동지적 관계(civic friendship)에 기반하며 갈등이 존재함에도 불구하고 비폭력적으로 살아갈 수 있다는 미래적 전망을 향유한다. 따라서 '우리'라는 미래적 공동체를 소환하는 것이야말로 경합하는 집단들의 정치적 의지를 뒷받침하고 폭력을 중지하고 공존을 추구할 수 있는 원동력이 된다.[49]

2. 이론적 평가

위에서 서술한 네 가지 특징에도 불구하고 경합적 평화는 다분히 이론 중심적이라는 인상을 지울 수 없다. 갈등 해결과 평화구축에 대한 연구자들의 인식을 차지하고라도 현실에서 경합을 지속하는 것은 매우 도전적인 과제이기 때문이다. 실제로 경합적 평화를 뒷받침할 경험적인 데이터는 매우 부족하다. 필자는 여기서 이 평화론에 대한 세 가지 비판들을 서술함으로써 이 이론이 보충해야 할 문제들을 제시하고자 한다.

첫째, 적대성으로부터 경합성으로의 전환은 정치적 인정과 존중을 요청하지만, 극단적 증오와 혐오의 관계로 점철된 집단의 상호인정과 존중은 매우 어렵다. 분쟁의 상흔이 아직 아물지 않은 때에 경합적 접근은 분쟁으로 비롯된 가해와 피해 집단 사이의 구분을 흐릴 수 있으며, 피해의식 때문에 경합 자체가 거부될 수도 있다. 분쟁에 의해 씻을 수 없는 상처, 배제, 그리고 차별 등을 경험한 피해자 집단에게 이러한 가해자 집단에 대한 인정과 존중이 현실적으로 가능할 것인가? 오히려 경합적 문법은 피해자들의 트라우마를 악화시키는 기제로 작용할 수 있지 않은가? 경합에서 공동체적 감정이 차지하는 자리는 어디인가? 경합적 평화는 갈등 해결의 문제를 정치적인 차원의 이론으로만 축소하여 적용하는 것은 아닌가? 이러한 질문들은 분쟁과 그에 따른 상흔들이 단순히 정치적인 영역에서만 이해될 수 있는 것이 아님을 강조한다.[50] 확실히 상흔은 다차원적이며 감정과 심리적인 작용에 영향을 미친다. 이로 볼 때 경합주의 이론가들이 이해하는 분쟁과 상흔은 매우 관념적이고 일차원적이라고 비판할 수 있다.

둘째, 인도에 반한 범죄와 그로부터 파생된 구조적 폭력이 어떻게 경합적인 문법으로 이해될 수 있을지는 회의적이다. 구조적 폭력은 특정 집단에 대한 제도적 억압과 배제를 정당화하고 그들의 시민적 권리와 참여를 제한한다. 경합주의는 이러한 서발턴들의 정치적 지위와 가능성을 어떻게 해석하는가? 무페의 경합주의가 상정하는 정치적인 것 안에서의 적대란 여전히 서구적 민주주의의 이상적 조건만 담지하는 것은 아닌가? 존재하지만 인정받지 못하는 집단의, 그래서 적대마저 표현할 수 없는 집단의 정치적 권리는 어떻게 성취될 수 있는가? 이를 경합적 언어로 표현하면, 구조적으로 힘이 균질하지 못한 집단들이 경합적 과정에 참여할 수 있는 조건을 어떻게 만들어 낼 수 있을까? 경합주의 이론가들의 문제의식이 반드시 이 문제와 같은 맥락이 있지 않다고 해도 이 이론이 전망하는 갈등과 적대에 대한 이상적 해석은 부인하기 어려워 보인다. 물론, 경합주의의 이론적 전망은 서구 중심주의적 사고의 대항 지점에 속하는 여러 형태의 로컬화를 추구한다.[51] 또한, 이미 기술했듯이 경합적 평화도 자유주의적 평화를 비판하는 포스트 자유주의의 인식의 맥락에 있다. 그러나 실제 현실세계에서 경합이 서발턴들의 정치적 해방의 문제와 얼마나 맞닿아 있는지는 불분명해 보인다.

마지막으로 경합주의가 제안하는 미래적 희망의 정당성이 얼마나 오래 지속될 수 있을 것인지 비판할 수 있다. 샤프가 옳게 지적했듯이, '이루어질 것이지만 아직 아닌' 도식은 경합적 과정을 이루어 가는 공동체 사이에 온전한 공동체에 대한 종말론적 레토릭인 것이다. 경합이 끊임없다면 경합 자체가 무의미할 것일진대 이러한 정치적 희망은 경합의 이유를 설명한다. 이 과정에서 경합하는 집단은 과거의 잘못을 반성하고 이로써 서로가 서로에 대한 악행을 인정하고 사과하며, 그리고 용서하는 근원적 내러티브를 마련해야 한다.[52] 이로써 경합적 화해 공동체를 설립할 수 있는 것이다. 그러나 이러한 미래에 대한 희망이 과연 얼마나 지속될 수 있는가? 미래를 향한 정치적 레토릭이 오히려 비현실적인 희망을 되풀이하는 것이 아니냐는 비판을 받을 수 있다.

이 외에도 추가적인 비판은 얼마든지 가능하다. 하지만 그렇다고 해서 이것들이 경합주의가 평화론에 제공하는 핵심 논점마저 폐기할 수 있는 것은 아니다. 이 이론이 강조하는 것은 서구 중심적 자유주의 평화 방법론을 지양하고 다원성의 정치적 정당성을 더 지향하여 변화하는 세계 속에서 다양한 종류의 평화 공존을 인식케 하는 것이다. 경합적 평화가 추구하는 바는 바로 이 지점이다. 지금까지 주목받지 못한, 소외된 집단과 보편주의의 밖의 의견들을 정치적인 영역에 더욱 끌어들여와 그로부터 발생하는 갈등과 저항, 합의의 동학을 더 포착한다. 인식론으로서 경합주의는 평화의 보편성에 도전하고 다원적 가능성을 열어준다. 방법론으로서 이것은 자유주의적 이상을 폐기하고 민주주의적 공존을 제안한다.

Ⅳ. 다른 평화개념과의 공통점 및 차이점

이 장에서 필자는 경합적 평화를 심의 민주주의를 필두로 하는 평화 프로세스와 평화협상을 대체하는 개념으로 제시했다. 하지만 이 평화개념은 더 큰 논의의 배경을 가지고 있으며 여러 평화개념과 충분한 관계성을 가진다. 크게 두 이론과 연계성을 찾아 볼 수 있다.

먼저 경합적 평화는 적극적/소극적 평화의 중요한 함의를 환기시킨다. 1장에서 논의된 이 평화의 개념은 갈퉁의 평화에 대한 인식론을 보여주는데, 갈퉁은 비폭력적 공존을 소극적 평화로, 사회변혁과 관계적 전환을 추구하는 평화를 적극적 평화로 설명하였다. 이 지점에서 경합적 평화는 소극적 평화와 적극적 평화 그 사이에 있다고 할 수 있겠다. 샹탈 무페는 현실 정치 또는 민주주의에서 자주 묶이는 경합에 대한 인식을 새롭게 하는데, 갈등 자체도 정치적인 것이며 그것을 해결하는 방법 또한 경합에 의한 과정임을 직시했다. 무페의 인식론을 받아들인 경합주의 이론가들의 평화 전망은 매우 다양하지만 기본적으로 경합적 평화가 받아들이는 점은 소극적 평화, 곧 정치적 경합에 의한 비폭력적 공존이라고 말할 수 있다. 그러나 소극적 평화와 경합적 평화가 그 방법론에서 반드시 일치하는 것은 아니다. 전자는 사실 평화협상의 특정한 절차를 명시하고 있지는 않지만 경합주의 이론가들은 그 절차에 대한 매우 특정한 제안을 하고 있기 때문이다. 그런가 하면, 적극적 차원의 경합주의를 표방하는 학자들도 있다. 이들은 경합이라는 가치가 특정한 사회집단을 배제해 왔던 민주주의 방식을 극복하고 모든 집단을 인식하고 존중하는 포용적 행위들이라고 본다. 따라서 갈등 전환의 과정에서 경합에 의한 평화는 반드시 소극적인 행위만은 아니며 경합을 기본으로 하는

인정과 사과, 그리고 용서의 과정을 추구할 수 있다고 주장한다.[53]

둘째, 경합적 평화는 포스트 자유주의 평화와 관계한다. 로즈메리 신코 (Rosemary Shinko)는 지난 수십 년 동안 분쟁 후 재건의 과제나 평화구축의 논의에서 주류 담론이었던 자유주의 평화 이론의 한계를 지적하면서 경합주의 담론을 제안한 바 있다.[54] 신코의 논점은 평화구축에서 서구 자유주의 철학을 토대로 하는 개입주의나 기관 중심적 행위들은 그동안 평화가 세워져야 할 지역과 사회에 새로운 방식의 식민주의나 제국주의의 구조를 이식했고, 갈등으로부터 로컬의 해방에 기여했다기보다는 오히려 갈등을 더욱 고착화하는 반작용을 낳았다고 보았다. 자유주의 평화 이론은 그 한계 때문에 이 책의 5장에서 지적된 바와 같이 포스트 자유주의의 평화로 대체되었고 이는 로컬의 행위주체성을 중심으로 발전되었는데, 여기에서 신코는 경합적 평화가 세계 사회에서 영향력을 발휘하는 자유주의적 행위자들과 로컬로 대표되는 갈등 당사자들 사이의 경합에 의한 평화로 발전되어야 함을 주장한다. 갈등의 외부인들과 당사자들은 실은 평화구축에 모두 중요한 요소이나 지금까지 자유주의 평화에서 행위의 중심은 주로 갈등의 밖에 있는 개입자들이었고 당사자의 목소리나 그들만의 삶의 지혜는 묵살되기 십상이었다. 신코는 미셸 푸코를 인용하면서 이것은 평화를 구축하는 행위에서의 힘의 논리에 대한 것이고 두 '행위 주체'는 서로 경합하는 과정에서 혼종적 상태로 나아갈 수 있음을 지적한 것이다. 이러한 관점에서 경합적 평화는 포스트 자유주의 평화 담론에 주요한 위치를 점하고 있는 것이다.

V. 한반도에 주는 함의

경합적 평화론이 한국 평화연구에 줄 수 있는 함의는 다층적이다. 이 개념이 '분단'이라는 한반도만의 특수한 공식을 넘어서는 정치적인 것 일반을 다루기 때문이다. 여기에는 다양한 사회정치적 갈등을 경합적으로 조정하는 것뿐만 아니라 문화·예술 기획을 같은 방식으로 이해하는 것도 포함된다. 하지만 우리의 관심사가 분단으로 인한 한반도 비평화의 문제라면, 남북한 사이의 적대적 관계 그리고 대한민국 안에서 발생하는 남남 갈등의 문제로 좁혀 적용해 볼 수 있다. 따라서 필자는 경합적 평화가 남북관계와 남남 갈등을 이해하는 데 있어 제안할 수 있는 몇 가지 논점을 제시해 보고자 한다. 물론, 각각의 논점들은 후속 연구를 통해 더 구체화되어야 한다.

경합적 평화가 남북관계에 제시하는 첫 번째 논점은 과정으로서의 평화다. 경합주의에 의하면 평화의 또는 평화에 대한 접근은 결코 균질적일 수 없다. 평화가 인류 공통의 가치라는 것을 인정하면서도 그것이 구상하는 형태나 그것을 성취하려는 방법론은 제각각이다. 평화는 완전한 형식으로 존재하는 고정불변의 가치가 아니라 갈등하는 집단 간의 경합에 의한 공존의 법칙이다. 따라서 남북한의 평화에 대한 구상은 결코 획일적일 수 없으며 지속적인 쟁투 과정에 참여하는 정치적 행위에 의해 끊임없이 발전한다. 좀 더 과격하게 말하면, 완전한 평화는 결코 달성될 수 없다. 경합에 의한 긴장과 상호 존중이 있을 뿐이다. 그렇다고 해서 파괴적 적대성을 그대로 방치하자는 것은 아니다. 경합은 파괴적 적대성을 온건한 경합성으로 전환할 것을 요청한다. 이러한 이해는 두 가지 중요한 문제와 관련된다. 먼저, 북한을 적대자가 아닌 경합적 행위자로 인식해야 한다. 경합적 평화가 제시하는 경합의 조건은 권력이나 힘이 비슷한 두 집단의 경합적 인정과 존중에 의해 가능한 것이다. 그러나 남한 정부와 시민들은 남북 체제의 우월성에 의해 북한을 정복의 대상으로 취급하거나 예측 불가능한 비이성적 집단으로 이해하여 정치적 협상이 불가능한 상대로 여기는 경우가 있다. 남한의 이러한 맹목적 불신은 정치적인 것을 이해하지 못하는 보편주의적 사고에 기인한다고 할 수있다. 그러나 경합주의는 이러한 체제의 '우월성'(superiority)론을 경계한다. 경합은 정치적 결정을 내리기 위한 두 집단이 서로를 인정하는 차원에서 정치적 과정을 담아 가는 과정이기 때문이다. 따라서 남북한 사이에 정치적인 경합이 가능한 상태로 전환하는 것이 무엇보다 중요하다. 두 번째로 평화는 곧 갈등 전환 또는 화해 협력의 과정임을 인식하는 것이다. 온전한 상태로서의 평화가 그 자체로 불안한 조건이라면 평화는 적대적 갈등을 전환시키려는 장기적인 과제다. 평화를 평화협정이나 합의로 축소하여 이해한 기존의 방식은 경합주의에서 철저히 거부되는데, 이것은 경합이 되풀이되는 적대를 정치적인 행위로 전환시키는 것이 평화에의 의지와 관련된다고 보기 때문이다. 화해는 이러한 갈등 전환의 행위를 추구한다. 분단의 적대성을 해체하기 위한 내러티브와 기억, 그리고 교육의 작업들이 전개되어야 한다. 그렇다고 해서 화해가 보편적인 가치로 교체되어서는 안 된다. 무리한 통합이나 연합적 시도로 회귀되어서도 안 된다. 화해는 다만 남북한의 다양성을 이해하고 차이를 받아들이며 서로가 서로를 합당한 행위자로 인식케 할 수 있는 평화적 구성물이 되어야 한다.

경합적 평화가 남북 관계에 줄 수 있는 또 다른 함의는 통일 방안에 대한 정치적 접근법이다. 우리 정부가 1994년부터 채택하고 있는 '민족공동체 통일방안'은 민족동질성의 회복을 전제로 3단계 통일 방안을 제시한다. 하지만 경합주의는 통일의 방점을 민족이라는 한민족 보편의 정당성보다는 정치적 문법에서 평화 공존을 찾는 정치적 우리성(political we-ness)을 추구하도록 한다. 왜냐하면 정치사회에서는 다원적 의견과 결정만 존재할 뿐 민족적 과제가 정치적 결정을 넘어설 수 없기 때문이다. 샤프가 지적했듯이, 경합은 이루어질 것이지만 아직은 아닌 경합적 미래로의 방향성이다. 정치적 우리성은 과거에는 적대적 행위로 갈라졌으나 다원성에 의한 인정 이후에는 갈라진 공동체의 정치적 회복을 구상한다. 우리성은 미래적 레토릭이며 우리성은 정치적 과정을 뜻하지만 미래에 이루어질 민족의 연합과 통일을 염두에 둔다고 할 수 있다. 김성민이 옳게 지적했듯이 '우리성'에 대한 인식은 민족적 당위성에만 몰두하지 않고 미래에 대한 열린 자세를 의미한다.[55] 이것은 우리 안에 있는 분단의 적대성을 극복하고 다름을 인정하는 경합적 화합이라고 할 수 있다. 이것은 경합적 평화 프로세스를 상정할 수 있으며 이에 중요 과제는 민족성 자체를 회복하고 통일을 지향하기보다는 적대적 관계를 청산하고 경합적 공존을 위해 남과 북이 서로를 인정하며 장기적인 관점에서 정치적 우리성을 이루어 나가는 과정이 되어야 한다.

한편, 남남 갈등이라고 불리는 한국 사회 안에서의 사회적 갈등은 분단체제에 의한 좌우 진영론의 대립의 결과라고 할 수 있다. 진영론의 확립과 대립은 해방 이후 국가에 의해 행해진 국가폭력과 이를 청산하는 과정에서 드러나는 갈등, 그리고 이후 역사교과서 문제, 또는 태극기 집회를 둘러싼 갈등 등으로 이어져왔다. 진영론은 남한 사회를 극단적인 종파주의로 이끌며, 이에 따라 남북 관계를 더욱 고질적 갈등으로 이끌어 가는 갈등 기제로 작동한다. 이러한 사회적 갈등을 고려했을 때 경합적 평화는 고질적 갈등을 전환시키는 정치적 과정으로 이해될 수 있다. 특히 과거에 대한 다원적 기억과 내러티브 경쟁은 경합에 의한 남남 갈등을 해석하는 데 주요 분석 대상이 될 수 있다. 두 요소는 사회 정체성을 형성하는 근원적 기제이며 갈등사회에서 생산되는 적대적 기억과 내러티브는 극복되어야 할 것이다. 그러나 경합주의는 적대적 기억과 내러티브 극복 방식에서 '통합'이라는 가치 안에서 힘의 경쟁이나 체제의 전복을 목적으로 하는 배제의 연합과 같은 방식을 거부한다. 주지하듯 경합주의는 과거의 악행에 대한 참과 거짓 패러다임을 넘어서 현재 작동하는 다원적 기억과 내러티브 그 자체를 정치적 과정의 중요한 요소로 제안한다. 지배적인 기억과 내러티브는 반대급부로 떠오르는 기억과 내러티브로 대체될 것이 아니라 서로 경합하는 것이 되어야 한다. 가령, 과거청산을 목적으로 하는 진실과 화해 위원회의 활동은 보수 세력에 대한 배제로 활용될 것이 아니라 진실을 밝혀내 경합적 공존을 이루어 낼 수 있는 과제로 보아야 한다. 진실 위원회는 결코 진보 진영의 체제 유지를 위한 적대적 내러티브 생산체가 되어서는 안 된다.

국가폭력에 관한 진실화해 작업이 '진실규명과 화해'를 통한 사회통합보다는 진영논리에 의해 사회 갈등을 재생산할 개연성에 대한 지적[56]도 경합적 평화개념에서 연유하고 있다.

경합주의는 이러한 일련의 과정에 중요한 함의를 제공한다. 진영은 배제되어야 할 것이 아니라 인정되고 경합해야 할 것이기 때문이다. 결국 이러한 남남 갈등을 극복하기 위한 경합주의의 제안은 경합적 화해 프로세스의 추구라고 할 수 있다. 화해 프로세스는 적대적 진영론을 탈피하기 위해 과거의 악행을 인정하면서 현재의 정치적 정체성을 인정하는 것이다. 국가폭력의 희생자들에 대한 국가 차원의 인정과 사과, 그리고 보상뿐만 아니라 이 과정에서 발생하는 배제의 논리를 극복해야 한다.

VI. 나가는 말

이 장은 경합적 평화 개념을 이론적으로 검토하고 분석했다. 샹탈 무페의 경합적 다원주의를 발판 삼아 이 평화론은 갈등과 평화에 대한 새로운 인식론을 제안한다. 인간사회에서 갈등은 결코 해결될 수 있는 것이 아니기 때문에 그것에서 발생하는 적대적 관계를 상호 공존의 방식으로 전환시켜야 한다. 갈등이 정치적 경합의 과정을 겪어야 한다는 것은 그리 새로운 제안은 아니지만 완전히 제거될 수 없다는 전제는 도전적이다. 왜냐하면 평화에 대한 인간의 직관은 존재하는 갈등을 애써 해결하고 다시 반복되지 않도록 방지하는 것에 있기 때문이다. 경합적 평화가 우리에게 강조하는 것은 평화는 모두가 동의할 수 있는 완성적 합의에 기인할 수 없으며 불편하더라도 서로에 대한 신뢰와 경합 안에서 모색될 수 있다. 경합 안에서 복수의 집단은 때로 상호 충돌하면서 쟁론을 벌이기도 하지만, 서로에게 자극을 주고 격려하기도 한다.[57]

이를 통해 상대방이나 상대 집단은 소멸시켜야 할 적이 아닌 함께 정치적 공동체를 이루어 가는 상호 협력 관계로 재발견될 수 있다. 물론 현실 세계에서 경합이 곧바로 이러한 적극적 타자성을 담보하지는 않는다고 할지라도 분쟁 이후 도래할 경합적 공동체에 대한 비전은 길 잃은 적대가 평화에의 의지로 옮겨 갈 수 있도록 할 것이다.

제9장(결장)

통일평화

서 보 혁

I. 들어가는 말

결론을 대신하여 이 장에서는 지금까지 고찰한 여러 평화개념을 참고하여 한반도 상황을 반영한 평화개념을 제안해 보고자 한다. 이름하여 '통일평화'이다. 평화란 말이 보편성을 띠는데 특정 사례에 한정시켜 평화개념을 지을 수 있을까? 혹 그것이 가능하다면 어떤 의미가 있고 보편적인 평화개념과 어떻게 소통할 수 있을까?

분단과 전쟁을 거친 오늘날의 한반도를 '분단정전체제'[1]로 규정해 볼 수 있을 것이다. 여섯 음절의 단어를 네 음절로 줄이면 '분단폭력'[2]이다. 이론적으로는 평화가 반드시 폭력을 전제하지 않을 수도 있겠지만, 현실에서 평화는 폭력 때문에 절실함이 있고 그에 대한 상상과 기대가 커진다. 그래서 어떤 이들은 평화연구가 '평화폭력연구'의 줄임말이라고 말하기도 한다. 분단폭력은 분단정전체제 하에서 살아가는 한반도 거주민들이 죽임과 적대의 문화에 익숙하고 남북 및 국가관계는 물론 사회생활, 심지어는 자기 내면에까지 폭력이 동거하게 만든다. 통일평화는 이런 분단폭력을 느끼고 체험하면서 개인과 집단 양 차원에서 인간의 존엄성을 증진하도록 안내하는 대안적인 개념이다. 분단 민족의 현실, 분단체제 하의 전쟁 중단 상태를 평화라는 보편 가치로 지양하자는 실천적 문제의식을 갖고 있다. 평화가 가장 절실한 한반도에서 평화를 자유롭게, 자주, 가까이서 말하기 어려웠다. 과거 권위주의 통치 시기에는 평화를 말하면 목숨을 내놓아야 하는 경우도 있었으니 그걸 듣고 기억하고 살아가는 사람들이 평화를 말할 수 없었다. 정부 차원에서, 그리고 우리 사회에서 폭넓게 평화를 얘기할 수 있게 된 계기는 2018년 북한의 평창 동계올림픽 참가와 이후 일련의 남북정상회담이었다. 분단폭력, 통일평화, 평화주의에서 보는 통일 논의 등의 말도 그때를 전후로 공론화되기 시작했으니 학자들의 유약함을 고백하지 않을 수 없다. 그럼에도 평화를 자유롭고 널리 말할 수 있게 된 것은 그동안 한국인들의 민주화와 평화통일을 향한 열망, 그리고 한반도 평화를 지지 성원해 온 세계 평화 여론이 꾸준히 축적된 결과이니 뒤늦은 평화 공론화에 의기소침하기만 할 필요는 없다.

이 장에서는 통일평화론이 실천적으로 무엇을 뜻하고 지향하는지, 또 그것이 학술적으로도 유의미한 개념이 될 수 있는지를 검토하고자 한다. 이를 통해 보편적 평화개념이 특수한 지역의 비평화 문제와 결합할 때 그 의미가 깊어짐을 알 수 있기를 기대해 본다. 이 장의 본론에서는 통일평화론이 등장하게 된 배경을 국내외 시대 환경과 통일론의 변화 과정에서 생각해 볼 것이다. 그러면서 통일평화 개념이 기성 평화개념들과 어떤 상통성이 있는지도 토의해 보면서 지역적 맥락을 두른 이 신생 용어가 다양한 가능성을 내포한 한반도발 평화개념이라는 점을 공감할 수 있기를 기대한다. 마지막 절에서는 본론을 요약하고 통일평화론의 발달에 필요한 향후 논의 과제를 제시할 것이다.

II. 통일평화 개념의 등장과 전개

1. 등장 배경

통일평화란 말이 하나의 개념으로 등장한 것은 2010년대 들어서 제기된 '분단폭력'론이 계기가 되었다. 아래에서 좀 더 자세히 소개하겠지만 이 개념은 분단체제에 대한 새로운 시각, 즉 평화학적 성찰에 기반하고 있다. 분단폭력론은 분단의 장기화는 물론 다양한 차원 및 측면에서 그 비인간적 영향에 주목하고 이를 극복할 가능성을 평화주의 시각으로 열어 놓고 있다. 그 평화주의적 대안이 바로 통일평화이다.

통일평화론이 등장한 배경은 여러 측면에서 발견할 수 있다. 가장 큰 요인으로 통일에 대한 회의감 증대이다. 분단 장기화와 그에 따른 남북 이질성 심화, 그리고 북한의 비민주적 정치 체제와 핵개발, 열악한 경제 상황의 지속 등으로 반북 혹은 혐북 정서가 함께 작동하며 통일 회의론을 강화시켜 가고 있다. 그러나 이런 지적은 사실 평화통일론을 포함한 모든 통일론에 대한 회의로 볼 수 있어 '통일'을 포용하고 있는 통일평화론의 등장 배경 전체를 말해주지는 않는다. 통일을 원칙적으로 지지하지만 그 시각과 방법에 있어서 기성 통일론에 대한 비판의식을 가질 수 있다. 말하자면 통일 논의 가운데 민주성과 그 목표(수단이 아니라) 면에서 평화성에 대한 기대가 올라오기 시작하였다. 집단주의에 기반한 기성 통일론이 지속되어 온 점에 대한 비판 여론이 통일평화론의 또 다른 등장 배경인데, 여기서는 그것을 민족주의, 국가주의로 나누어 토의해 보고자 한다.

민족주의 통일론이 기성 통일론의 주류인 것은 당연해 보인다. 분단이 외세에 의해 이루어졌으니 단일 민족, 민족 자주, 민족 동질성과 같은 테제들이 통일 논의에 자주 회자된 것도 민족주의론의 영향력을 잘 보여준다. 물론 이때 민족주의는 혈연, 언어, 지역, 문화 등에 걸친 동질성을 바탕으로 오랜 시간 생활을 함께하며 만들어진 공동체의 정서적 유대감을 강조하고 있다. 즉, 문화민족[3]의 시각에서 정의된 민족주의라 하겠다.[4]

그러나 산업화에 이어 1980년대 후반 이래 민주화가 진전되고 냉전이 해체되고 세계화가 진행되면서 기성의 민족통일론에 금이 가기 시작한다. 물론 제일의 통일 이유가 외세에 의해 분단된 민족의 재결합인 것은 사실이다. 그러나 그 비중은 점점 줄어들기 시작했다. 여기에는 남북 간 이질감과 대북 불신은 물론 대내적으로 권위주의 및 집단주의적 통일관에 대한 반감도 작용하였다. 통일의 필요성과 그 제일 이유로서 민족 재결합은 새천년이 시작할 때만 해도 70%를 나타냈지만, 그 이후 그 비중은 서서히 그러나 뚜렷하게 줄어들었다. 2020년대 들어 통일 지지도(매우 필요하다+약간 필요하다)는 44.6%를 보였는데, 그중 19-29세 층에서는 27.8%를 나타내 청년층의 통일 지지율이 국민 전체 평균보다 크게 낮은 것을 알 수 있다. 통일의 이유로 민족 재결합(45.7%), 전쟁 방지(28.1%), 이산가족의 고통 해소(11.4%), 한국의 선진국화(11.0%), 북한주민의 삶 개선(3.6%) 등이 뒤를 이었다.(그림 1) 통일이 되지 말아야 할 이유로는 통일에 따른 경제적 부담(32.1), 사회적 문제(26.7%), 정치 체제의 차이(21.3%), 사회문화적 차이(16.3%), 주변국 정세의 불안정(3.3%) 순으로 나타났다.[5]

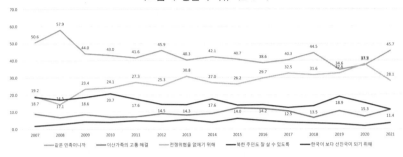

〈그림 1〉 통일의 이유 (단위: %)

출처: 서울대 통일평화연구원 주최 '2021 통일의식조사' 학술회의 자료집 (서울대학교 시흥캠퍼스, 2021.
10. 5), 17쪽)

이와 같이 민족주의론은 시대 변화에 적응하며 통일이 민족의 재결합에
그치지 않고 대내적으로 민주주의, 인권, 다원화를 수용하고, 대외적으로 국
제협력과 보편 가치 증진에 동참하는 방향으로 변용을 시도하고 있다. 그럼
에도 불구하고 기성 민족주의 통일론이 문화민족론에 근거하고 있는 점, 약
소민족의 자결권 및 자주성 추구 등과 같은 민족주의론의 요점, 그리고 권위
주의 문화와 결합한 민족주의론의 논지 등을 어떻게 지양할지는 남아 있는
과제이다. 사실 이런 점들이 민주화 세대, 새천년 청년 세대에게는 민족주의
통일론이 시대착오적이고 매력적으로 보이지 않는 이유로 거론된다.[6]

다음으로 국가주의 통일론도 기성 주류 통일론의 한 자리를 차지해 왔다.
민족주의 통일론이 분단된 민족의 재결합에 초점을 두었다면, 국가주의 통
일론은 분단 이후 두 체제가 경쟁해 온 사실과 체제통일론의 가능성에 주목
한다. 국가주의 통일론에서는 국가, 곧 자유민주주의/시장경제체제를 천명
하고 있는 대한민국의 확장이 통일이다. 국가주의 통일에서 민족은 그 자체
로 선이라기보다는 부국강병의 수단이다.

국가주의 통일론은 냉전 시기 반공 권위주의 정권의 공식 통일 담론으로 기능했다. 체제 경쟁을 자양분으로 하는 이 통일 담론은 분단 이후부터 시작되었고 냉전 시기 권위주의 정권 주도로 국가와 사회의 다양한 통일 담론을 통일시켜 버렸다.[7] 민주화와 세계화 시대에 들어서서는 국가주의 통일 담론이 과거와 같이 국가와 사회를 지배하는 것은 아니지만, 남한 체제의 우월성과 북한의 고립, 그리고 흡수 통일에의 기대감 등을 바탕으로 정치권과 시민사회 일부에서 강력한 지지를 형성하고 있다. 국가주의 통일론에서 국가는 민족통일의 도구로 그치지 않고 통일의 주체이고, 심지어는 통일국가의 존재 이유로 부상할 수도 있다. 결국 국가주의 통일론은 민족 단일성 회복, 민족 재결합이 아니라 남한 체제로 북한을 흡수하고 그 결과로 남한 체제의 이념과 자본이 한반도 전역을 지배하는 목적을 추구하는 공격적인 통일 담론이다.[8]

그러나 이런 집단주의적 통일론은 민주화, 개인주의, 다원주의 등 시대 추세에 어울리지 않는다는 지적이 높다. 이런 기성 통일론은 세계적인 장기 경제 불황으로 미래가 불투명해진 청년층으로부터 외면당하고 있다. 왜냐하면 통일이 집단에게 큰 이익을 줄지 모르지만 개인에게는 그만큼 이익을 주지 못할 수도 있기 때문이다. 나 자신의 미래가 불안한데 북한을 돕고 통일을 준비하는데 비용을 내놓을 여유가 없다는 것이다. 그리고 집단과 개인에 각각 돌아갈 통일 이익의 차이가 점점 커지는 현상도 주목해야 할 것이다. 가령, 앞에서 소개한 서울대 통일평화연구원의 통일의식조사에서 그 둘의 차이는 2007년 25.5% 포인트, 2020년 27.1%로 결코 작지 않다.[9]

위 두 형태의 기성 집단주의 통일론이 강력한 비판에 직면한 것은 그 집단의 이름 아래 개인과 약자의 존엄이 침해되어 온 사실을 소홀히 취급한 점도 크게 작용한다. 이른바 '분단폭력'을 말한다. 분단폭력은 "분단이 만들어 내는 폭력적 활동과 구조, 담론"이자, "분단 체제가 생산하는 생명 유린 행위"를 말한다.[10.] 여기에는 분단을 이용한 다양한 측면과 차원에서 자행된 폭력이 망라된다. 남·북의 분단 권력이 체제 통일과 민족통일을 명분으로 각기 혹은 동시에 대중을 억압한 경우도 분단폭력에 포함된다.

이와 같이 각양의 분단폭력을 초래한 분단의 장기화로 인해 통일 지지 여론의 약화는 물론 통일의 이유가 다변화되고 나아가 통일보다 평화에 대한 관심이 높아졌다.(그림 2) 물론 이때 평화는 남북 평화공존을 말하지만, 통일 지지 여론이 엄존함을 고려할 때 평화와 통일의 공존관계를 적극적으로 검토할 필요가 있다고 하겠다. 이는 집단주의적 통일론의 지양을 통해 통일의 정당성을 구명하는 대신, 평화통일을 초월해 기존 통일론의 대안을 제시할 수 있음을 의미한다. 그것이 바로 통일평화론이다.

〈그림 2〉 통일선호 vs 평화공존선호(2016~2021)　(단위: %)

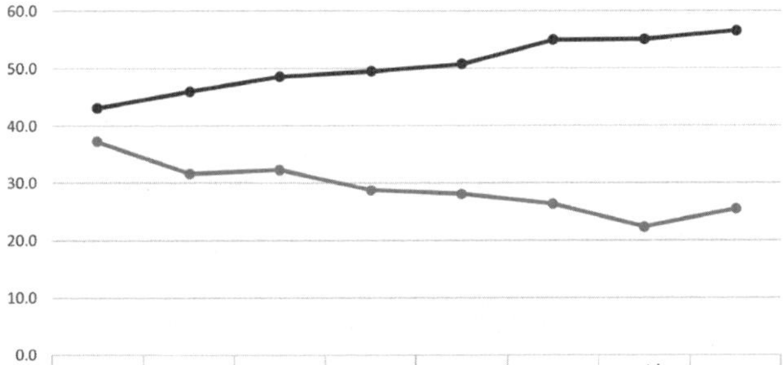

	2016년	2017년	2018년	2019년4월	2019년9월	2020년6월	2020년11월	2021년4월
통일선호	37.3	31.7	32.4	28.8	28.1	26.3	22.3	25.4
평화공존선호	43.1	46.0	48.6	49.5	50.7	54.9	55.0	56.5

출처: 이상신 외, 「KINU 통일의식조사 2021: Executive Summary」, 통일연구원: 2021.7, 6쪽.

2. 통일평화의 정의

위에서 살펴본 기성 통일 담론에 관한 회의가 등장하는 분위기 속에서 학계에서 한반도 문제에 관한 새로운 공론화가 일어나기 시작하였다. 2008년 기존의 서울대학교 '통일연구소'가 '통일평화연구소'(현 통일평화연구원)로 개칭되는 것을 계기로 평화통일론을 넘어 통일과 평화를 각각 독자적인 영역으로 설정해 한반도 문제를 보다 풍부하고 다양하게 논의하는 계기가 마련되었다. 즉 평화를 도구시한 기존의 통일 중심 논의에 통일 너머 평화를 제안하며 한반도 문제를 통일과 평화의 영역으로 확장하는 것이다.[11]

결국 통일평화는 통일을 거쳐 한반도에 평화공동체를 건설하는 비전과 노력의 총체로 정의할 수 있다. 물론 통일평화는 이론적으로 여러 가지 의미로 정의해 볼 수 있을 것이다. 가령 통일평화를 ① 통일과 평화, ② 통일적 평화, ③ 통일을 통한 평화 등 세 가지로 생각해볼 수 있다. ①은 가장 평범하고 둘의 관계를 병존으로 상정하지만 모호한 상태이다. ②는 평화적 통일과 반대의 뜻으로 통일이 평화의 수단으로 이해된다. ③은 평화가 통일보다 우위에 있지만 통일이 수단이 아니라 중간 목표라는 점에서 차이가 있다. 이 셋 중에서 이 글에서 정의하는 통일평화는 ③에 가장 가깝다. 통일은 평화와 함께 목표이지만 중간 목표이고, 최종 목표는 평화이다. 이때 평화는 소극적 평화가 아니라 적극적 평화이다. 평화통일에서 평화는 소극적 평화이다.

통일평화는 한반도 미래 비전을 민족주의, 국가주의와 같은 집단주의에서 그려온 기존의 관행과 결별한다. 그렇지만 분단폭력을 잉태하고 정당화해온 분단을 무시 방관하지 않는다. 분단폭력 극복 없이는 통일도 평화도 불가능하다. 이는 통일도 부정할 수 없는 목표이지만 평화도 수단이 아니라 목표로 보아야 함을 말해준다. 동시에 통일이 분단폭력과 상관관계가 있다는 점에서 최종 목표로 삼기에는 문제가 있다는 점을 암시한다. 통일을 평화주의 시각에서 재구성할 필요성이 여기에 있다. 통일을 목표로 포기하지 않으면서도 통일 이후, 혹은 통일을 통과한 한반도 미래상을 평화공동체로 설정함이 타당하다. 통일론은 어떤 형태이든지 통일을 이유로 한 폭력에 눈감거나 통일 이후 한반도 미래상에 깊은 관심을 두지 않아 왔다. 권력 형태만을 논의해 온 것이 전부이다. 통일평화는 분단 극복의 과제를 품으면서도 그 방향과 대안을 평화주의로 사유한다. 그럼으로써 통일론의 비평화주의적 한계를 극복하고 한반도 미래를 세계와 호흡하는 보편성과 개방성을 보여준다. 사실 한반도 통일과 미래는 평화공존, 평화통일 등 평화주의적 시각이 깊이 관여해 왔다. 다만 그때 평화는 적절한 수단과 절차로 머물러 있었고 결국 민족통일, 체제 통일이 목표였다. 이제 그 한계를 넘어 평화공존-평화통일-통일평화로 평화주의에 입각한 한반도 미래상을 그릴 수 있게 된다.

3. 통일평화론의 범위

통일평화론은 한반도의 분단폭력 상태의 대안 담론이므로, 논의 범위는 분단폭력에서 통일평화로의 전환에 관한 논의를 포괄한다. 이 절에서는 분단폭력 너머에 무엇이 있는지를 형식논리를 이용해 세 가지 경우의 수를 상정하고 각각의 경우와 통일평화로의 경로를 검토해 보고자 한다. 분단폭력을 분단과 폭력으로 나눈 후 그 두 단어의 대립어를 이용해 경우의 수를 만들어보면 세 가지가 나온다. 분단평화, 통일평화, 통일폭력이 그것이다.[12]

첫째, 분단평화다. 분단평화는 통일이 불가능하거나 적어도 단기적으로 불가능하기 때문에 분단 상황 하에서 평화 공존, 나아가 평화로운 공동 번영을 추구하자는 발상이다. 사실 남북한 당국 간에도 분단평화에 관해 공감대를 형성한 바가 몇 차례 있었다. 1991년 12월 13일 남북한 총리가 서명한 '남북기본합의서' 제5조는 "남과 북은 현 정전 상태를 남북 사이의 공고한 평화 상태로 전환시키기 위하여 공동으로 노력하며 이러한 평화 상태가 이룩될 때까지 현 군사정전협정을 준수한다."고 밝히고 있다. 통일보다는 평화가 우선이라는 것이다. 남북한 정상이 최초로 직접 만나 통일 원칙을 재확인한 2000년 6.15 공동선언 제1항은 "남과 북은 나라의 통일 문제를 그 주인인 우리 민족끼리 서로 힘을 합쳐 자주적으로 해결해 나가기로 하였다."고 밝혔다. 이때 분단평화는 서로 다른 두 가지 의미를 갖고 있다. 하나는 남북 합의에서 보듯이 통일을 추구하되 그에 앞서 신뢰 조성, 긴장 완화를 통해 우선 평화를 정착시켜야 한다는 의미다. 말하자면 선 평화정착, 후 평화통일론이다. 다른 하나는 분단의 장기화로 통일은 불가능하거나 재앙이므로 현 분단 상태를 호혜적인 평화 공존 체제로 발전시키는 것이 바람직하다는 의미다. 이것은 발전된 분단평화론으로서 일종의 평화체제를 전망하는 것이다.[13]

둘째, 통일평화는 통일을 통과한 이후 만들어질 평화공동체를 말한다. 한국정부를 포함한 많은 논의에서 통일을 남북 간 다방면의 경제 · 사회 교류를 통해 경제 · 사회 공동체를 만들고, 그 과정에서 만들어진 신뢰와 협력의 결과가 정치 분야에 넘쳐 정치공동체를 형성해 가는 과정을 상상해 왔다. 이와 같은 통일 비전은 기능주의적 통일론으로 불려 왔는데, 오랜 군사적 대치 속에서 비핵화와 평화체제 등 안보문제 해결에 그런 접근이 한계가 크다는 지적도 일어나 안보 대 안보의 대(大)협상이 필요하다는 주장도 커졌다. 그럼에도 어떤 식의 통일이든 그것이 한반도 문제의 종착점이라고 볼 수는

한반도 분단의 상징이자 회담의 장소, 판문점 (출처: ⓒDaniel Oberhaus, CC BY-SA 4.0, 위키피디아 커먼스)

없다. 남북이 정치·사회·경제 공동체를 만들었다고 하더라도 통일국가가 대외적으로 갈등을 초래할 가능성은 다분히 존재하기 때문이다. 물론 분단 평화, 곧 분단이 지속되는 가운데 전쟁 없는 평화는 통일평화와 다르고, 통일평화를 대체할 수 없다. 분단평화에서 남북은 상호 불신과 체제 경쟁, 남북 내부에서는 분단을 활용한 갈등의 정치가 작동하기 때문이다.

어쨌든 한반도에서의 궁극적인 평화는 통일을 반드시 통과해야 하고, 그렇지만 통일 후에도 평화공동체 수립을 향해 지속적인 노력을 계속하는 것이 요청된다. 통일평화는 평화통일을 달성한 후에 그리는 한반도 미래상이다. 통일보다는 평화에 더 관심이 있다. 그래서 통일국가의 권력 구성 문제에 집착하지는 않는다. 통일이 남북 간 적대관계를 해소하고 그 전에(혹은 그 과정에서) 정전체제의 평화체제로의 전환을 수반하는 데 관심이 크다. 이는 통일이 한반도에 궁극적인 평화를 가져다주지 못한다는 합리적인 회의를 전제로 하고 있다. 통일국가 내에서 계층 간 차별, 새로운 지역주의, 배타적 민족주의, 북한지역에 대한 난개발, 그리고 통일코리아와 주변국들의 갈등, 동아시아 차원의 패권 경쟁 등 한반도 안팎에서 비평화적인 요소들이 다양하게 작동할 것이다. 냉전 시대 서유럽 국가들이 이념적 동질성을 바탕으로 '안보공동체'를 지향한 바 있다. 통일코리아는 통일을 바탕으로 한반도 전역이 평화, 인권, 화해, 지속 가능한 발전을 조화롭게 전개하는 '평화공동체'를 꿈꾼다. 그 과정에서 한반도는 동아시아 평화의 발신지이자 촉진자 역할을 수행할 것이다. 현행 대한민국 헌법은 전문에 "평화적 통일의 사명"을 언급하고 있지만 통일평화론을 반영해 통일국가가 평화주의를 지향함을 포함시키는 문제를 검토할 가치가 있다.[14]

마지막으로 통일폭력은 통일코리아 등장에 대해 주변국들이 경계하는 명분이 될 수 있고, 대내적으로는 분단평화를 주장하는 근거가 될 수도 있다. 통일이 곧 평화가 아니라 새로운 폭력을 조장할 수 있다는 우려 때문이다. 만약 통일이 전쟁 혹은 다른 급변 사태의 방식으로 이루어진다면 통일 자체가 폭력일 수 있다. 그렇지 않더라도 통일이 일방적으로 이루어진다면 통일을 당한 쪽 사람들—가령 남한으로 흡수통일이 일어났다고 할 경우에 북한지역 사람들—은 차별, 배제와 같은 구조적 폭력과 심지어는 물리적 폭력을 당할 수 있다. 이것이 통일폭력이다. 동시에 통일폭력은 배외주의, 민족 팽창주의 등 대외적으로 공격적인 형태를 띨 수 있다. 이 경우 통일코리아는 지역 안정과 평화를 해치는 것은 물론 사회 폭력을 정당화하는 결과를 초래할 수도 있다. 물론 통일폭력론이 남북통일을 반대하는 논리로 이용될 수도 있다. 그러나 통일을 추구해야 하는 입장에서 통일폭력론은 통일이 평화적이어야 함은 물론 통일코리아가 평화주의를 추구해야 함을 역설적으로 말해주고 있다.[15]

그럼 통일평화는 어떤 경로로 실현될 것인가? 위 경우의 수를 고려해 생각해 본다면 크게 보아 분단폭력-분단평화(-통일폭력)-통일평화의 경로를 거칠 것으로 보인다. 물론 여기서 분단이 고착화되는 경우는 논외로 한다. 위 전망에서 알 수 있듯이 분단폭력을 지양하고 분단평화를 거치며 통일평화를 준비하지 않으면 통일폭력에 노출될 수 있다는 데 유의하도록 하자. 통일폭력의 형태는 다양할 것이다. 통일 과정과 그 결과를 구분해 경우의 수를 네 가지로 생각해 볼 수 있다. 어느 경우이든 통일평화로 가는 길은 간단하거나 순탄하지 않을 것이다. 이때 평화는 과정이자 결과의 의미를 다 갖는데, 한반도에 살고 있는 모든 구성원들은 통일평화로 가는 대장정에서 심각한 도전에 직면할 것이다.

III. 통일평화론의 특징과 다른 개념과의 관련성

1. 특징

통일평화 개념은 통일과 평화로 구성되어 있는데, 일견 그 둘이 한반도의 특수과제와 세계 보편과제로 구성되어 있다고 할 수 있을지도 모른다. 물론 평화와 통일은 한반도라는 하나의 사물을 구성하는 두 측면이지만, 그것을 보편성과 특수성으로 오인하는 것은 곤란하다. 왜냐하면 평화와 통일 각각이 모두 보편성과 특수성을 내장하고 있기 때문이다. 여기서 통일은 물론 평화도 한반도를 맥락으로 하고 있다는 점을 염두에 둘 필요가 있다. 평화는 추상적이거나 초월적인 규범이 아니다. 이때 평화는 휘발성 높은 전쟁의 공포와 인간의 존엄성이 억압 받는 상태와 그런 구조의 극복을 의미한다. 이 평화에는 보편적인 의미와 한반도 역사에서 노정된 특수한 내용이 동시에 용해되어 있다. 그렇다면 적어도 통일은 특수성의 발현 아닌가? 비록 시각은 단일하지 않지만, 정부 간행물이나 민간 책자에서 공통적으로 통일은 민족 재결합으로 민족 구성원이 자유, 행복, 복리를 누리는 공동체를 실현하는 것으로 정의하고 있다.[16] 도식적으로 말하자면 통일은 분단 극복이라는 한반도의 맥락에서 보편 가치를 구현하는 특수한 방식으로 정의할 수 있다. 통일 안에도 보편성과 특수성이 공존하는 것이다. 평화와 통일의 차이는 전쟁과 분단이라는 기원의 차이에서 유래할 뿐 그 현실, 성격, 그리고 정향에서는 동질성이 크다. 평화 보편주의 대 통일 특수주의란 대비는 이론적으로 성립하지 않는 허구에 불과한 셈이다.[17]

평화와 통일을 보편성과 특수성의 관계로 파악하면 '위험한 오류'를 초래할 수 있다고 했는데, 그 위험성은 현실에서 두드러진다. 만약 평화와 통일을 보편성과 특수성의 관계로 파악하면 현실에서는 둘 사이의 우선순위를 둘러싼 선택의 문제로 전도된다. 예를 들어 2000년대 초 한국의 이라크 파병 논란은 한반도의 특수한 현실에 따른 특수한 목표 달성[18]을 우선해 보편 가치를 방기한 경우이다. 한반도 맥락에 한정해서 평화와 통일을 대립 관계로 접근하는 경우는 더 쉽게 찾아볼 수 있다. 이 경우 보편성과 특수성의 문제는 선택적 문제로 전락한다. 북한 붕괴와 흡수통일 후에 한반도 평화는 자연스럽게 도래한다는 소위 선 통일 후 평화의 시각이 일정한 여론을 형성해 왔다. 이와 반대로 북한 핵문제의 해결 없이 평화협정 체결을 비롯해 어떠한 평화 논의도 무익하다는 입장이 있다. 선 북핵 해결, 후 평화체제 수립 구상은 현상적으로는 평화 정착을 위한 두 목표 사이의 우선순위가 부각되어 있

지만, 그 저변에는 선 평화 후 통일이라는 인식이 전제되어 있다.[19]

평화와 통일은 선후·경중의 문제가 아니라 일괄적으로 접근할 하나의 세트(set)이다. 분단정전체제의 속성,[20] 그 장기 지속성과 복합구조 등을 감안할 때 한반도 비핵화, 정전체제의 평화체제로의 전환, 그리고 남북관계의 발전은 선순환 관계를 형성해 포괄적으로 추진할 성질의 대과제이다. 이는 통일과 평화가 상호 구성적 관계에 있음을 증명하고, 그럴 때 통일평화를 전망할 수 있음을 말해준다.[21]

결국 통일평화론은 한반도 문제와 그 미래상에 관한 보편주의적 접근으로서 '한반도발 적극적 평화론'으로 특징지을 수 있다.[22] 통일평화론은 한반도에 걸쳐 있는 각양의 분단폭력을 폭로하고, 거기에 그치지 않고 통일을 거치는 한반도 미래상을 평화주의로 제시해 준다. 그럼으로써 통일을 절대시하거나 부정하는 이분법적 여론을 지양하고 평화와 통일의 관계를 하나의 큰 틀에서 생각할 창을 열어준다. 달리 말해 통일평화론의 특징은 분단·통일문제를 둘러싸고 벌어져 온 시대착오적인 담론과 관행을 지양하고 통일과 평화, 집단과 개인, 한반도와 세계를 이분법이 아니라 조화와 합일의 관계로 접근 가능함을 보여주는 데 있다.

2. 다른 개념과의 관련성

통일평화론의 특징을 위와 같이 말한다 해도 그것이 기존의 통일론이나 평화개념과 널리 호환될 수 있다면 그 잠재력은 더욱 커질 것이다.

먼저, 통일평화와 평화통일의 관계를 생각해 보자. 평화통일은 평화를 수단으로, 통일을 궁극적인 목표로 간주한다. 그에 비해 통일평화는 평화를 궁극적인 목표로, 통일은 평화로 가는 길에 달성해야 할 중간 목표로 본다. 통일평화는 분단평화론을 비판한다. 분단평화론이 통일을 권력 정치로 파악하는 데 공감하지만, 분단은 통일보다 더 심각한 권력정치의 자장 속에 놓여 있기 때문이다. 물론 분단평화론이 체제공존, 상생·호혜를 추구하지만 그것이 얼마나 지속 가능한지는 의문이다. 통일평화론은 권력정치의 회로에 빠져 있는 통일이 결국 어떤 방식으로, 언젠가는 달성될 것이라는 역사적 필연성과, 통일 없이는 한반도의 항구적 평화는 오지 않는다는 현실적 당위 사이에 서 있다. 평화 공존은 물론 분단평화 역시 통일평화로 가는 긴 여정의 일정 지점에 위치하고 있는지도 모른다. 분단평화는 2국가 2체제, 통일평화는 1국가 1체제를 이상적으로 본다면 그 사이 2국가 1체제 혹은 1국가 2체제도 가능할 것이다.[23] 둘의 개념적 차이에도 불구하고 평화통일은 통일평화 여정에 결정적인 분수령이자 통일평화와 가장 가까이 있다는 점을 강조하지 않을 수 없다.

둘째, 통일평화는 갈퉁의 소극적/적극적 평화 개념과 상통한다. 그동안 한반도 통일론에서 평화는 널리 회자되어 왔으나 그 의미는 거의 소극적 평화에 한정되었다. 최근의 여론조사를 보아도 전쟁은 어떠한 경우에도 남북 간 분쟁 해결 수단으로 이용하는 것에 반대하는 의사가 높다. 또 남북 간 평화 정착, 분쟁의 평화적 해결, 평화 공존에 대한 지지도가 높은데,[24] 이는 모두 소극적 평화의 범주이다. 그러나 평화통일론에서 '평화'는 결코 안전하지도 않고 지속 가능하지도 않다. 반북 대결 의식이 익숙한 분단 상황에서, 그리고 정략적 필요에 의해 평화는 이적행위로 비난받기도 했고, 경우에 따라서는 생명을 내놓기도 했다. 위에서 언급한 한국민들의 평화 의식은 강력한 군사력 준비와 대북 공격 태세와 병립하고 있다는 점에 유의할 필요가 있다.

반면에 통일평화에서 말하는 적극적 평화는 아직 생경하다. 북한 정권의 행태가 시대착오적이고, 남북한 주민들 사이의 생활 수준과 방식의 차이가 더욱 커지고, 북한의 핵 포기 전망은커녕 핵능력이 고도화되는 현실 앞에서 통일 이후 평화공동체는 불가능하거나 상상할 필요가 없는 논제인지도 모른다. 그렇지만 통일평화론이 지향하는 한반도 적극적 평화는 소극적 평화를 전제로 평화와 인권, 지속 가능한 발전이 선순환하는 하나의 체제를 구상하는 것이다.[25]

셋째, 통일평화는 '양질의 평화' 개념으로부터 영감을 얻는다. 양질의 평화는 통일평화 개념을 구체화하는 데 유용한 시사점을 준다. 사실 양질의 평화는 분쟁 후 사회에서 안전과 존엄의 보장을 양대 축으로 삼고 그것을 지속 가능하고 예측 가능하게 할 때 실현 가능하다. 그런데 한반도에서는 아직 분쟁이 완전히 해결되고 평화가 정착된 것이 아니다. '(비핵)평화 프로세스'란 용어를 공식 언급한 것이 2018년부터라는 사실과 그것도 순탄하게 전개되지 않은 점에서 볼 때 한반도에 양질의 평화 개념을 적용하기에는 무리가 있다. 이렇게 본다면 통일평화는 양질의 평화 개념과 곧바로 호환 가능하다고 보기 어렵다. 여기서 양질의 평화 개념이 통일평화에 주는 역설적 함의가 있으니 그것은 다음 두 가지이다. 하나는 통일평화를 본격 전개하기 위해서는 우선 평화체제를 정착시켜야 한다는 점이다. 다만, 이때 평화체제 수립이 힘의 균형에 바탕을 둔 분쟁 국가들 간 이익의 분점이 아니라 적극적 평화를 향한 대중의 요구와 지지일 때 의미가 커진다. 둘째는 분쟁 종식 이후 대내적으로 대중의 안전과 존엄을 확보하는 일, 즉 적극적 평화의 추진이다. 사실은 분쟁 종식 이전, 즉 분쟁 집단 간에 분쟁 중에서도 간헐적으로, 그리고 평화 협상에서 안전과 존엄을 구현하는 시도가 전개된다. 이 두 측면에서 양질의 평화개념은 통일평화론을 구체화하는 데 훌륭한 시사점을 제공한다. 특히 양질의 평화 개념의 핵심 요소들은 통일평화의 그것으로 자리매김해도 좋다.

넷째, 통일평화는 생태평화와 활발한 대화를 할 수 있을 것이다. 통일평화가 적극적 평화를 지향하고 적극적 평화가 생태평화와 친화적이기 때문이다. 지금까지 한반도는 성장·소비·개발 지상주의가 만연하는 죽임의 문화에 익숙하다. 여기에 세계적인 기후·보건위기가 엄습해 통일평화는 생태평화와 함께 나아갈 때 그 바라는 바를 최대한 달성할 수 있을 것이다. 통일평화론에서 통일은 평화공동체를 향한 중간 목표 지점이지만, 생태평화는 평화통일과 통일평화를 연결하는 핵심 과제이다. 그런 점에서 분단된 남북의 자연과 주민의 마음을 살림과 나눔의 문화로 바꾸는 노력은 생태평화의 인도를 필요로 한다.

끝으로 통일평화는 정의로운 평화와는 일정한 거리를 두고 있다. 정의로운 평화는 그 모양이 온건하든지 강경하든지 간에 폭력에 대한 책임 규명에 주목하는 개념이다. 그런데 전쟁을 겪고 장기 적대 관계를 이어온 남북이 평화통일을 거쳐 통일평화를 구상할 때 정의로운 평화는 평화를 제약할 가능성이 크다. 물론 정의로운 평화의 정의와 범위가 단순하지 않아 단정하기 어렵지만, 적어도 정의로운 평화가 책임 규명을 주요 과제로 상정한다면 (그것이 정의로운 평화인지에 대한 논의를 별개로 하더라도) 그것은 통일평화와 긴장관계를 형성할 것이다. 적극적 평화는 개념상 정의를 포함하고 있고, 현실에서도 평화의 이름으로 정의를 배제할 필요는 없다. 그럼에도 정의의 이름으로 평화를 위협하거나 다시 물리적 갈등 상황을 초래할 개연성은 죽임과 적대의 문화가 이어져 온 한반도에서 결코 단순한 문제가 아니다. 또 경합주의 평화는 통일평화가 추구하는 구체적인 내용을 부단히 상상하고 기존의 담론을 성찰하는 동력으로서 유용하다. 다만, 경합주의 평화는 통일평화의 방향과 그 구현 방식을 제시하는 역할까지 감당하지는 못할 것이다.

IV. 요약과 과제

아홉 가지의 평화개념을 소개하는 이 책에서 가장 도드라진 개념이 통일평화일 것이다. 다른 여덟 개의 평화개념이 어떤 사례에도 적용 가능한 보편 개념이라고 한다면, 통일평화는 한반도 상황에서 만들어진 특수 개념의 성격이 짙기 때문이다. 다만 통일평화가 한반도 상황에서 연유하고 주로 그 상황을 설명하는 역할을 한다고 해서 통일평화를 특수한 개념으로만 단정할 필요는 없다. 본문에서 살펴보았듯이 골육상쟁을 거친 분단정전체제의 형성과 장기화는 고질적 분쟁의 한반도 버전이다. 분단정전체제의 성격과 그 극복 방향을 평화학의 시선에서 사유하는 일단의 대안이 통일평화론이다. 통일평화는 한반도 상황을 대변하는 특수한 성격을 갖고 그 미래를 통일+α로 전망하지만 그 정향과 동력은 평화주의라는 보편성에 기반하고 있다. 그래서 통일평화가 특수한 통일 과제와 보편적인 평화구축을 절충한 것이라는 인식을 넘어선 구성적인 개념임을 강조하고 있는 것이다.

여기서 여는 말에서 던진 질문에 간단히 답을 해 보자. 우선 보편성이 획일성과 같지 않다는 데 동감한다면 보편성을 보여주는 현상은 여러 맥락에서 다양할 수 있다. 다양한 현상 가운데서 공통된 하나의 성질(보편성)을 확인할 수 있다. 즉 보편성은 그 하나의 본질을 다양한 현상들로 풍부하게 드러낼 수 있다. 무지개 현상에서 보편으로서의 햇빛의 성질을 풍부하게 보는 것과 같은 이치라 할까. 분단폭력을 분단, 전쟁(준비태세), 그것을 정당화하는 각종 폭력 기제라 한다면, 통일평화는 그것을 극복하여 소극적/적극적 평화가 구현된 한반도 비전을 말한다. 여기서 통일평화가 한반도에서 구현되는 평화, 즉 한반도형 평화가 아니라 한반도발 평화를 의미한다.[26] 요컨대 통일은 한반도에서 평화가 구현되는 하나의 형식이다. 물론 그 형식은 변모되고 다른 것으로 바뀔 수도 있지만 분단폭력의 깊이와 폭만큼, 혹은 그 이상으로 통일평화는 더 풍부할 것이다.

본문에서 통일평화가 단지 책상머리에서 나온 관념의 소치가 아니라 한반도 안팎에서 일어난 의식과 실천의 소산임을 밝혀보고자 하였다. 거시적으로는 냉전체제 해체와 전쟁의 위험, 국내적으로는 민주화와 세계화의 여파로 탈민족주의 및 실용주의적 사고의 대두, 경제 불황, 그리고 북한에 대한 부정적 인식이 증대하는 시대상황이 결합되었다. 그 결과 민족통일관의 약화와 통일관의 다변화, 그리고 북핵문제와 결합해 평화공존의식이 높아지고 있다. 이런 배경과 요인으로 통일평화론이 일어나고 있지만 사실 위에서 지적한 측면들은 분단평화에 대한 지지로도 연결될 수 있다. 통일평화론이 이제 일어서기 시작한 유아처럼 발육 단계이고 그 미래가 불확실한 것이 사실이다. 통일평화는 '분단폭력'에 대한 대안으로 궁리되기 시작하였는데 그 정향(보편주의로서의 평화주의)에 비해 담론의 확립에 필수적인 주요 구성요소와 그 작동 양식에 대한 논의가 아직은 미흡한 상태이다. 다만 통일평화는 민족, 국가에 갇힌 기성 통일론을 강력하게 비판하되 대안을 검토하는 계기를 제공하고 있고, 다양한 평화개념과 소통하며 한반도발 평화를 사유하는 창을 열어 놓은 의의를 결코 과소평가할 수 없을 것이다.

이상과 같은 의미와 한계를 전제로 통일평화는 이론의 정교함을 확보하고 실천의 지침으로서의 역할을 감당하는 문제에 열린 자세를 취하고 있다. 한반도 문제는 이중의 트라이앵글을 안고 있다. 하나의 트라이앵글은 한국사회-남북관계-국제관계라는 세 차원이고, 다른 하나의 트라이앵글은 이론-실천-역사라는 세 측면을 말한다. 이 이중의 트라이앵글로 한반도 문제는 고유한 복잡성과 세계사적 의의를 동시에 내포하고 있다. 통일평화는 제국주의 시대 식민통치를 거치고 분단정전체제에 갇힌 한반도의 미래에 대하여 한반도 내의 동력과 인류 보편가치를 결합해서 전망한다. 그 길이 아직 거칠고 불확실한 것은 사실이지만 그만큼 가능성과 역동성이 꿈틀거리고 있다. 여기에 지구촌이 실존적 위기에 직면한 미증유의 현실이 한반도의 미래를 제약하기보다는 통일평화의 길을 자극할 것이다.

주석

서문: 평화개념 연구의 의의와 범위

1) Chester A. Crocker, Fen Osler Hampson, and Pamela Aall, eds., *Turbulent Peace: The Challenges of Managing International Conflict* (Washington D.C.: United States Institute of Peace, 2001).
2) David P. Barash and Charles P. Webel, *Peace and Conflict Studies* (Thousand Oaks: SAGE Publications, 2002).

제1장 적극적 평화

1) Paul F. Diehl. "Exploring Peace: Looking Beyond War and Negative Peace," *International Studies Quarterly* 60-1 (March 2016), p. 5.
2) Diehl (2016), p. 2.
3) 하영선 · 남궁곤, 『변환의 세계정치』(서울: 을유문화사, 2013), pp. 161-166.
4) Carolyn M. Stephenson, "Peace Studies Overview," in Lester Kurtz(ed.), *Encyclopedia of Violence, Peace and Conflict* (London: Academic Press, 2008), p. 1535.
5) Stephenson (2008) 1539; 김명섭, "평화학의 현황과 전망", 하영선 편, 『21세기 평화학』 (서울: 풀빛, 2002), p. 134.
6) Stephenson (2008), p. 1539.
7) Stephenson (2008), p. 1540.
8) Paul Rogers and Oliver Ramsbotham, "Then and Now: Peace Research-Past and Future," *Political Studies* 47-4 (1999).
9) Rogers and Ramsbotham (1999), p. 745.
10) Johan Galtung, "An Editorial." *Journal of Peace Research* 1-1 (1964), p. 2.
11) Oliver P. Richmond, *Peace: A Very Short Introduction* (Oxford: Oxford University Press, 2014), p. 7
12) Johan Galtung, *Theories of Peace: A Synthetic Approach to Peace Thinking* (Oslo: International Peace Research Institute, 1967)
13) Johan Galtung, *Conflict Transformation by Peaceful Means: The Transcend Method*

(New York: UN Diaster management Training Programme, 2000), p. 127.

14) Richmond (2014); John Galtung, "Violence, Peace and Peace Research," *Journal of Peace Research* 6-3 (1969), p. 183.

15) Johan Galtung, "Twenty-Five Years of Peace Rresearch: Ten Challenges and Some Responses," *Journal of Peace Research* 22-2 (1985), p. 145

16) Galtung (1985).

17) Baljit Grewal, "Johan Galtung: Positive and Negative Peace," (August 2003), https: // www.academia.edu/744030/Johan_Galtung_Positive_and_Negative_Peace (검색일: 2021.12.19.)

18) Peter Lawler, "Peace Studies" in Paul D. Williams(ed), *Security Studies: An Introduction* (Abingdon, Oxon: Routledge, 2013).

19) Lawler (2013).

20) 갈퉁은 100여권의 단행본과 1000여 편의 논문을 발표했는데, 그중에서도 이 1969년의 논문이 가장 많이 인용되었다. (2021.12.13. 구글 스칼라 기준, 9840회)

21) Galtung, (1969), p. 168.

22) Galtung, (1969). p. 168.

23) Galtung, (1969). p. 171.

24) Galtung, (1969), p. 171. 냉전 시기 대부분의 평화연구자들은 이른바 '동서 갈등'(East-West conflict) 문제 해결에 집중해 있었다. 반면, 구조적 폭력의 관점에 서 있던 갈퉁은 동서 갈등보다 남북문제(North-South conflict)로 인해 실은 더 많은 인명이 희생되고 있다는 점을 강조하고자 했다. 이와 관련한 실증 연구에 대해서는 다음의 논문을 참고할 것. Tord Høivik, "The Demography of Structural Violence," *Journal of Peace Research* 14-1 (1977).

25) Johan Galtung, "Cultural Violence," *Journal of Peace Research* 27-3 (1990).

26) Galtung (1990).

27) Galtung (1990), p. 40.

28) Rogers and Ramsbotham (1999), p. 744.

29) 서보혁, 『한국 평화학의 탐구』(서울: 박영사, 2019), pp. 31-32.

30) Gijsbert M. van Iterson Scholten, *Visions of Peace of Professional Peace Workers: The Peaces We Build* (Cham, Switzerland: Palgrave MacMillan, 2020), p. 37.

31) '평화구축' 개념은 1976년 갈퉁이 처음 소개했다. 1992년, 유엔 사무총장 부트로스 갈리는 갈퉁의 평화구축 개념에 착안하여 분쟁 이후 사회에서의 평화 형성, 예방, 개입 등 유엔 차원의 적극적인 활동 방향을 담은 평화를 위한 의제(Agenda for peace)를 발표하게 된다.

32) Berenice A. Carroll, "Peace research-Cult of Power," *Journal of Conflict Resolution* 16-4 (1972).

33) Dielh (2016).

34) 홍석훈 · 김수암 · 서보혁 · 오경섭 · 문경연 · 정욱식 · 장수연, 『평화-인권-발전의 트라이앵글: 이론적 검토와 분석틀』(서울: 통일연구원, 2020), p. 83.

35) 김동진, "북한 연구에 대한 평화학적 접근", 『현대북한연구』 제16집 (3)호 (2013).

36) 이상근, "안정적 평화 개념과 한반도 적용 가능성", 『한국정치학회보』 제49집 (1)호 (2015), pp. 135-38; Dustin N. Sharp, "Positive Peace, Paradox, and Contested Liberalisms," International Studies Review 22-1 (March 2020), p. 123; Peter Lawler, "A Question of Values: A Critique of Galtung's Peace Research," *Global Change, Peace & Security* 1-2 (1989).

37) Kenneth E. Boulding, "Twelve Friendly Quarrels with Johan Galtung," Journal of *Peace Research* 14-1 (1977), p. 83.

38) Sharp (2020), p. 126; Toran Hansen, "Holistic Peace," *Peace Review* 28-2 (2018), p. 81.

39) Vittorio Bufacchi, "Two Concepts of Violence," *Political Studies Review* 3-2 (2015), p. 197.

40) Hansen (2016), p. 216.

41) Sharp (2020), p. 126.

42) Kenneth E. Boudling, *Stable Peace* (Austin: University of Texas Press, 1978).

43) Boudling (1978); 이상근 (2015), p. 138.

44) Peter Wallensteen, *Quality Peace: Peacebuilding, Victory, and World Order* (New York: Oxford University Press, 2015), p. 6.

45) Scholtern (2020), pp. 40-51.

46) 김병로, "한반도 비평화와 분단폭력", 김병로 · 서보혁 편, 『분단폭력: 한반도 군사화에 관한 평화학적 성찰』(서울: 아카넷, 2016), p. 34.

47) 정의로운 평화 개념의 등장 배경은 제2장을 참고할 것

48) Carsten Stahn, "Jus Post Bellum and Just Peace: An Introduction" in Carsten Stahn and Jens Iverson(eds), *Just Peace After Conflict: Jus Post Bellum and the Justice of Peace* (Oxford: Oxford Scholarship Online, 2021), pp. 5-19.

49) 이병수, "한반도 평화실현으로서 '적극적 평화'", 『시대와 철학』 제28집(1)호 (2017), pp. 122-123.

50) 허지영, "고질갈등 이론을 통해 살펴본 한반도 갈등과 갈등의 평화적 전환 접근 방안 연구", 『평화학연구』제22집(1)호 (2021); 황수환, "평화학적 관점에서 본 한반도 평화의 방향", 『평화학연구』 제20집(1)호 (2019), p. 54.

51) 조성렬, "한반도 문제의 해결과 3단계 평화론: 적극적 평화론을 중심으로", 『동북아연구』 제30집 (1)호 (2015). pp. 36-37.

52) 이수형, "한반도 평화체제와 한미동맹: 동북아 평화체제와의 구조적 연계성", 『통일과 평화』 (2)호 (2009). pp. 40-41.

53) 김병로 (2016), p. 34.

54) 김병로, 『한반도발 평화학』 (서울: 박영사, 2021), p. 16.

55) Diehl (2016), p. 7.

56) Hyuk Jung, Human Rights in Contention: The Discursive Politics of North Korean Human Rights (Ph.D. Dissertation: Freie Universität Berlin, 2020).

제2장 정의로운 평화

* 이 글은 『기독교신학논총』 124집(2022)에 실린 필자의 논문("정의로운 평화(Just Peace) 개념의 이론적 고찰: 세계교회협의회(WCC) 논의를 중심으로")의 일부를 수정·보완한 것이다.

1) WCC 홈페이지 참조 (https://www.oikoumene.org)

2) WCC는 신앙과 교파를 넘어 교회의 일치와 연합을 추구하는 국제 에큐메니컬 연합기구이다. WCC 창립 배경은 민족과 국가, 이념과 종교적 차이를 줄이고 대화와 일치를 추구함으로 정의롭고 평화로운 사회를 실현하고자 창립되었다.

3) 김성수, "인권과 평화를 위한 교회의 책임: 볼프강 후버의 정의로운 평화의 윤리 연구", 『기독교사회윤리』 제44집 (2019), p. 207.

4) 장윤재, "WCC 평화신학의 이해와 비판", 『신학사상』 제167집 (2014), p. 156. 장윤재 교수는 '정의로운 평화' 번역이 '정의에 기초한 평화'라는 의미를 전달하는데 이는 원래 의도와는 다르다고 본다. 반면 '정당한 평화'는 '정당한 전쟁론'의 구색을 맞추기 위한 개념처럼 보인다고 지적하며, 대신 '의로운 평화'라고 번역할 것을 제안한다. 실례로 안교성은 '정의로운 평화' 개념을 소개할 때 그 상대 개념으로 '정의로운 전쟁'이란 표현을 사용한다고 이유를 밝히기도 한다. 안교성, "한국기독교의 평화담론의 유형과 발전에 관한 연구: 동북아시아의 지역적 맥락을 중심으로", 『장신논단』 제49집 (2017), p. 200.

5) 장윤재, "WCC 평화신학과 실천: 모든 지각에 뛰어난 하나님의 평강(빌 4: 7)", 세계교회협의회 제10차 총회 한국준비위원회, 『세계교회협의회 신학을 말한다』 (서울: 한국장로교출판사, 2013). pp. 210-211.

6) 이찬수, 『평화와 평화들: 평화다원주의와 평화인문학』 (서울: 모시는사람들, 2016).

7) 이런 특징은 '정의로운 평화'가 세계교회협의회(WCC)와 같은 협의체이기에 가능한 것이다. 연합기관의 특성상 어떤 결정이나 입장문은 정치력을 발휘하거나 특정 단체 옹호(advocate) 혹은 개입(intervention)이 될 수 있기에 '정의로운 평화'는 원론적이거나 모호성을 가질 수 있으며 구체적 지침은 다양한 지역 및 맥락에 따라 결정되도록 하는 편이다.

8) 정주진, "세계교회와 한국교회의 정의 평화 논의와 실천", 『기독교사상』 제661집 (2014), pp. 240-241. '정의로운 평화'라는 용어가 여전히 생경스러운 이유에 대해 정주진은 평화를 이루는 과정에서 정의가 동반되는 것은 평화학자들과 활동가들 사이에서는 당연한 것으로 이해해 왔기 때문이다.

9) 구약의 '성전'에 대한 평화교회 전통의 입장은 그것이 물리적 전쟁을 말하기보다, 죄악을 멀리하고 하나님을 신뢰하는 과정에서 나타나는 하나님의 일하는 방식으로서 묘사하는 것으로 해석하곤 한다. 이와 관련하여 다음을 참조하라. 로이스 바렛. 전남식 옮김, 『하나님의 전쟁』 (대전: 대장간, 2012).

10) 이슬람의 '성전'(jihad) 개념이 반드시 테러로 이어지는 것은 아니다. 순교(martyrdom)는 많은 종교에서 존경받는 궁극적 신앙의 실천으로 여겨지곤 한다. 하지만 오늘날 이런 순교의 개념이 본래 의미보다 퇴색되거나 오용되고 있다. 이와 관련하여서는 다음을 참조하라. Jolyon Mitchell, *Martyrdom: A Very Short Introduction* (Oxford, UK: Oxford University Press, 2012).

11) Alexis Keller, "Justice, Peace, and History: A Reappraisal," in *What is a Just Peace?* Pierre Allan & Alexis Keller, eds. (Oxford, UK: Oxford University Press, 2006), p. 19.

12) Keller (2006).

13) 이와 관련한 논의는 다음의 연구들을 참조하라. 김재명, "정의의 전쟁(Just War) 이론의 한계 및 대안 모색: 전쟁 종식의 정당성(jus post bellum) 논의를 중심으로," 『군사연구』 제126집 (2008), pp. 64-90; 박찬성, "정의로운 전쟁, 인도주의적 개입 그리고 보편적 인권: 마이클 왈저(Michael Walzer)의 논의를 중심으로," 『공익과 인권』 제9집 (2011), pp. 81-123; 조일수, "왈쩌(M. Walzer)의 정의 전쟁론에 대한 비판적 고찰," 『윤리교육연구』 제51집 (2019), pp. 79-108.

14) 정원섭, "인권의 현대적 역설: 롤즈의 평화론에서 인권", 『한국철학회』 제112집 (2012), pp. 173-191.

15) 정원섭 (2012).

16) 박원곤, "정당한 전쟁론 연구: 평화주의, 현실주의와의 비교", 『신앙과 학문』 제21집 (2016), pp.59-60.

17) 박원곤 (2016), p. 61.

18) Adam Roberts, "Just Peace: A Cause Worth Fighting For," in *What is a Just Peace?*

Pierre Allan & Alexis Keller, eds. (Oxford, UK: Oxford University Press, 2006), p 62.

19) Roberts (2006).

20) 세계교회협의회 엮음, 기독교평화연구소 옮김, 『정의로운 평화 동행』 (서울: 대한기독교서회, 2013), p. 111. (Originally from World Council of Churches, Just Peace Companion, 2nd ed. WCC Publications, 2012)

21) 세계교회협의회 (2013), 101.

22) 가장 최근에 열린 총회는 2013년 부산에서 열린 제10차 총회이고, 제11차 총회는 2022년 독일 카를수루에(Karlsure)에서 열릴 예정이다.

23) 설립 초기에는 미국과 서유럽 국가 중심이었으나, 현재는 아프리카, 아시아, 남아메리카, 중동 등 전 세계를 아우른다. 특히 1961년 인도 뉴델리에서 열린 제3차 총회부터는 동방정교회(the Eastern Orthodox)가 합류하였다. 홈페이지 참조 www.oikoumene.org (접속: 2021.12.5.)

24) 실제 WCC는 폭력 사용에 대한 상대적 입장을 취한다. 예를 들어, 국제기구의 인도주의적 개입이나 경찰국가, 보호책임(R2P) 등의 개념을 인정하고 있으며 이런 입장은 WCC 내 비폭력 평화주의 원칙을 강조하는 '역사적 평화교회'(historical peace church)의 비판을 받기도 한다.

25) 헌팅턴은 냉전 이후 발생한 권력의 공백이 새로운 형태의 갈등으로 대체되고 있으며, 이러한 갈등의 중심에는 과거 냉전시대와 달리, 민족, 종교, 언어 등의 새로운 집단 정체성을 형성하는 문명 단위로 재편될 것이라 예측하고 있다. 새뮤얼 헌팅턴, 이희재 옮김, 『문명의 충돌』 (서울: 김영사, 1997).

26) 유엔개발계획이 '인간안보' 개념을 처음 보고서에 제시한 것은 1994년이다. 이후 인간안보위원회와 유네스코를 중심으로 인간안보의 개념이 수정되고 확산되어 현재에 이른다. 이혜정·박지범, "인간안보: 국제규범의 창안, 변형과 확산", 『국제·지역연구』 제22집 (2013), pp. 1-37.

27) 이혜정·박지범 (2013), p. 11.

28) 김동진, "평화를 향한 세계교회의 목소리", 『기독교사상』 제654집 (2013), pp. 54-62, p. 57.

29) WCC 총회 및 JPIC 설립과 관련한 역사는 김동진 (2013)을 참조하라.

30) 김동진 (2013).

31) 박충구, 『종교의 두 얼굴』 (서울: 홍성사, 2013), pp. 303-304. 박충구는 이 프로젝트가 폭력의 다양성에 대한 총체적 논의, 폭력적 정신을 극복하는 화해와 비폭력 정신, 지배와 경쟁 체제를 극복하는 협동과 공동체 정신, 타종교와의 대화, 세계 군축과 군비 절감 등 열세 가지 구체적 평화운동의 지평을 제시하고 있다고 평가한다.

32) 박충구 (2013), pp. 304-305.

33) '적극적 평화'와 '평화구축' 개념과 관련하여서는 1장 "적극적 평화"를 참조하라.

34) Pierre Allan and Alexis Keller, "Introduction" in *What is a Just Peace?* Pierre Allan and Alexis Keller eds. (New York, NY: Oxford University Press, 2006)

35) Keller (2006), pp. 19-51. 켈러는 정의로운 평화에 대한 논의가 역사적으로 어떻게 형성되었는지 살피면서 시민혁명 이후의 개인 인권과 인정의 정치, 그리고 세계화 이후의 다양성에 대한 이해가 평화 이해의 필수적인 요소가 되었다고 말한다. 켈러는 이 논의를 위해 세 명의 정치철학자의 사상을 다루는데 몽테스키외, 장자크 루소, 그리고 존 마샬이다.

36) Pierre Allan and Alexis Keller eds., "Is a Just Peace Possible Without Thin and Thick Recognition?" in *The International Politics of Recognition*, Thomas Lindenmann and Erik Ringmar eds. (Boulder, CO: Paradigm Publishers, 2012).

37) Karin Aggestam and Annika Björkdahl eds., Rethinking Peacebuilding: *The Quest for Just Peace in the Middle East and the Western Balkans* (New York, NY, Routledge, 2014).

38) Kevin Clements, "Toward Conflict Transformation and a Just Peace," in *Transforming Ethonopolitical Conflict*, Alex Austin, Martina Fischer, and Norbert Ropers. eds., (Springer Fachmedien Weisbaden, Berlin, Germany, 2004), pp. 441-461; Lekha Sriram, "The Study of Just and Durable Peace," in *Rethinking Peacebuilding: The Quest for Just Peace in the Middle East and the Western Balkans*, Karin Aggestam and Annika Björkdahl eds., (New York, NY, Routledge, 2014), pp. 48-63.

39) 이와 관련해서는 다음의 자료들을 참조하라. Roberts (2006); Simon Chesterman, Just War or Just Peace? Humanitarian Intervention and International Law (Oxford, UK, Oxford University Press, 2001).

40) Allan and Keller (2006), vii-x. 예를 들어, 알란과 켈러는 그들의 연구가 제네바대학교에서 열린 이스라엘/팔레스타인 갈등에 대한 라운드 테이블 토론에서 시작되었음을 소개한다. 이 토론에 참여한 두 발표자 요시 베일린(Yossi Beilin)과 에드워드 사이드(Edward Said)는 각각 이스라엘/팔레스타인 갈등에서 중요한 것은 정의와 평화가 우선되어야 하는 것임을 주장했다. 이후 그 논의는 정당한 전쟁을 대체하는 정의로운 전쟁의 논의는 무엇인지에 대하여 묻고 답하는 것으로 연구서를 발전시켰다.

41) Daniel Philpott, *Just and Unjust Peace: An Ethic of Political Reconciliation* (New York: NY, Oxford University Press, 2012)

42) Philpott (2012), pp. 48-73.

43) Philpott (2012), pp. 97-167. 필폿은 중동 지역과 이스라엘/팔레스타인 갈등을 염두에 두고 '화해'의 윤리가 기독교, 유대교, 이슬람교 세 종파에서 공통적으로 강조하는 종교

적 가르침이며 이를 바탕으로 복잡한 갈등의 상처들을 벗어날 가능성에 대해 살핀다.

44) Philpott (2012), pp. 15-29.

45) Philpott (2012), pp. 74-93.

46) 김동진 (2013), p. 56. 반면에, 종교 지도자 간의 만남이나 평화사절단 등을 파견하는 전통적인 형태(track one diplomacy)의 방식도 소개한다.

47) 세계교회협의회, 「정의로운 평화를 위한 에큐메니컬 선언」(Ecumenical Call to Just Peace). 2011. 제2항.

48) 「정의로운 평화에 대한 에큐메니컬 선언」(2011) 제11항.

49) 장윤재 (2013) 참조.

50) 「정의로운 평화에 대한 에큐메니컬 선언」(2011) 제22-24항.

51) 예를 들어, 에리카 체노웨스와 마리아 스티븐은 현대 정치에서 비폭력적 저항이 폭력적인 방법보다 더 효과적일 수 있음을 연구한다. 에리카 체노웨스 & 마리아 스티븐/강미경 옮김, 『비폭력 시민운동은 왜 성공을 거두나?』 (서울: 두레, 2019).

52) 갈등 전환 이론은 비폭력 혹은 평화적 수단의 중요성은 갈등이 반드시 이분법적이고 나쁜 것만은 아니며 오히려 관계 및 사회의 개선을 가져올 수 있다고 본다. 존 폴 레더락/김가연 옮김, 『도덕적 상상력』 (파주: 글항아리, 2016) 참조.

53) 하워드 제어/손진 옮김, 『우리 시대의 회복적 정의』 (대전: 대장간, 2019) 참조.

54) Philpott (2012).

55) '통일평화' 개념과 관련해서는 이 책의 마지막 장인 "결론: 통일평화를 향하여"를 참조하라.

56) 서울대학교 통일평화연구원이 발표한 '2021 통일의식조사' 결과에 따르면 통일이 필요하다고 응답한 비율이 44.6%로 2007년 조사 이래 가장 낮은 수치를 기록했다. 이 비중은 20대와 30대에서는 더 낮은 수치를 보이고 있다. 서울대학교 통일평화연구원, 〈2021 통일의식조사 자료집〉 참조.

57) 안교성, "한국기독교의 평화담론의 유형과 발전에 관한 연구: 동북아시아의 지역적 맥락을 중심으로", 『장신논단』 제49집 (2017), pp. 197-223.

58) 안교성 (2017).

59) Kim Dong-choon, "The Long Road toward Truth and Reconciliation: Unwavering Attempts to Achieve Justice in South Korea," *Critical Asian Studies* 42-4 (2010), pp. 533-536.

60) Sebastian Kim, "'Justice and Peace Will Kiss Each Other' (Psalm 85.10b): Minjung Perspectives on Peace-building, in *Transformation: An International Journal of Holistic Mission Studies*, 32(3), 2015, 188-201.

61) 정주진 (2014), p. 241.

62) 정주진 (2014).

63) 정주진 (2014), p. 243.

제3장 안정적 평화

* 이 글은 『평화학연구』 제23권 (1)호(2022)에 실린 필자의 논문 ("한반도 평화와 통일 담론에 대한 대안적 논의: 안정적 평화")을 수정 · 보완한 것이다.

1) Kenneth E. Boudling, *Stable Peace* (Austin: University of Texas Press, 1978).

2) 김범수, "통일의식", 서울대학교 통일평화연구원, 「제84차 국내학술회의: 2021통일의 식조사」 자료집 (서울대학교 시흥캠퍼스, 2021.10.05), p. 24.

3) 김연철, "대북정책과 통일정책의 상관성: "과정으로서의 통일"과 "결과로서의 통일"의 관계", 『북한연구학회보』 제15집 (1)호 (2011), pp. 111-130.

4) 박주화 외, "2019 한국인의 평화의식", 통일연구원 KINU 연구총서 19-22 (2019), p. 91.

5) 박주화, "통일은 과정인가 결과인가? 국민들의 통일개념을 중심으로", 통일연구원 Online Series CO 18-44 (2018), p. 2.

6) Boulding (1978), pp. 12-13.

7) Boulding (1978), p. xi.

8) Charles A. Kupchan, *How Enemies Become Friends: The Sources of Stable Peace* (Princeton & Oxford: Princeton University Press, 2010), p. 11.

9) Arie M. Kacowicz and Yaacov Bar-Siman-Tov, "Stable Peace: A Conceptual Framework," In Arie M. Kacowicz, Yaacov Bar-Siman-Tov, Ole Elgstrom and Magnus Jerneck, *Stble Peace among Nations* (Lanham: Rowman & Littlefield: 2000), p. 4.

10) Kupchan (2010), p. 11.

11) Karl W. Deutsch, *Political Community and the North Atlantic Area: International Organization in the Light of Historical Experience* (Princeton: Princeton University Press, 1957), pp. 5-36.

12) Kupchan (2010), p. 3.

13) Alexander L. George, "From Conflict to Peace: Stages along the Road," *United States Institute of Peace Journal* 5-6 (1991), pp. 7-9.

14) Bruce M. Russet and Harvey Starr, *World Politics: The Menu for Choice* (New York: W.H. Freeman, 1992).

15) Kacowicz and Bar-Siman-Tov (2000), p. 18.

16) Kacowicz and Bar-Siman-Tov (2000), p. 17.

17) Boulding (1978), pp. 3-13.

18) Boulding (1978), pp. 31-66.

19) Boulding (1978), p. 3.

20) George (1991), pp. ix-xi.

21) Benjamin Miller, "How to Advance Regional Peace? Competing Strategies for Peacemaking," A Paper presented at the Third Pan-European International Relations Conference, Vienna (September 7, 1998).

22) Arie M. Kacowicz, "Explaining Zones of Peace: Democracies as Satisfied Powers?" *Journal of Peace Research* 32-3 (1995), pp. 265-276.

23) Kacowicz and Bar-Siman-Tov (2000), p. 23.

24) Kupchan (2010), pp. 35-52.

25) Kupchan (2010), p. 3.

26) Kupchan (2010), pp. 30-32.

27) Kacowicz and Bar-Siman-Tov (2000), pp. 24-27을 참조로 작성.

28) 이상근, "안정적 평화 개념과 한반도 적용 가능성", 『한국정치학회보』 제49집 (1)호 (2015), pp. 132-136.

29) 이상근, "화해, 안보공동체, 통일로 이어지는 길에 대한 제언", 『KINU 통일+』 (2015 겨울호), pp. 100-101.

30) John Galtung, "Violence, Peace and Peace Research," *Journal of Peace Research* 6-3 (1969), p. 183.

31) 서보혁, 『한국 평화학의 탐구』 (서울: 박영사, 2019), pp. 46-19. 더 자세한 내용은 이 책의 결론장 참조.

32) 포스트자유주의 평화에 관해서는 이 책의 5장을 참조.

33) 이상근 (2015), pp. 131-155.

34) 이정철, "한국형 평화담론에 대한 비판과 성찰", 『국방연구』 제63집 (3)호 (2010), pp. 1-28.

35) 김범수(2021), pp. 10-11.

36) 박종철, "6.15 남북공동선언 20주년: 현재적 함의와 남북관계 개선 모색", 『세종논평』 No. 2020-15 (2020. 06.12) (검색일: 2021.11.04).

37) 이종석, "6.15 공동선언 2항이 뭐길래: 북측 '낮은 단계 연방제'는 사실상 국가연합체", 프레시안 (2002. 05. 23) https: //www.pressian.com/pages/articles/41579#0DKU (검색일: 2021.11.04).

38) 이무철 외, "남북연합 구상과 추진방안", 『통일연구원 KINU 연구총서』 20-09 (2020), p. 22.

39) 이정철 (2010), p. 15.

제4장 양질의 평화

1) Johan Galtung, *Peace by Peaceful Means: Peace and Conflict, Development and Civilization* (London: Sage, 1996); John P. Lederach, *Building Peace: Sustainable Reconciliation in Divided Societies* (Washington, DC: United States Institute of Peace Press, 1997).

2) Sugata Dasgupta, "Peacelessness and Maldevelopment: a New Theme for Peace Research in Developing Nations," A paper submitted at the Conference of International Peace Research Association (Tallberg, Sweden: 17-19 June 1967).

3) Galtung (1996).

4) 디터 젱하스 지음, 이은정 옮김, 『문명 내 충돌』(서울: 문학과 지성사, 2007).

5) 예를 들어 "An Agenda for Peace: Preventive Diplomacy, Peacemaking and Peace-Keeping," A/47/277-S/24111 (1992); "Development and International Economic Cooperation," A/48/935 (1994); 서보혁·용혜민 엮음, 『국제평화문서 번역집』(서울: 통일연구원, 2021), pp. 1-69.

6) "United Nations Millennium Declaration," A/RES/55/2 (2000); 서보혁·용혜민 엮음, 『국제평화문서 번역집』, pp. 71-89.

7) Peter Wallensteen, *Quality Peace: Peacebuilding, Victory, and World Order* (New York: Oxford University Press, 2015), p. 3.

8) *Ibid.*.

9) John Darby and Roger Mc Ginty eds., *Contemporary Peacemaking: Conflict, Peace Process and Post-War reconstruction*, Second Edition (London: Palgrave Macmillan, 2008).

10) Madhav Joshi and Peter Wallensteen, "Understanding Quality Peace: Introducing the Five Dimensions," in Madhav Joshi and Peter Wallensteen eds., *Understanding Quality Peace: Peacebuilding after Civil War* (New York: Routledge, 2018), pp. 9-10.

11) Kristine Höglund and Mimmi S. Kovacs, "Beyond Absence of War: The Diversity of Peace in Post-Settlement Societies," *Review of International Studies*, 36: 2 (2010), pp. 367-390.

12) Joshi and Wallensteen (2018), pp. 4-5.

13) *Ibid.*, pp. 11-19.

14) *Ibid.*, p. 8.

15) *Ibid.*, p. 20.

16) '정치적 상호성'은 관련 행위자들 사이에 존중과 근본적 선의를 동반하는 상황으로 정의된다. Christian Davenport, Erik Melander, and Patrick M. Regan, *The Peace Continuum: What It Is and How to Study It* (New York: Oxford University Press, 2018), p. 3.

17) *Ibid.*.

18) Erik Melander, "A Procedural Approach to Quality Peace," Davenport, Melander, and Regan, *The Peace Continuum*, pp. 113-44.

19) 캄보디아, 르완다의 평화 프로세스의 사례연구를 참고할 만하다. 서보혁 외, 『평화의 인권·발전 효과와 한반도』 (서울: 통일연구원, 2021)의 3장을 참조할 것.

20) 모든 국가는 제노사이드(genocide), 전쟁범죄, 반인도 범죄, 인종청소로부터 대중을 보호할 책임이 있다는 입장을 말하는데, 해당 국가는 국제사회가 지지, 장려하는 역할을 수행하되 그런 역할에 실패할 경우 유엔 헌장에 의거해 적절한 대응을 해야 한다는 규범을 포함한다. R2P는 2005년 세계정상회의 선언문에서 처음 거론되었고, 2009년 9월 14일 유엔 총회 결의 A/RES/63/308로 공식 국제 규범이 되었다. 이 결의는 유엔 사무총장의 관련 보고서 "Implementing the Responsibility to Protect, 2009"을 승인하였다.

21) 0.01 유의도에 평화협정과 평화구축 사업의 상관관계가 0.557로 나타난 데 비해, 일방적 승리와 평화구축 사업의 상관관계는 -0.204로 나타났다. Wallensteen (2015), p. 83.

22) *Ibid.*, pp. 93-94.

23) Peter Wallensteen and Madhav Joshi, "Developing Quality Peace: Moving forward," in Joshi and Wallensteen ed., *Understanding Quality Peace* (New York: Routledge, 2018), p. 281; Wallensteen (2015), p. 21.

24) 앞서 소개한 Davenport, Melander, and Regan (2018)을 참조할 것.

25) Wallensteen (2015), p. 3.

26) Cynthia Enloe, "The Recruiter and the Sceptic: A Critical Feminist Approach to Military Studies," *Critical Military Studies*, 1-1 (2015), pp. 7, 8.

27) Wallensteen and Joshi, (2018), pp. 277-284.

28) 2021년 북한연구학회 동계학술회의에서 필자의 이 논문 발표에 대한 김학재 교수의 논평 (동국대, 2021. 12. 16).

29) *The Peace Continuum* 제2장에서 멜란더는 평화/폭력의 차원을 폭력 수단, 정치적 강제, 감정적 폭력 등 셋으로 설정하고 거기에 해당 행위자와 지표를 제시하고 있다. 제3장에서 데이븐 포트는 반대와 상호성을 양극단에 놓고 7개 등급으로 평화/폭력의 수준을 일직선상에 놓고 행위/조직/언어/가치를 분석 영역으로 삼고 사례연구를 하고

있다.

30) 김태균, "평화구축과 국제개발: 단계적 결합과 결합의 포용성", 『인간과 평화』 제2집 (1)호 (2021), pp. 147-173.

31) 서보혁, "접경과 평화: DMZ에서 상상하는 양질의 평화", 대진대학교 DMZ연구원 편, 『DMZ 평화와 접경협력』 (포천: 대진대학교, 2021), pp. 7-27.

32) 안보, 협상과 거버넌스, 경제 재건, 이행기 정의와 화해를 말한다.

제5장 포스트 자유주의 평화

1) Peter Wallensteen, *Understanding conflict resolution* (London: Sage Publications, 2019), Section 2.4 (e-book version).

2) Alpaslan Özerdem and SungYong Lee, *International Peacebuilding: An Introduction* (London and New York: Routledge, 2016), pp. 33-36.

3) 이 장에서는 영문 자료에서 소개된 관련 개념들 중 한국어로의 번역이 오히려 독자들의 개념 이해에 혼동을 초래할 위험이 있는 경우, 그 개념의 영문명을 그대로 옮겼다. 가령 local ownership의 경우 '지방 주체성'으로 번역할 수 있으나, 영문 local과 ownership이 각각 가지는 복합적 함의를 축소-왜곡할 위험이 있다. 같은 이유에서 post-liberal discourse는 포스트 자유주의 담론 그리고 hybrid peace를 하이브리드 평화로 각각 표기하였다.

4) 이 장에 소개된 자유주의 및 포스트 자유주의 담론의 맥락과 관련한 내용은, 필자가 그동안 발표한 아래의 연구 결과물을 바탕으로 재작성 되었다. Madhav Joshi, Sung Yong Lee and Roger Mac Ginty, "Just How Liberal Is the Liberal Peace?," *International Peacekeeping* 21-3 (2014), pp. 364-389; SungYong Lee and Alpaslan Özerdem, "Chapter 1: Introduction," in SungYong Lee and Alpaslan Özerdem (eds.), *Local Ownership in International Peacebuilding* (London and New York: Routledge, 2015), pp. 1-16; and Alpaslan Özerdem and SungYong Lee "Chapter 3: Liberal Peacebuilding Model," *International Peacebuilding: An Introduction* (London and New York: Routledge, 2016), pp. 39-50.

5) Oliver Richmond, "The Problem of Peace: Understanding the 'Liberal Peace,'" *Conflict, Security and Development* 6-3 (2006), pp. 291-314.

6) Charles T. Call, "Knowing Peace When You See It: Setting Standards for Peacebuilding Successes," *Civil Wars* 10-2, (2008), pp. 173-194.

7) Joshi, Lee and Mac Ginty (2014).

8) World Bank, "State and Peacebuilding Fund (SPF): Our Niche and Where We Work" https: //www.worldbank.org/en/news/feature/2015/02/02/state-peace-building-fund-spf-our-niche-where-work (검색일: 2021.12.20).

9) Madoka Futamura, Edward Newman and Shahrbanou Tadjbakhsh, *Towards a Human Security Approach to Peacebuilding* -Research Brief No. 2. (Tokyo: United Nations University, 2010); Roger Mac Ginty, *International Peacebuilding and Local Resistance: Hybrid Forms of Peace* (Palgrave Macmillan, 2011).

10) Özerdem and Lee (2016), pp. 44-46.

11) Pugh (2008), Roland Paris, "Saving Liberal Peacebuilding," In David J. Francis (ed.), *When War Ends: Building Peace in Divided Communities* (London and New York: Routledge, 2010), pp. 27-58에서 재인용.

12) Jarat Chopra, "The UN's Kingdom in East Timor," *Survival* 42-3 (2000), p. 27.

13) Gus Edgren, *Donorship, Ownership and Partnership, Issues Arising from Four SIDA Studies of Donor-Recipient Relations, SIDA Studies in Evaluation 03/03* (Stockholm, Sweden: Infocenter, SIDA, 2003); Carlos Lopes and Thomas Theisohn, *Ownership, leadership and transformation: Can we do better for capacity building?* (London UK: Earthscan, 2003); Hideaki Shinoda, *The Difficulty and Importance of Local Ownership and Capacity Development in Peacebuilding* (Hiroshima: Institute for Peace Science, Hiroshima University, 2008).

14) UNSG, United Nations System Support for Capacity Building: Report of the Secretary-General. UN doc E/2002/58 (New York: United Nations, 14 May 2002).

15) Lee and Özerdem (2015); UNDP, *Post-Conflict Economic Recovery: Enabling Local Ingenuity, New York: Bureau for Crisis Prevention and Recovery* (New York: UNDP, 2008).

16) Hannah Reich, "Local Ownership" in *Conflict Transformation Projects: Partnership, Participation or Patronage?* - Berghof Occasional Paper No. 27 (Berlin: Berghof Research Center for Constructive Conflict Management, 2006).

17) Hideaki Shinoda, "Local Ownership as a Strategic Guideline for Peacebuilding," In Lee and Özerdem (2015), pp. 19-38; Timothy Donais, *Peacebuilding and Local Ownership* (London and New York: Routledge, 2012).

18) Roger Mac Ginty, "Where is the local? Critical localism in peacebuilding," *Third World Quarterly* 36-5 (2015), pp. 840-856.

19) Lee and Özerdem (2015); Birgit Bräuchler and Philip Naucke, "Peacebuilding and conceptualisations of the local," *Social Anthropology* 25-4 (2017), pp. 422-436.

20) SungYong Lee, "Reflection on the "Local Turn" in Peacebuilding: Practitioners' Views," *Journal of Human Security Studies* 9-2 (2020), pp. 25-38.

21) Oliver Ramsbotham, Tom Woodhouse and Hugh Miall, *Contemporary Conflict Resolution* (Cambridge: Polity, 2011), p. 236.

22) Madoka Futamura, and Mark Notaras, "Local perspectives on international peacebuilding" https: //unu.edu/publications/articles/local-perspectives-on-international-peacebuilding.html#info (검색일: 2021.11.16); Reich (2006).

23) Oliver Richmond and Audra Mitchell, *Hybrid Forms of Peace: From Everyday Agency to Post-Liberalism* (Houndmills: Palgrave Macmillan, 2011).

24) Joakim Öjendal and Mona Lilja (eds.) *Beyond Democracy in Cambodia* (Copenhagen: NIAS Press, 2009).

25) Volker Boege, Anne Brown, Kevin Clements, and Anna Nolan, *Towards Effective and Legitimate Governance: States Emerging from Hybrid Political Orders* (Brisbane: The Australian Centre for Peace and Conflict Studies, The University of Queensland, 2008).

26) Chetan Kumar and Jos De la Haye, "Hybrid Peacemaking: Building National 'Infrastructures for Peace'" *Global Governance* 18 (2011), pp. 13-20.

27) Oliver Richmond, "The dilemmas of a hybrid peace: Negative or positive?" *Cooperation and Conflict* 50-1 (2015), pp. 50-68.

28) 강원택, 『통일 이후의 한국 민주주의』 (서울: 나남 2011); 도회근, "통일헌법의 권력구조: 의회 제도를 중심으로", 『공법연구』 제40집 (2)호 (2011), pp. 35-55; 허문영·이정우, 『통일한국의 정치체제』 (서울: 통일연구원, 2010).

29) 허지영, "고질갈등 이론으로 보는 남북관계", 서보혁·문인철 (편). 『12개 렌즈로 보는 남북관계』 (서울: 박영사, 2021), 213-236.

30) SungYong Lee, "Motivations for local resistance in international peacebuilding," *Third World Quarterly* 36-8 (2015), pp. 1437-1452.

31) Norbert Ropers, "Systemic conflict transformation: reflections on the conflict and peace process in Sri Lanka," In D. Korppen, B. Schmelzle, and O. Wils (eds.) *A Systemic Approach to Conflict Transformation: Exploring Strengths and Limitations* (Berlin: Berghof Research Center for Constructive Conflict Management, 2006), pp. 11-41.

32) Marc Sommers, *Children, Education and War: Reaching Education for All (EFA) Objectives in Countries Affected by Conflict* (Washington, DC: World Bank, 2002).

33) UNDP (2008); Adolf Gerstl, "Ownership of international peacebuilding programmes by local governance institutions: case study of Gulu district in Northern Uganda," in Lee and Özerdem (2015), pp. 156-177; Alex Mackenzie-Smith, "Complex challenges facing contemporary local ownership programmes: a case study of South Sudan," Lee and Özerdem (2015), pp. 55-73.

제6장 해방적 평화

1) 예를 들어, Sondre Lindahl, *A Critical Theory of Counterterrorism: Ontology, Epistemology and Normativity* (Boca Raton, FL: Routledge, 2018); Joseph Llewellny, "Building Emancipatory Peace through Anarcho-Pacifism," *Critical Studies on Security* 6-2 (2018), pp. 259-272.

2) Oliver P. Richmond, "What is an Emancipatory Peace?," *Journal of International Political Theory*. Online Publication. (2021).

3) Max Horkheimer, "Traditional and Critical Theory," in *Critical Theory: Selected Essays*. Trans. Mattew J. O'Connell et al. (New York: Continuum, 2002), pp.188-243.

4) Richard Wyn Jones, *Security, Strategy, and Critical Theory* (Colorado: Lynne Rienner Publishers, 1990).

5) Theodor W. Adorno and Max Horkheimer, *Dialectic of Enlightenment*. Trans. John Cumming (London: Verso, 1979).

6) Adorno and Horkheimer (1979), p. 54.

7) Wyn Jones (1990).

8) Antonio Gramsci, *Selections from the Prison Notebooks* (International Publishers Co. 1971), p.9.

9) Gramsci (1971).

10) Wyn Jones (1990).

11) Ken Booth, "Security and Emancipation," *Review of International Studies* 17 (1991), 313-326. p.319.

12) Booth (1991).

13) Booth (1991).

14) Oliver P. Richmond, "Critical Research Agenda for Peace: The Missing Link in the Study of International Relations," *Alternatives: Global, Local, Political* 32-7 (2007a), p. 258.

15) Gëzim Visoka, "Emancipatory Peace," in *The Oxford Handbook of Peacebuilding, Statebuilding, and Peace Formation.* edited Oliver P. Richmond and Gëzim Visoka, (Oxford: Oxford University Press, 2021), pp. 642-660.

16) Roland Paris, "Saving Liberal Peacebuilding," In David J. Francis (ed.), *When War Ends: Building Peace in Divided Communities* (London and New York: Routledge, 2010), pp. 27-58에서 재인용.

17) Roger Mac Ginty, *International Peacebuilding and Local Resistance: Hybrid Forms of Peace* (Basingstoke: Palgrave Macmillan, 2011); Oliver P. Richmond, "The Problem of Peace: Understanding the 'Liberal Peace'," *Conflict, Security & Development* 6-3 (2006), pp. 291-314.

18) 이 책의 5장을 보라.

19) 포스트 자유주의적 로컬평화론에 대해서는 SungYong Lee *Local Ownwership in Asian Peacebuilding* (Cham: Palgrave Macmillan, 2019); Roger Mac Ginty and Oliver. P Richmond, "The Local Turn in Peace Building: a critical agenda for peace," *Third World Quarterly* 35-5 (2013), pp. 763-783를 참조하라.

20) Oliver P Richmond, "Resistance and the Post-Liberal Peace," in *A Liberal Peace: The Problems and Practices of Peacebuilding.* Sunnana Campbell et al. (eds.) (London; New York: Zed Books, 2011), 226-244.

21) David Chandler and Oliver P. Richmond, "Contesting Postliberalism: Governmentality or Emancipation?," *Journal of International Relations and Development* 18 (2015), p. 4.

22) https: //lisaschirch.wordpress.com/2019/12/24/state-of-peacebuilding-2019-seven-observations/?fbclid=IwAR2pGDf8haKg0_1K3vRdjz17qJEeDOkO-_ST7HObdC-xizRFE6faDZ2R1Eo(검색일: 2021.8.20)

23) Chandler and Richmond (2015).

24) Oliver P. Richmond, "Emancipatory Peace" in the Palgrave Encyclopedia of Peace and Conflict studies (forthcoming); Gëzim Visoka, "Emancipatory Peace" in *The Oxford Handbook of Peacebuilding, Statebuilding, and Peace Formation* (New York: Oxford University Press, 2021), pp. 646-660.

25) Gëzim Visoka and Oliver P. Richmond, "After Liberal Peace? From Failed State-building to an Emancipatory Peace in Kosovo," *International Studies Perspectives* 18 (2017), 110-129, p.113.

26) Visoka and Richmond (2017).

27) Richmond (2011), p. 236.

28) Mark Duffield, *Development, Security, and Unending War* (London: Polity, 2007), p. 234.

29) Michael Pugh, "The political economy of peacebuilding: a critical theory perspective," *International Journal of Peace Studies* 10-2 (2005), pp. 23-42.

30) Mac Ginty (2011).

31) 호미 바바, 나병철 역『문화의 위치』(서울: 소명출판, 2012).

32) Oliver P. Richmond, "Emancipatory Forms of Human Security and Liberal Peacebuidling," *International Journal* 62-3 (2007b), 459-476.

33) Ronald Paris, "Althernatives to Liberal Peace?," in A *Liberal Peace: The Problems and Practices of Peacebuilding.* Sunnana Campbell et al. (eds.) (London; New York: Zed Books, 2011), pp. 159-173.

34) Keith Krause, "Emancipation and Critique in Peace and Conflict Research," *Journal of Global Security Studies* 4-2 (2019), pp. 292-298.

35) David Chandler, "Peacebuilding and the Politics of Non-linearity: Rethinking Hidden Agency and Resistance," *Peacebuilding* 1-1 (2013), pp. 17-32.

36) 분단구조를 한반도 비평화의 근본 원인이라고 해석한 학자들은 매우 많다. 하지만 그 중에서도 이를 평화학적 관점으로 천착한 학자들은 소수이다. 대표적인 학자로는 서보혁,『한국 평화학의 탐구』(서울: 박영사, 2019); 김병로,『한반도발 평화학』(서울: 박영사, 2021).

37) 김성민, 박영균, "인문학적 통일담론과 통일인문학: 통일패러다임에 관한 시론적 모색,"『철학연구』제92집 (2011), pp. 143-172.

38) 김병로, "서론: 문제제기와 구성," 김병로, 서보혁 편,『분단폭력: 한반도 군사화에 관한 평화학적 성찰』(파주: 아카넷, 2016), 11-29, p. 15.

39) 김병로 (2016).

40) 홍석률,『분단의 히스테리』(서울: 창비, 2012).

41) 이종석,『분단시대의 통일학』(서울: 한울. 1998).

42) 안승대, "분단 구조와 분단 의식 극복을 위한 통일교육의 과제,"『통일인문학』제54집 (2012), p. 156.

43) 안승대 (2012), p. 175.

44) 안승대 (2012).

45) 김종곤, "분단적대성의 역사적 발원과 감정구조,"『통일인문학』제75집 (2018), pp. 5-32.

46) 이병수, "분단트라우마의 유형과 치유방안,"『통일인문학』제52집 (2011), pp. 47-70.

제7장 일상적 평화

* 이 글은 『통일과 평화』 제13집 2호(2021)에 실린 필자의 논문 ('일상적 평화: 미시적 평화담론의 한반도 적용과 의의')을 수정·보완한 것이다.
1) 포스트자유주의 평화에 관한 자세한 내용은 이 책의 5장을 참조.
2) 자유주의 평화구축 방식과 그 한계에 관한 자세한 내용은 이 책의 5장 참조.
3) Roger Mac Ginty, *Everyday Peace: How So-called Ordinary People Can Disrupt Violent Conflict* (Oxford: Oxford University Press, 2021), p. 2.
4) Oliver P. Richmond, *A Post-Liberal Peace* (London & New York: Routledge, 2011), pp. 17-19.
5) Roger Mac Ginty, "Everyday Peace: Bottom-up and Local Agency in Conflict-affected Societies," *Security Dialogue* 46-5 (2014), p. 550.
6) Mac Ginty (2021), p. 29.
7) Mac Ginty (2021), pp. 3-4.
8) Richmond (2011), pp. 117-119.
9) Mac Ginty (2021).
10) Mac Ginty (2021), pp. 190-211.
11) Michael Billig, *Banal Nationalism* (London, Thousands Oaks & New Delhi: SAGE Publications, 1995).
12) Marijan은 보스니아와 헤르체고비나 그리고 북아일랜드를 사례로 연구하며 일상적 평화의 정치적 측면을 강조했다. 자세한 내용은 Branka Marijan, "The Politics of Everyday Peace in Bosnia and Herzegovina and Northern Ireland," *Peacebuilding* 5-1 (2017), pp. 67-81 참조.
13) Mac Ginty (2014), pp. 555-557.
14) 일상적 평화의 '갈등 와해' 역할에 관한 자세한 내용은 Mac Ginty (2021), pp. 190-211 참조.
15) Urmitapa Dutta, Andrea Kashimana Andzenge and Kayla Walking, "The Everyday Peace Project: An Innovative Approach to Peace Pedagogy," *Journal of Peace Education* 13-1 (2016), p. 81.
16) 미시적이고 개인적 차원의 일상적 평화와 교육, 제도 등의 거시적 차원의 상호작용에 관한 연구에 관한 내용은 다음을 참조. Mac Ginty (2021), pp. 191-211; Dutta, Andzenge and Walking (2016); Gezim Visoka, "Everyday Peace Capture: Nationalism and the Dynamics of Peace after Violent Conflict," *Nations and Nationalism* 26 (2018), pp, 431-446.

17) 갈등지역에서 평화를 만들어가는 청년이나 청소년의 역할에 주목한 사례연구들에 관해서는 다음을 참조. Helen Berents and Siobhan McEvoy-Levy, "Theorising Youth and Everyday Peace(building)," *Peacebuilding* 3-2 (2015), pp. 115-125; Henlen Berents, "An Embodied Everyday Peace in the midst of Violence," *Peacebuilding* 3-2 (2015), pp. 186-199.

18) Mac Ginty (2021), p. 47.

19) Mac Ginty (2021), pp. 51~70.

20) 제2차 세계대전 종식 이후 발생한 현대 갈등을 분류하는 기준으로 제시된 "다루기 어려운 고질적인 갈등(intractable conflict, 고질갈등)"은 폭력을 동반한 갈등이 평화적인 방법으로 해결되지 못한 채 장기간 지속되어 그 해결이 매우 까다롭고 다루기 어려운 갈등을 의미한다. 대표적 사례로 이스라엘과 팔레스타인 분쟁, 북아일랜드 갈등이 있으며 남북한 갈등도 고질갈등에 해당한다. 고질갈등의 자세한 내용에 관해서는 다음을 참조. 허지영, "고질갈등 이론으로 보는 남북관계", 서보혁·문인철(편) 『12개 렌즈로 보는 남북관계』(서울: 박영사, 2021), pp. 211-234.

21) Mac Ginty (2021), p. 4.

22) Denisa Kostovicova, Ivor Sokolic and Orli Fridman, "Introduction: Below Peace Agreements: Everyday Nationalism or Everyday Peace?" *Nations and Nationalism* 26 (2020), p. 425.

23) Mac Ginty (2014), pp. 34-45.

24) William Foote Whyte, *Street Corner Society: The Social Structure of an Italian Slum* (Chicago: University of Chicago Press, 1993), p. xvi.

25) Mac Ginty (2014), pp. 557-559.

26) 김수경, "북한이탈주민과 남한 선주민의 지역사회통합 연구: 초등학교 학부모의 교육문화 충돌 경험을 중심으로", 『문화사회연구』 제14집 (1)호 (2021), pp. 37-68.

27) 아산 지역 민간인 학살 사례 조사를 이끈 한반도통일역사문화연구소(한통연)의 최태육과의 2021년 8월 26일 진행된 개인 인터뷰에서 발췌. 이후 최태육과의 인터뷰로 표기.

28) 한반도통일역사문화연구소, "한국전쟁의 지역사회와 트라우마(보고서 및 녹취록)", 2020년도 사단법인 평화박물관 추진위원회 지원사업 (2020.12.20), pp. 134-151.

29) 한반도통일역사문화연구소 (2020), pp. 192-200.

30) 최태육과의 인터뷰.

제8장 경합적 평화

* 이 글은 『담론201』 제25집 1호(2022)에 실린 필자의 논문("경합적 평화론의 한반도 구축에의 함의: 경합적 다원주의를 중심으로")을 수정 · 보완한 것이다.

1) Oliver P. Richmond (2011). A Post-Liberal Peace (New York: Routledge).

2) Jan Selby, "The Myth of Liberal Peace-building," *Conflict, Security, & Development* 13-1 (2013), 57-86; Oliver P. Richmond, "The Problem of Peace: Understanding the 'Liberal Peace'" *Conflict, Security & Development* 6-3 (2006), pp. 291-314.

3) Adrian Little, *Enduring Conflict: Challenging the Signature of Peace and Democracy* (New York: Bloomsbury Academic, 2014).

4) https: //www.merriam-webster.com/dictionary/agon (검색일: 2021.07.30).

5) Elton T. E. Barker, *Entering the Agon: Dissent and Authority in Homer, Historiography and Tragedy* (Oxford: Oxford University Press, 2009).

6) 샹탈 무페, 이보경 옮김, 『정치적인 것의 귀환』 (서울: 후마니타스, 2007).

7) 무페 (2007).

8) 무페 (2007), p. 11.

9) 샹탈 무페, 이승원 옮김, 『경합들: 갈등과 적대의 세계를 정치적으로 사유하기』 (서울: 난장. 2020).

10) Alex Thomson, "Polemos and Agon," in *Law and Agonistic Politics*. Andrew Schaap (ed.) (Farnham: Ashgate, 2009), 105-118. p. 109.

11) '정치적인 것'에 대한 사유는 무페의 경합주의에서 매우 중요한 개념이다. 무페가 그녀의 저작들에서 말하는 정치적인 것이란 현실정치에서 말하는 도구적인 활동을 뜻하지 않는다. 정치적인 것은 정당들의 활동으로 제한적으로 적용되는 정치와는 다른 인간 사회에서 발생하는 모든 적대를 다루는 사회적 행위의 총제를 의미한다. 칼 슈미트의 '적과 동지' 사이를 구별하는 것이라는 정치의 의미를 수용하여 무페는 '적대'를 정치적인 것이 발생하는 원동력이라고 보고 행위자들 사이에서 항구적으로 발생하는 적대를 다원성에 기초한 경합으로 바꾸어 나가는 시도와 절차를 급진민주주의라고 했다. 따라서 정치적인 것은 갈등과 적대를 일부 도구적 활동으로 취급하는 것을 거부하고 일상세계에서 구현되는 인간의 근본적 행위라고 할 수 있다.

12) 지그문트 바우만, 정일준 옮김, 『현대성과 홀로코스트』 (서울: 새물결, 2013).

13) 유용민, 『경합적 민주주의』 (서울: 커뮤니케이션북스, 2015), p. 3.

14) 무페 (2007).

15) 유용민 (2015), p. 7.

16) Joshua Cohen, "Deliberation and Democratic Legitimacy" in *Deliberative Democracy:*

Essays on Reason and Politics, Bohman James and Rehg William eds. (Cambridge; Massachusetts; London; England: The MIT Press, 1997), 67-92, p.72.

17) Andrew Schaap, "Agonism in Divided Societies," *Philosophy & Social Criticism* 32-2 (2006), 255-277, p. 257.

18) Cohen (1997).

19) Jürgen Habermas, "Towards a theory of communicative competence," *Inquiry: An Interdisciplinary Journal of Philosophy* 13-1-4 (1970), pp. 360-375.

20) Chantal Mouffe, "Deliberative Democracy or Agonistic Pluralism?," *Social Research* 66-3 (1999), pp. 745-758.

21) 무페 (2007).

22) Mouffe (1999).

23) Mouffe (1999).

24) 무페 (2020).

25) Mouffe (1999). p. 752.

26) 유용민 (2015), p. 7.

27) 무페 (2020).

28) Karin Aggestam, Fabio Cristiano, and Lisa Strömbom. "Towards Agonistic Peacebuidling? Exploring the Antagonism-Agonism Nexus in the Middle East Peace Process," *Third World Quarterly* 36-9 (2015), pp. 1736-1753.

29) 이 글에서 말하는 '평화'는 최종적 상태로서의 평화를 뜻하지 않는다. 경합적 평화는 정태적 관념이 아니라 평화를 성취하기 위한 과정(peace process), 행위 (peacebuilding 또는 conflict transformation), 그리고 거버넌스(peace governance)를 모두 포괄하는 다층적인 양태다.

30) 이 책의 5장을 참조하라.

31) Little (2014).

32) 무페 (2020); Schaap (2005); Aggestam, Cristiano, and Ströbom (2015).

33) Schaap (2006); Rosemary E. Shinko, "Agonistic Peace: A Postmodern Reading," *Millennium: Journal of International Studies*, 36-3 (2008), pp. 473-491.

34) 무페 (2020).

35) Aggestam, Cristiano, and Ströbom (2015).

36) Andrew Schaap, *Political Reconciliation* (London; New York: Routeldge, 2005).

37) Sarah Maddison, *Conflict Transformation and Reconciliation: Multi-level Challenges in Deeply Divided Societies* (London; New York: Routledge, 2016).

38) Shinko (2008); Schaap (2006); Aggestam, Cristiano, and Ströbom (2015).

39) Mouffe (1999).

40) Brighid Boorks Kelly, *Power-Sharing and Consociational Theory* (Cham: Palgrave Macmillan, 2019).

41) Rupert Taylor, 'The Belfast Agreement and the Limits of Consociationalism' In *Global Change, Civil Society and the Northern Ireland Peace Process*. Farrington C. (ed.) (New Security Challenges Series. London: Palgrave Macmillan, 2008), pp. 183-198.

42) Little (2014)

43) Phillip L. Hammack and Andrew Pliecki, "Narrative as a Root Metaphor for Political Psychology," *Political Psychology* 33-1 (2012), pp. 75-103.

44) Anna Cento Bull, Hans Lauge Hansen, "On Agonistic Memory," *Memory Studies* 9-4 (2016), pp. 390-404.

45) Ayşe Betül Çelik, "Agonistic Peace and Confronting the Past: An Analysis of a Failed Peace Process and the Role of Narratives," *Cooperation and Conflict* 56-1 (2020), pp. 1-18.

46) Sarah Maddison, "Relational Transformation and Agonistic Dialogue in Divided Societies," *Political Studies* 63 (2015), pp. 1014-1030.

47) Schaap (2005).

48) Schaap (2005), p. 6.

49) Hyukmin Kang, "Positive Peace and Political Reconciliation," In *The Palgrave Handbook of Positive Peace*, Katerina Standish et al. (Singapore: Palgrave Macmillan, 2021).

50) Daniel Philpott, *Just and Unjust Peace: An Ethic of Political Reconciliation* (New York: Oxford University Press, 2012).

51) 무페 (2007).

52) Schaap (2005).

53) Schaap (2005).

54) Shinko (2008).

55) 김성민, 『통일인문학: 인문학으로 분단의 장벽을 넘다』 (서울: 알렙, 2015).

56) Ji Young Heo, Narratives on National Identity of South Korea: How to Understand the Self and the Significant Others, North Korea and the United States. Doctoral Diss. Freie Universität Berlin, 2020.

57) 조주현, "후기 근대와 사회적인 것의 위기: 아고니즘 정치의 가능성," 『경제와 사회』 (2012), 163-189. 174-174쪽.

제9장(결장) 통일평화

1) 분단정전체제는 논자의 필요에 따라 한반도 현실을 분단체제와 정전체제로 나누어 말해온 것에 문제의식을 갖고, 한반도 현실을 통합적으로 보자는 취지를 반영한 용어로서 한반도 비평화 구조로 정의된다. 서보혁·나핵집, 『지속가능한 한반도 평화를 향하여』(서울: 동연, 2016), pp. 34-35.

2) 분단폭력은 분단의 폭력성을 부각시키는 용어로서, 분단에 의해 한반도 구성원들에게 가해지는 각양의 폭력으로 정의할 수 있다. 자세한 논의는 김병로·서보혁 편, 『분단폭력: 한반도 군사화에 관한 평화학적 성찰』(서울: 아카넷, 2016).

3) Alexander Motyl (ed.), *Encyclopedia of Nationalism* 1 (San Diego: Academic Press, 2001), p. 251.

4) 서보혁, 『한국 평화학의 탐구』(서울: 박영사, 2019), pp. 295-296.

5) 김범수, "통일의식", 서울대학교 통일평화연구원, 「제84차 국내학술회의: 2021 통일의식조사」 자료집 (서울대학교 시흥캠퍼스: 2021.10.5), pp. 13, 14, 17. 이 여론조사는 2007년부터 매년 7-8월 전국 만 19세 이상 74세 이하 성인남녀 1,200명을 대상으로 조사를 수행된다. 조사는 구조화된 질문지를 사용하였고 표본 오차는 95% 신뢰수준에서 ±2.8%이다.

6) 서보혁 (2019), p. 297.

7) 전재호, "박정희 체제의 민족주의: 담론의 변화와 그 원인", 『한국정치학회보』 제32집 4호 (1998), pp. 89-109.

8) 서보혁 (2019), p. 298.

9) 김범수 (2021), p. 19.

10) 김병로, "한반도 비평화와 분단폭력", 김병로·서보혁 (2016), p. 34.

11) 박명규, 『남북 경계선의 사회학: 포스트 김정일 시대의 통일평화 구상』(파주: 창비, 2012), pp. 290-291.

12) 서보혁 (2019), pp. 287-288.

13) 서보혁 (2019), pp. 288-289.

14) 서보혁 (2019), pp. 289-290.

15) 서보혁 (2019), pp. 290-291.

16) 통일교육원, 『2017 통일문제 이해』(서울: 통일교육원, 2017); 황보근영·구옥경 외, 『고등학교 평화시대를 여는 통일 시민』(파주: 경기도교육청, 2017).

17) 서보혁 (2019), p. 309.

18) 북한의 공공연한 핵무기 개발과 미국 조지 W. 부시 정부의 대북 강경정책으로 위기가 감도는 상황에서 미국의 협조를 이끌어내 북해 문제의 평화적 해결 국면을 조성하

는 것을 말한다.

19) 서보혁 (2019), pp. 309-310.

20) 분단정전체제의 속성에 관해서는 본격적인 연구가 필요하지만 다양한 경험 연구를 통해 군사주의, 권위주의, 식민주의를 꼽아볼 수 있다. 임지현 외, 『우리 안의 파시즘』 (서울: 삼인, 2016); 정근식·이병천 외, 『식민지 유산, 국가 형성, 한국 민주주의 1, 2』 (서울: 책세상, 2012); 문승숙 지음, 이현정 옮김, 『군사주의에 갇힌 근대: 국민 만들기, 시민 되기, 그리고 성의 정치』 (서울: 또하나의문화, 2007); 권인숙, 『대한민국은 군대 다』 (서울: 청년사, 2005).

21) 서보혁 (2019), pp. 310-311.

22) 이에 관한 최근 연구성과로 김병로, 『한반도발 평화학』 (서울: 박영사, 2021) 참조.

23) 서보혁, "결장: 분단폭력의 본질과 그 너머", 김병로·서보혁 (2016), p. 289.

24) 박주화·이은정·우영아, 『2020 한국인의 평화의식: 문항별 테이블』 (서울: 통일연구 원, 2020).

25) 홍석훈 외, 『평화-인권-발전의 트라이앵글: 이론적 검토와 분석틀』 (서울: 통일연구원, 2020).

26) 포스트 자유주의 평화론에서도 보편가치의 기계적 적용의 문제점을 극복하는 대안의 하나로 지역적 맥락을 강조하고 있다. 이 책의 제5, 7장을 참조할 것.

참고문헌

제1장 적극적 평화

김동진. "북한 연구에 대한 평화학적 접근." 『현대북한연구』 제16집 3호 (2013).

김병로. 『한반도발 평화학』 서울: 박영사, 2021.

김병로 · 서보혁. 『분단폭력: 한반도 군사화에 대한 평화학적 성찰』 파주: 아카넷, 2016.

서보혁. 『한국 평화학의 탐구』 서울: 박영사, 2019.

서울대학교 평화인문학연구단 편. 『평화인문학이란 무엇인가』 서울: 아카넷, 2013.

이병수. "한반도 평화실현으로서 '적극적 평화'." 『시대와 철학』 제28집 1호 (2017).

이상근. "안정적 평화개념과 한반도 적용 가능성." 『한국정치학회보』 제49집 1호 (2015).

이수형. "한반도 평화체제와 한미동맹: 동북아 평화체제와의 구조적 연계성." 『통일과 평화』 제2호 (2009).

조성렬. "한반도 문제의 해결과 3단계 평화론: 적극적 평화론을 중심으로." 『동북아연구』 제30집 1호 (2015).

하영선 편. 『21세기 평화학』 서울: 풀빛, 2002.

하영선 · 남궁곤 편. 『변환의 세계정치』 서울: 을유문화사, 2007.

허지영. "고질갈등 이론을 통해 살펴본 한반도 갈등과 갈등의 평화적 전환 접근 방안 연구." 『평화학연구』 제22집 1호 (2021).

홍석훈 · 김수암 · 서보혁 · 오경섭 · 문경연 · 정욱식 · 장수연. 『평화-인권-발전의 트라이앵글: 이론적 검토와 분석틀』 서울: 통일연구원, 2020.

황수환. "평화학적 관점에서 본 한반도 평화의 방향." 『평화학연구』 제20집 1호 (2019).

Bufacchi, Vittorio. "Two Concepts of Violence." *Political Studies Review* 3-2 (2015).

Boulding, Kenneth. E. "Twelve Friendly Quarrels with Johan Galtung." *Journal of Peace Research* 14-1 (1977).

_____. *Stable Peace*. Austin: University of Texas Press. 1978.

Carroll, Berenice A. "Peace research-Cult of Power." *Journal of Conflict Resolution* 16-4 (1972).

Diehl, Paul F. "Exploring Peace: Looking Beyond War and Negative Peace." *International Studies Quarterly* 60-1 (March 2016).

Galtung, Johan. "An Editorial." *Journal of Peace Research* 1-1 (1964).

_____. *Theories of Peace: A Synthetic Approach to Peace Thinking*. Oslo: International Peace Research Institute, 1967.

_____. "Violence, Peace and Peace Research." Journal of Peace Research 6-3 (1969)

_____. "Three Approaches to Peace: Peacekeeping, Peacemaking and Peacebuilding." In Peace, *War and Defense: Essays in Peace Research II*. Copenhagen: Christian Elders, 1976.

_____. "Twenty-Five Years of Peace Rresearch: Ten Challenges and Some Responses." *Journal of Peace Research* 22-2 (1985)

_____. "Cultural Violence." *Journal of Peace Research* 27-3 (1990).

_____. *Conflict Transformation by Peaceful Means: The Transcent Method*. New York: UN Diaster management Training Programme, 2000.

Grewal, Baljit. "Johan Galtung: Positive and Negative Peace." (August 2003), https: // www.academia.edu/744030/Johan_Galtung_Positive_and_Negative_Peace (검색 일: 2021.12.19.)

Hansen, Toran. "Holistic Peace." *Peace Review* 28-2 (2018).

H ø ivik, Tord. "The Demography of Structural Violence." *Journal of Peace Research* 14-1 (1977).

Jung, Hyuk. "Human Rights in Contention: The Discursive Politics of North Korean Human Rights." Ph.D. Dissertation: Freie Universität Berlin, 2020.

Lawler, Peter "A Question of Values: A Critique of Galtung's Peace Research." *Global Change. Peace & Security* 1-2 (1989).

_____. "Peace Studies." In *Security Studies: An Introduction*, Williams, Paul D. (ed) London: Routledge, 2013.

Richmond, Oliver P. *Peace: A Very Short Introduction*. Oxford: Oxford University Press, 2014.

Rogers, Paul and Ramsbotham, Oliver. "Then and Now: Peace Research - Past and Future." *Political Studies* 47-4 (1999).

Scholten, Gijsbert. M. *Visions of Peace of Professional Peace Workers*. Springer International Publishing, 2020.

Sharp, Dustin N. "Positive Peace, Paradox, and Contested Liberalisms," *International Studies Review* 22-1 (2020).

Stahn, Carsten. "Jus Post Bellum and Just Peace: An Introduction" in Carsten Stahn and Jens Iverson (eds), *Just Peace After Conflict: Jus Post Bellum and the Justice of Peace*. Oxford: Oxford Scholarship Online. 2021.

Stephenson, Carolyn. M. "Peace Studies Overview." In Lester Kurtz (ed), *Encyclopedia of Violence, Peace and Conflict*. London: Academic Press, 2008.

Wallensteen, Peter. *Quality Peace: Peacebuilding, Victory, and World Order*. New York: Oxford University Press. 2015.

제2장 정의로운 평화

김동진. "평화를 향한 세계교회의 목소리." 『기독교사상』 제654집 (2013).

김성수. "인권과 평화를 위한 교회의 책임: 볼프강 후버의 정의로운 평화의 윤리 연구." 『기독교사회윤리』 제44집 (2019).

김재명. "정의의 전쟁(Just War) 이론의 한계 및 대안 모색: 전쟁 종식의 정당성(jus post bellum) 논의를 중심으로." 『군사연구』 제126집 (2008).

로이스 바렛. 전남식 옮김. 『하나님의 전쟁』 대전: 대장간, 2012.

박찬성. "정의로운 전쟁, 인도주의적 개입 그리고 보편적 인권: 마이클 왈저(Michael Walzer)의 논의를 중심으로." 『공익과 인권』 제9집 (2011).

박충구. 『종교의 두 얼굴: 평화와 폭력』 서울: 홍성사, 2013.

새뮤얼 헌팅턴. 이희재 옮김. 『문명의 충돌』 서울: 김영사, 1997.

세계교회협의회. 『정의로운 평화를 위한 에큐메니컬 선언』(Ecumenical Call to Just Peace). 2011.

_____. 『정의로운 평화의 길을 위한 성명서(Statement on the Way of Just Peace)』. 2013.

_____. 엮음. 기독교평화연구소 옮김. 『정의로운 평화 동행』 서울: 대한기독교서회, 2013. (Originally from World Council of Churches, Just Peace Companion, 2nd ed. WCC Publications, 2012)

안교성. "한국기독교의 평화담론의 유형과 발전에 관한 연구: 동북아시아의 지역적 맥락을 중심으로." 『장신논단』 제49집 (2017).

에리카 체노웨스 · 마리아 스티븐. 강미경 옮김. 『비폭력 시민운동은 왜 성공을 거두나?』 서울: 두레, 2019.

이찬수. 『평화와 평화들: 평화다원주의와 평화인문학』 서울: 모시는사람들, 2016.

장윤재. "WCC 평화신학의 이해와 비판." 『신학사상』 제167집 (2014).

정원섭. "인권의 현대적 역설: 롤즈의 평화론에서 인권." 『한국철학회』 제112집 (2012).

정주진. "세계교회와 한국교회의 정의 평화 논의와 실천." 『기독교사상』 제661집 (2014).

조일수. "왈쩌(M. Walzer)의 정의 전쟁론에 대한 비판적 고찰." 『윤리교육연구』 제51집 (2019).

존 매쿼리. 조만 옮김. 『평화의 개념』 서울: 대한기독교서회, 1980.

Aggestam, Karin, and Björkdahl, Annika, eds. *Rethinking Peacebuilding: The Quest for Just Peace in the Middle East and the Western Balkans*. New York, NY: Routledge, 2014.

Allan, Pierre and Keller, Alexis. "Introduction." in *What is a Just Peace?* Pierre Allan and Alexis Keller eds. Oxford, UK: Oxford University Press. 2006.

_____. "Is a Just Peace Possible Without Thin and Thick Recognition?" in *The International Politics of Recognition*. Thomas Lindenmann and Erik Ringmar eds,. Boulder, CO: Paradigm Publishers, 2012.

Chesterman, Simon. *Just War or Just Peace? Humanitarian Intervention and International Law*. Oxford, UK, Oxford University Press, 2001.

Clements, Kevin. "Toward Conflict Transformation and a Just Peace" in *Transforming Ethonopolitical Conflict*. Alex Austin, Martina Fischer, Norbert Ropers. eds. Fachmedien; Weisbaden; Berlin: Springer, 2004.

Fixdal, Mona. *Just Peace: How Wars Should End*. New York: NY, Palgrave Macmillan, 2012.

Hallward, Maria Carter. *Struggling for a Just Peace: Israeli and Palestinian Activism in the Second Intifada*. Gainsville, FL: University of Florida Press, 2011.

Kim, Dong-choon, "The Long Road toward Truth and Reconciliation: Unwavering Attempts to Achieve Justice in South Korea." *Critical Asian Studies* 42-4 (2010).

Kim, Sebastian. "'Justice and Peace Will Kiss Each Other' (Psalm 85.10b): Minjung Perspectives on Peace-building." *Transformation: An International Journal of Holistic Mission Studies* 32-3 (2015).

Philpott, Daniel, *Just and Unjust Peace: An Ethic of Political Reconciliation*. Oxford, UK: Oxford University Press, 2012.

세계교회협의회(WCC) 홈페이지 www.oikoumene.org
한국기독교교회협의회(NCCK) 홈페이지 www.kncc.or.kr

제3장 안정적 평화

김범수. "통일의식." 서울대학교 통일평화연구원. 「제84차 국내학술회의: 2021 통일의식

조사」 자료집. 서울대학교 시흥캠퍼스: 2021. 10. 5.

김연철. "대북정책과 통일정책의 상관성: "과정으로서의 통일"과 "결과로서의 통일"의 관계."『북한연구학회보』 제15집 1호 (2011).

박종철. "6.15 남북공동선언 20주년: 현재적 함의와 남북관계 개선 모색."『세종논평』 No. 2020-15 (2020. 6. 12) (검색일: 2021.11.04).

박주화. "통일은 과정인가 결과인가? 국민들의 통일개념을 중심으로." 통일연구원 Online Series CO 18-44 (2018).

박주화 외. "2019 한국인의 평화의식." 통일연구원 KINU 연구총서 19-22 (2019).

서보혁.『한국 평화학의 탐구』 서울: 박영사, 2019.

이무철 외. "남북연합 구상과 추진방안." 통일연구원 KINU 연구총서 20-09 (2020).

이상근. "안정적 평화개념과 한반도 적용 가능성."『한국정치학회보』 제49집 1호 (2015).

이상근. "화해, 안보공동체, 통일로 이어지는 길에 대한 제언."『KINU 통일+』 (2015 겨울호).

이정철. "한국형 평화담론에 대한 비판과 성찰."『국방연구』 제63집 3호 (2010).

이종석. "6.15 공동선언 2항이 뭐길래: 북측 '낮은 단계 연방제'는 사실상 국가연합체." 프레시안 (2002. 05. 23) https://www.pressian.com/pages/articles/41579#0DKU (검색일: 2021. 11. 4.).

Boudling, Kenneth E. *Stable Peace*. Austin: University of Texas Press, 1978.

Deutsch, Karl W. *Political Community and the North Atlantic Area: International Organization in the Light of Historical Experience*. Princeton: Princeton University Press, 1957.

Galtung, John. "Violence, Peace and Peace Research." *Journal of Peace Research* 6-3 (1969).

George, Alexander L. "From Conflict to Peace: Stages along the Road." *United States Institute of Peace Journal* 5-6 (1991).

Kacowicz, Arie M. "Explaining Zones of Peace: Democracies as Satisfied Powers?" *Journal of Peace Research* 32-3 (1995).

Kacowicz, Arie M. and Bar-Siman-Tov, Yaacov. "Stable Peace: A Conceptual Framework." In Arie M. Kacowicz, Yaacov Bar-Siman-Tov, Ole Elgstrom and Magnus Jerneck. *Stable Peace among Nations*. Lanham: Rowman & Littlefield, 2000.

Kupchan, Charles A. *How Enemies Become Friends: The Sources of Stable Peace*. Princeton & Oxford: Princeton University Press, 2010.

Miller, Benjamin. "How to Advance Regional Peace? Competing Strategies for

Peacemaking." A Paper Presented at the Third Pan-European International Relations Conference, Vienna (September 7, 1998).

Russet, Bruce M. and Harvey Starr. *World Politics: The Menu for Choice*. New York: W.H. Freeman, 1992.

제4장 양질의 평화

김태균. "평화구축과 국제개발: 단계적 결합과 결합의 포용성." 『인간과 평화』 제2집 1호 (2021).

디터 젱하스 지음. 이은정 옮김. 『문명 내 충돌』 서울: 문학과 지성사, 2007.

서보혁. "접경과 평화: DMZ에서 상상하는 양질의 평화." 대진대학교 DMZ연구원 편. 『DMZ 평화와 접경협력』 포천: 대진대학교, 2021.

서보혁 · 김수암 · 권영승 · 이성용 · 홍석훈. 『평화의 인권 · 발전 효과와 한반도』 서울: 통일연구원, 2021.

서보혁 · 용혜민 엮음. 『국제평화문서 번역집』 서울: 통일연구원, 2021.

Darby, John, and Roger Mc Ginty, eds. *Contemporary Peacemaking: Conflict, Peace Process and Post-War Reconstruction*. Second Edition, London: Palgrave Macmillan, 2008.

Dasgupta, Sugata. "Peacelessness and Maldevelopment: A New Theme for Peace Research in Developing Nations." A Paper Submitted at the Conference of International Peace Research Association. Tallberg, Sweden: 17-19 June 1967.

Davenport, Christian, Erik Melander, and Patrick M. Regan. *The Peace Continuum: What It Is and How to Study It*. New York: Oxford University Press, 2018.

Enloe, Cynthia. "The Recruiter and the Sceptic: A Critical Feminist Approach to Military Studies." *Critical Military Studies* 1-1 (2015).

Galtung, Johan. *Peace by Peaceful Means: Peace and Conflict, Development and Civilization*. London: Sage, 1996.

Höglund Kristine, and Mimmi S. Kovacs. "Beyond Absence of War: The Diversity of Peace in Post-Settlement Societies." *Review of International Studies* 36-2 (2010).

Joshi, Madhav and Peter Wallensteen. "Understanding Quality Peace: Introducing the Five Dimensions," in Madhav Joshi and Peter Wallensteen, eds. *Understanding Quality Peace: Peacebuilding after Civil War*. New York: Routledge, 2018.

Lederach, John P. *Building Peace: Sustainable Reconciliation in Divided Societies*. Washington, DC: United States Institute of Peace Press, 1997.

Wallensteen, Peter. *Quality Peace: Peacebuilding, Victory, and World Order*. New York: Oxford University Press, 2015.

제5장 포스트 자유주의 평화

강원택, 『통일 이후의 한국 민주주의』 서울: 나남, 2011.

도회근, "통일헌법의 권력구조: 의회제도를 중심으로." 『공법연구』 제40집 (2)호 (2011).

허문영·이정우, 『통일한국의 정치체제』 서울: 통일연구원, 2010.

허지영, "고질갈등 이론으로 보는 남북관계." 서보혁·문인철 (편). 『12개 렌즈로 보는 남북관계』 서울: 박영사, 2021.

Boege, Volker, Anne Brown, Kevin Clements, and Anna Nolan, *Towards Effective and Legitimate Governance: States Emerging from Hybrid Political Orders*. Brisbane: The Australian Centre for Peace and Conflict Studies, The University of Queensland, 2008.

Bräuchler, Birgit, and Philip Naucke, "Peacebuilding and Conceptualisations of the Local," *Social Anthropology* 25-4 (2017).

Call, Charles T. "Knowing Peace When You See It: Setting Standards for Peacebuilding Successes," *Civil Wars* 10-2 (2008).

Chopra, Jarat. "The UN's Kingdom in East Timor," Survival 42-3 (2000).

Donais, Timothy. *Peacebuilding and Local Ownership*. London and New York: Routledge, 2012.

Edgren, Gus, *Donorship, Ownership and Partnership, Issues Arising from Four SIDA Studies of Donor-Recipient Relations, SIDA Studies in Evaluation 03/03*. Stockholm, Sweden: Infocenter, SIDA, 2003.

Futamura, Madoka, and Mark Notaras, "Local Perspectives on International Peacebuilding," https: //unu.edu/publications/articles/local-perspectives-on-international-peacebuilding.html#info (검색일: 2021. 11. 16).

Futamura, Madoka, Edward Newman and Shahrbanou Tadjbakhsh, *Towards a Human Security Approach to Peacebuilding*. Tokyo: United Nations University, 2010.

Gerstl, Adolf. "Ownership of International Peacebuilding Programmes by Local

Governance Institutions: Case study of Gulu district in Northern Uganda," in
SungYong Lee and Alpaslan Özerdem eds., *Local Ownership in International
Peacebuilding*. London and New York: Routledge, 2015.

Joshi, Madhav, Sung Yong Lee and Roger Mac Ginty, "Just How Liberal Is the Liberal
Peace?" *International Peacekeeping* 21-3 (2014).

Kumar, Chetan, and Jos De la Haye, "Hybrid Peacemaking: Building National
'Infrastructures for Peace'." *Global Governance* 18 (2011).

Lee, SungYong. "Motivations for Local Resistance in International Peacebuilding." *Third
World Quarterly* 36-8 (2015).

_____. "Reflection on the "Local Turn" in Peacebuilding: Practitioners' Views," *Journal of
Human Security Studies* 9-2 (2020).

Lee, SungYong, and Alpaslan Özerdem, "Chapter 1: Introduction," in SungYong Lee and
Alpaslan Özerdem eds., *Local Ownership in International Peacebuilding*. London
and New York: Routledge, 2015.

Lopes, Carlos, and Thomas Theisohn. *Ownership, Leadership and Transformation: Can
We Do Better for Capacity Building?* London UK: Earthscan, 2003.

Mac Ginty, Roger. *International Peacebuilding and Local Resistance: Hybrid Forms of
Peace*. Basingstoke: Palgrave Macmillan, 2011.

_____. "Where is the local? Critical Localism in Peacebuilding," *Third World Quarterly*
36-5 (2015).

Mackenzie-Smith, Alex. "Complex Challenges Facing Contemporary Local Ownership
Programmes: A Case Study of South Sudan," in SungYong Lee and Alpaslan
Özerdem eds., *Local Ownership in International Peacebuilding*. London and New
York: Routledge, 2015.

Öjendal, Joakim, and Mona Lilja eds. *Beyond Democracy in Cambodia*. Copenhagen:
NIAS Press, 2009.

Özerdem, Alpaslan, and SungYong Lee, *International Peacebuilding: An Introduction*.
London and New York: Routledge, 2016.

Paris, Roland. "Saving Liberal Peacebuilding." In David J. Francis ed., *When War Ends:
Building Peace in Divided Communities*. London and New York: Routledge, 2010.

Ramsbotham, Oliver, Tom Woodhouse and Hugh Miall, *Contemporary Conflict
Resolution*. Cambridge: Polity, 2011.

Reich, Hannah. "Local Ownership." In *Conflict Transformation Projects: Partnership,
Participation or Patronage?* (Berghof Occasional Paper No. 27). Berlin: Berghof

Research Center for Constructive Conflict Management, 2006.

Richmond, Oliver, and Audra Mitchell eds., *Hybrid Forms of Peace: From Everyday Agency to Post-Liberalism*. Houndmills: Palgrave Macmillan, 2011.

_____. "The Dilemmas of a Hybrid Peace: Negative or Positive?," *Cooperation and Conflict* 50-1 (2015).

_____. "The Problem of Peace: Understanding the 'Liberal Peace,'" *Conflict, Security and Development* 6-3 (2006).

Ropers, Norbert "Systemic Conflict Transformation: Reflections on the Conflict and Peace Process in Sri Lanka," In D. Korppen, B. Schmelzle, and O. Wils eds., *A Systemic Approach to Conflict Transformation: Exploring Strengths and Limitations*. Berlin: Berghof Research Center for Constructive Conflict Management.

Shinoda, Hideaki. "Local Ownership as a Strategic Guideline for Peacebuilding," In SungYong Lee and Alpaslan Özerdem eds., *Local Ownership in International Peacebuilding*. London and New York: Routledge, 2015.

_____. *The Difficulty and Importance of Local Ownership and Capacity Development in Peacebuilding*. Hiroshima: Institute for Peace Science, Hiroshima University, 2008.

Sommers, Marc. *Children, Education and War: Reaching Education for All (EFA) Objectives in Countries Affected by Conflict*. Washington, DC: World Bank, 2002.

UNDP, *Post-Conflict Economic Recovery: Enabling Local Ingenuity*, New York: Bureau for Crisis Prevention and Recovery, UNDP, 2008.

UNSG, "*United Nations System Support for Capacity Building: Report of the Secretary-General*" (UN doc E/2002/58), New York: United Nations, 2002.

Wallensteen, Peter *Understanding conflict resolution*. London: Sage Publications, 2019.

World Bank, "State and Peacebuilding Fund (SPF): Our Niche and Where We Work." https://www.worldbank.org/en/news/feature/2015/02/02/state-peace-building-fund-spf-our-niche-where-work (검색일: 2021. 12. 20)

제6장 해방적 평화

김병로. "서론: 문제제기와 구성." 김병로 · 서보혁 편. 『분단폭력: 한반도 군사화에 관한 평화학적 성찰』 파주: 아카넷. 2016.

_____. 『한반도발 평화학』 서울: 박영사, 2021.

김성민 · 박영균. "인문학적 통일담론과 통일인문학: 통일패러다임에 관한 시론적 모색."

『철학연구』제92집, 2011.

김종곤. "분단적대성의 역사적 발원과 감정구조." 『통일인문학』제75집, 2018.

서보혁. 『한국 평화학의 탐구』서울: 박영사, 2019.

안승대. "분단 구조와 분단 의식 극복을 위한 통일교육의 과제." 『통일인문학』제54집 (2012).

이병수. "분단트라우마의 유형과 치유방안." 『통일인문학』제52집, 2011.

이종석. 『분단시대의 통일학』서울: 한울, 1998.

호미 바바, 나병철 역. 『문화의 위치』서울: 소명출판, 2012.

홍석률. 『분단의 히스테리』서울: 창비, 2012.

Adorno, Theodor W. and Horkheimer, Max. *Dialectic of Enlightenment*. Trans. John Cumming. London: Verso, 1979.

Booth, Ken. "Security and Emancipation." *Review of International Studies* 17 (1991).

Chandler, David. "Peacebuilding and the Politics of Non-linearity: Rethinking Hidden Agency and Resistance." *Peacebuilding* 1-1 (2013).

Chandler, David and Richmond Oliver P. "Contesting Postliberalism: Governmentality or Emancipation?" *Journal of International Relations and Development* 18 (2015).

Duffield, Mark. *Development, Security, and Unending War*. London: Polity, 2007.

Gramsci, Antonio. *Selections from the Prison Notebooks*. International Publishers Co. 1971.

Horkheimer, Max. "Traditional and Critical Theory." in Critical Theory: *Selected Essays*. *Trans. Mattew J. O'Connell* et al. New York: Continuum, 2002.

Krause, Keith. "Emancipation and Critique in Peace and Conflict Research." *Journal of Global Security Studies* 4-2 (2019).

Lee, SungYong. *Local Ownwership in Asian Peacebuilding*. Cham: Palgrave Macmillan, 2019.

Lindahl, Sondre. *A Critical theory of Counterterrorism: Ontology, Epistemology and Normativity*. Boca Raton, FL: Routledge, 2018.

Llewellny, Joseph. "Building Emancipatory Peace through Anarcho-Pacifism." *Critical Studies on Security* 6-2 (2018).

Mac Ginty, Roger. *International Peacebuilding and Local Resistance: Hybrid Forms of Peace*. Basingstoke: Palgrave Macmillan, 2011.

Mac Ginty, Roger and Richmond, Oliver. P. "The Local Turn in Peace Building: a Critical Agenda for Peace." *Third World Quarterly* 35-5 (2013).

Paris, Roland. "Althernatives to Liberal Peace?." In *A Liberal Peace: The Problems and Practices of Peacebuilding*, Sunnana Campbell et al. (eds.) London; New York: Zed Books, 2011.

_____. "Saving Liberal Peacebuilding." In *When War Ends: Building Peace in Divided Communities* David J. Francis (ed.) London and New York: Routledge, 2010.

Pugh, Michael. "The Political Economy of Peacebuilding: a Critical Theory Perspective." *International Journal of Peace Studies* 10-2 (2005).

Richmond, Oliver P. "The Problem of Peace: Understanding the 'Liberal Peace'." *Conflict, Security & Development* 6-3 (2006).

_____. "Critical Research Agenda for Peace: The Missing Link in the Study of International Relations." *Alternatives: Global, Local, Political* 32-7 (2007a).

_____. "Emancipatory Forms of Human Security and Liberal Peacebuidling." *International Journal* 62-3 (2007b).

_____. "Resistance and the Post-Liberal Peace." In *A Liberal Peace: The Problems and Practices of Peacebuilding*, Sunnana Campbell et al. (eds.) London; New York: Zed Books, 2011.

_____. "Emancipatory Peace." In the *Palgrave Encyclopedia of Peace and Conflict studies* (forthcoming).

Visoka, Gëzim. "Emancipatory Peace." In *The Oxford Handbook of Peacebuilding, Statebuilding, and Peace Formation*. Oliver P. Richmond and Gëzim Visoka. (eds.) Oxford: Oxford University Press, 2021.

Visoka, Gëzim and Richmond, Oliver P. "After Liberal Peace? From Failed State-building to an Emancipatory Peace in Kosovo." *International Studies Perspectives* 18 (2017).

https: //lisaschirch.wordpress.com/2019/12/24/state-of-peacebuilding-2019-seven-ob servations/?fbclid=IwAR2pGDf8haKg0_1K3vRdjz17qJEeDOkO-_ST7HObdC-xizRFE6faDZ2R1Eo (검색일: 2021.8.20.).

제7장 일상적 평화

김수경. "북한이탈주민과 남한 선주민의 지역사회통합 연구: 초등학교 학부모의 교육문화 충돌 경험을 중심으로." 『문화사회연구』 제14집 1호 (2021).

한반도통일역사문화연구소. "한국전쟁의 지역사회와 트라우마(보고서 및 녹취록)." 2020

년도 사단법인 평화박물관 추진위원회 지원사업 (2020. 12. 20).
허지영. "고질갈등 이론으로 보는 남북관계." 서보혁·문인철 편. 『12개 렌즈로 보는 남북관계』 서울: 박영사, 2021.

Berents, Helen, and McEvoy-Levy, Siobhan. "An Embodied Everyday Peace in the midst of Violence." *Peacebuilding* 3-2 (2015).
_____. "Theorising Youth and Everyday Peace(building)." *Peacebuilding* 3-2 (2015).
Billig, Michael. *Banal Nationalism*. London, Thousands Oaks & New Delhi: SAGE Publications, 1995.
Dutta, Urmitapa, Andzenge, Andrea Kashimana, and Walking, Kayla. "The Everyday Peace Project: An Innovative Approach to Peace Pedagogy." *Journal of Peace Education* 13-1 (2016).
Kostovicova, Denisa, Sokolic, Ivor, and Fridman, Orli. "Introduction: Below Peace Agreements: Everyday Nationalism or Everyday Peace?" *Nations and Nationalism* 26 (2020).
Mac Ginty, Roger. "Everyday Peace: Bottom-up and Local Agency in Conflict-affected Societies." *Security Dialogue* 46-5 (2014).
_____. *Everyday Peace: How So-called Ordinary People Can Disrupt Violent Conflict*. Oxford: Oxford University Press, 2021.
Marijan, Branka. "The Politics of Everyday Peace in Bosnia and Herzegovina and Northern Ireland." *Peacebuilding* 5-1 (2017).
Richmond, Oliver P. *A Post-Liberal Peace*. London & New York: Routledge, 2011.
Visoka, Gezim. "Everyday Peace Capture: Nationalism and the Dynamics of Peace after Violent Conflict." *Nations and Nationalism* 26 (2018).
Whyte, William Foote. *Street Corner Society: The Social Structure of an Italian Slum,*. Chicago: University of Chicago Press, 1993.

제8장 경합적 평화

김성민. 『통일인문학: 인문학으로 분단의 장벽을 넘다』 서울: 알렙, 2015.
샹탈 무페. 이보경 옮김. 『정치적인 것의 귀환』 서울: 후마니타스, 2007.
_____. 『경합들: 갈등과 적대의 세계를 정치적으로 사유하기』 서울: 난장, 2020.
유용민. 『경합적 민주주의』 서울: 커뮤니케이션북스, 2015.

조주현. "후기 근대와 사회적인 것의 위기: 아고니즘 정치의 가능성." 『경제와사회』 (2012).

지그문트 바우만. 정일준 옮김. 『현대성과 홀로코스트』 서울: 새물결, 2013.

Aggestam, Karin., Cristiano, Fabio. and Strömbom, Lisa. "Towards Agonistic Peacebuidling? Exploring the Antagonism-Agonism Nexus in the Middle East Peace Process." *Third World Quarterly* 36-9 (2015).

Barker, Elton T. E. *Entering the Agon: Dissent and Authority in Homer, Historiography and Tragedy.* Oxford: Oxford University Press, 2009.

Bull, Anna Cento and Hansen, Hans Lauge. "On Agonistic Memory." *Memory Studies* 9-4 (2016).

Çelik, Ayşe Betül. "Agonistic Peace and Confronting the Past: An Analysis of a Failed Peace Process and the Role of Narratives." *Cooperation and Conflict* 56-1 (2020).

Cohen, Joshua. "Deliberation and Democratic Legitimacy" in *Deliberative Democracy: Essays on Reason and Politics*, Bohman James and Rehg William (eds.) Cambridge; Massachusetts; London; England: The MIT Press, 1997.

Habermas, Jürgen. "Towards a Theory of Communicative Competence." *Inquiry: An Interdisciplinary Journal of Philosophy* 13-1-4 (1970).

Hammack, Phillip L. and Pliecki, Andrew. "Narrative as a Root Metaphor for Political Psychology." *Political Psychology* 33-1 (2012).

Kang, Hyukmin. "Positive Peace and Political Reconciliation," In *The Palgrave Handbook of Positive Peace*, Katerina Standish et al. (eds.) Singapore: Palgrave Macmillan, 2022.

Kelly, Brighid Boorks. *Power-Sharing and Consociational Theory.* Cham: Palgrave Macmillan, 2019.

Little, Adrian. *Enduring Conflict: Challenging the Signature of Peace and Democracy.* New York: Bloomsbury Academic, 2014.

Maddison, Sarah. "Relational Transformation and Agonistic Dialogue in Divided Societies." *Political Studies* 63 (2015).

_____. *Conflict Transformation and Reconciliation: Multi-level Challenges in Deeply Divided Societies.* London; New York: Routledge, 2016.

Mouffe, Chantal. "Deliberative Democracy or Agonistic Pluralism?" *Social Research* 66-3 (1999).

Philpott, Daniel. *Just and Unjust Peace: An Ethic of Political Reconciliation.* New York:

Oxford University Press, 2012.

Richmond, Oliver P. "The Problem of Peace: Understanding the 'Liberal Peace'." *Conflict, Security & Development* 6-3 (2006).

Schaap, Andrew. *Political Reconciliation*. London; New York: Routeldge, 2005.

_____. "Agonism in divided societies," *Philosophy & Social Criticism* 32-2 (2006).

Selby Jan. "The Myth of Liberal Peace-building." *Conflict, Security*, Development 13-1 (2013).

Shinko, Rosemary E. "Agonistic Peace: A Postmodern Reading." *Millennium: Journal of International Studies* 36-3 (2008).

Taylor, Rupert. "The Belfast Agreement and the Limits of Consociationalism" In *Global Change, Civil Society and the Northern Ireland Peace Process*. Farrington C. (ed.) New Security Challenges Series. London: Palgrave Macmillan, 2008.

Thomson, Alex. "Polemos and Agon," in *Law and Agonistic Politics*. Andrew Schaap (ed.) Farnham: Ashgate, 2009.

https://www.merriam-webster.com/dictionary/agon (검색일: 2021. 7. 30.).

제9장(결장) 통일평화

권인숙. 『대한민국은 군대다』 서울: 청년사, 2005.

김범수. "통일의식." 서울대학교 통일평화연구원. 「제84차 국내학술회의: 2021 통일의식 조사」 자료집. 서울대학교 시흥캠퍼스: 2021. 10. 5.

김병로. 『한반도발 평화학』 서울: 박영사, 2021.

김병로 · 서보혁 편. 『분단폭력: 한반도 군사화에 관한 평화학적 성찰』 서울: 아카넷, 2016.

문승숙 지음. 이현정 옮김. 『군사주의에 갇힌 근대: 국민 만들기, 시민 되기, 그리고 성의 정치』 서울: 또하나의문화, 2007.

박명규, 『남북 경계선의 사회학: 포스트 김정일 시대의 통일평화 구상』, 파주: 창비, 2012.

박주화 · 이은정 · 우영아. 『2020 한국인의 평화의식: 문항별 테이블』 서울: 통일연구원, 2020.

서보혁. 『한국 평화학의 탐구』 서울: 박영사, 2019.

서보혁 · 나핵집. 『지속가능한 한반도 평화를 향하여』 서울: 동연, 2016.

임지현 외. 『우리 안의 파시즘』 서울: 삼인, 2016.

전재호. "박정희 체제의 민족주의: 담론의 변화와 그 원인." 『한국정치학회보』 제32집 4호 (1998).

정근식 · 이병천 편. 『식민지 유산, 국가 형성, 한국 민주주의 1, 2』 서울: 책세상, 2012.

통일교육원. 『2017 통일문제 이해』 서울: 통일교육원, 2017.

홍석훈 · 김수암 · 서보혁 · 오경섭 · 문경연 · 정욱식 · 장수연. 『평화-인권-발전의 트라이 앵글: 이론적 검토와 분석틀』 서울: 통일연구원, 2020.

황보근영 · 구옥경 외. 『평화시대를 여는 통일 시민: 고등학교 편』 파주: 경기도교육청, 2017.

Motyl, Alexander. ed. *Encyclopedia of Nationalism 1*. San Diego: Academic Press, 2001.

집필진 소개

서보혁

한국외국어대학교에서 정치학 박사학위를 취득하고 국가인권위원회 전문위원, 이화여대와 서울대 연구교수를 거쳐 현재 통일연구원 연구위원으로 재직하고 있다. 북한·통일분야를 연구해오고 있는데 근래 비교평화연구로 나아가고 있다. 20여 년 동안 정부 및 비정부 기구들의 대북정책을 자문해왔다. 근래 저서로 『한국 평화학의 탐구』(2019), 『평화의 인권·발전 효과와 한반도』(공저, 2021), 『12개 렌즈로 보는 남북관계』(공편, 2021), 『문서로 보는 한반도 평화 프로세스』(공저, 2021) 등이 있다.

강혁민

아일랜드 더블린 트리니티 대학교와 뉴질랜드 오타고 대학교에서 평화학을 공부했다. 현재는 강원대학교 통일강원연구원 선임연구원으로 일하고 있다. 회복적정의연구소 객원연구원과 한겨레평화연구소 연구위원으로도 활동하고 있다. 주로 국가폭력과 화해, 그리고 내러티브를 연구한다. 최근에는 경합주의 이론을 통해 한반도 평화구축, 갈등전환, 사회통합을 연구하고 있다. 대표적인 논문으로는 「Enforced Silence of mindful non-violent action? Everyday peace and South Korean victims of civilian massacres in the Korean War」(2021), 「The Agency of Victims and Political Violence in South Korea: Reflection on the Needs-Based Model of Reconciliation」(2021) 등이 있다.

정혁

서울YMCA 평화통일운동본부 담당 간사와 청년평화센터 푸름 대표를 지냈다. 독일 베를린자유대학교에서 정치학 박사학위를 받은 후 한양대 글로벌다문화연구원 연구위원을 지내고, 현재는 진실·화해를위한과거사정리위원회 대외협력담당관실 팀장으로 재직 중이다. 주요 관심 분야는 남북한 평화와 인권, 전환기 정의, 비판적 담론분석 등이다.

김상덕

영국 에든버러대학교에서 기독교윤리와 실천신학 전공으로 철학 박사학위를 마쳤다. 공공신학, 평화학, 미디어연구 등 학제간 연구를 통하여 한국 및 동아시아의 갈등의 문제들을 문화적 관점에서 재조명하고, 평화와 화해를 위한 종교의 공적 역할과 다양한 창조적 실천 가능성에 대해 고민한다. 최근 연구로는 「5.18 민주화운동 40년, 우리는 무엇을 보았고 보지 못했나: '세기의 재판'을 통해 살펴보는 정의와 화해의 과제」(2020), 「3.1운동의 극우기독교적 기억방식 분석 연구」(2020), 「한국교회를 품은 난민—제주 예멘 난민 이슈를 바라보는 한 기독교윤리학자의 시선」(2020), 「사진, 비폭력 그리고 시민저항」(2019) 등이 있다.

허지영

더블린 트리니티대학에서 국제평화학을 전공하고 베를린자유대에서 정치학 박사학위를 취득하였다. 서울연구원 초빙 부연구위원을 거쳐 베를린자유대 코리아-유럽 센터에서 리서치펠로우로 재직하고 있다. 주요 연구분야는 갈등, 갈등전환, 평화 이론이 있으며 도시교류와 평화구축, 유럽연합의 비확산정책, 북아일랜드와 이스라엘·팔레스타인 분쟁 사례 등을 연구하고 있다. 최근 연구로 「일상적 평화: 미시적 평화담론의 한반도 적용과 의의」(2021), 「고질갈등 이론으로 보는 남북관계」(2021), 「유럽연합 지역협력정책과 평화구축: INTERREG 사례를 통해 본 신한반도체제에의 함의」(2021) 등이 있다.

이성용

뉴질랜드 오타고대학교 국립평화분쟁연구소에서 부교수로 근무하고 있다. 그동안 분쟁해결, 협상 중재, 전후 복구, 평화구축 등의 주제를 중심으로, 캄보디아, 필리핀(민다나오), 태국, 엘살바도르, 과테말라 등지의 평화 프로세스를 연구해 왔다. 저서 및 편저서로 *Multi-level Reconciliation and Peacebuilding* (London and New York: Routledge, 2021), *Local Ownership in Asian Peacebuilding: Development of Local Peacebuilding Models* (Basingstoke: Palgrave Macmillan, 2019), *International Peacebuilding: An Introduction* (London and New York: Routledge, 2016), *and Local Ownership in International Peacebuilding* (London and New York: Routledge, 2015) 등이 있다.

찾아보기

[기타]

평화개념 연구

등록 1994.7.1 제1-1071
1쇄 발행 2022년 6월 20일

엮은이 서보혁 강혁민
지은이 서보혁 강혁민 정혁 김상덕 허지영 이성용
펴낸이 박길수
편집장 소경희
편 집 조영준
관 리 위현정
디자인 이주향
펴낸곳 도서출판 모시는사람들
        03147 서울시 종로구 삼일대로 457(경운동 수운회관) 1207호
전 화 02-735-7173, 02-737-7173 / 팩스 02-730-7173
인 쇄 (주)성광인쇄(031-942-4814)
홈페이지 http://www.mosinsaram.com/

ISBN 979-11-6629-114-2   03300